Mestre-Escola Bem-Amado, Historiador Maldito

Rio 83

Nasci em Viçosa, pequena cidade de Alagoas, na área que ainda é Zona da Mata, limítrofe do Agreste. Remanescente, com mais duas irmãs, de uma família que deveria contar mais quinze filhos, se houvessem sobrevivido. Lar modesto, com mais pretensão que realização (meu pai era funcionário da prefeitura local), em flagrante contraste com um nome de família de senhores de engenho, ainda bem representado nos irmãos de papai.

Infância humilhada por esse contraste, inquieta e angustiada por desavenças familiares, insegura pela perspectiva de uma criação mais "brilhante" no Rio, em casa de um tio que já criara minha outra irmã. Por isso, neste lar dividido e naufragante aprendi a dominar meus sentimentos, fui habituado a não me apegar às coisas e pessoas, sabendo que as perderia um dia. Minha mãe julgou me preparar para a separação certa habituando-me a perambular por casas de tios, de parentes e amigos, para, assim, tornar menos dolorosa a já decidida separação. Habituei-me assim a ser um futuro estranho à minha própria casa.

Uma terrível carência afetiva passou a ser a minha companheira até hoje. No entanto, malgrado essa infância inquieta, recordo algumas coisas boas daquela época: o estímulo que se fazia à minha inteligência, o carinho inesperado de algumas tias, a alegria de meu pai, a severidade de minha mãe, mas tudo isso amargurado por um sentimento de abandono, de despedida próxima e de insegurança. Uma religiosidade exaltada, a busca de companhia, a solidão interrompida, porém constante. A subserviência de mamãe, para quem o lar era algo a ser salvo a qualquer custo, transmitiu-se a mim através do desrespeito constante que a mim faziam todos a quem mamãe desejava agradar.

Não brincava na frente de outras crianças para que mamãe não desse meus brinquedos, caso alguma criança mais rica, mais mimada, os solicitasse. Assim se foi um lindo macaco vermelho, presente de meu pai, porque uma menina das vizinhanças o exigiu aos gritos e não o devolveu; nem mamãe, nem a família fizeram qualquer esforço para que voltasse a mim o que era meu.

Em virtude disso, já nessa etapa começaram os equívocos afetivos, a confusão de amabilidade com afeição, de gentileza com ternura. E a cadeia se formou desenvolvendo em mim a alternância de falsa liderança e autêntica submissão. E a vulnerabilidade à prepotência, à violência e à coação. Desenvolveu-se então, subterraneamente, um sentimento íntimo de não-direito, de que o que possuía não era meu, malgrado o haver sido construído e conseguido por mim. Um contar comigo mesmo como propriedade única de que realmente podia dispor. A tirania do dever, o ser obrigado e a pequena autonomia da vontade passaram a me corroer como um câncer.

Rio, 18.3.1972

M. M. DE ALBUQUERQUE

MANOEL MAURÍCIO de ALBUQUERQUE

Mestre-escola bem-amado Historiador maldito

OBRA PÓSTUMA

Organização de Eulalia Maria Lahmeyer Lobo
Ivan Wasth Rodrigues José Luiz Foresti Werneck da Silva
Maria Bárbara Levy Maria Isabel de Matos Falcão Pedro Tórtima

J·Z·E Jorge Zahar Editor

FUNDAÇÃO UNIVERSITÁRIA JOSÉ BONIFÁCIO

1987
Direitos para esta edição contratados com
Jorge Zahar Editor Ltda.
rua México 31 sobreloja
20031 Rio de Janeiro, RJ

Impresso no Brasil / Printed in Brazil

Depósito legal na Biblioteca Nacional,
conforme Decreto nº 1.825, de 20 de dezembro de 1907

Produção editorial *Revisão:* Nair Dametto, Shirlei Nataline (tip.); *Diagramação:* Celso Bivar; *Composição:* ALcomp ltda.; *Arte-final:* José Geraldo de Lacerda (texto); *Capa:* Maurício Arruti com ilustração de Ivan Wasth Rodrigues.

CIP-Brasil. Catalogação-na-fonte.
Sindicato Nacional dos Editores de Livros, RJ

Albuquerque, Manoel Mauricio de, -1981.
A311m Mestre-escola bem-amado, historiador maldito / Manoel Maurício de Albuquerque (obra póstuma) ; organização de Eulalia Maria Lahmeyer Lobo... et al. - Rio de Janeiro: Jorge Zahar Ed., 1987.

1. Literatura brasileira – Discursos, ensaios e conferências. 2. Albuquerque, Manoel Maurício de, - 1981. I. Lobo, Eulalia Maria Lahmeyer II. Título.

87-0295 CDD - 869.93
928

ISBN: 85-85061-77-4

SUMÁRIO

CARTA A ALAGOAS

Há muito não nos vemos. Despedimo-nos em 1935. Desde então, tenho recebido notícias suas. Sei que cresceu muito, neste espaço de tempo, mas creio que ainda a reconhecerei apesar de tudo. Guardo de você lembranças muito pessoais, que só nós dois conhecemos, e elas nos identificarão.

Vi-a há doze anos atrás, de passagem para Pernambuco. Lá de cima enxerguei aquelas manchas de verde mais claro, as suas lagoas, pedaços de mar que você aprisionou. Os coqueirais me pareceram os mesmos que deixei há trinta e três anos. Se não existem, se os vi íntegros apenas por força da saudade, não me desiluda. Mantenha meus coqueirais porque eu aceito o seu progresso. Não iria exigir que você conservasse o embarque pitoresco e perigoso nas embarcações que nos conduziam da ponte até o navio. Sei que o mar foi dominado e agora é uma estrada a mais, a se juntar às rodovias de que você se orgulha e por onde os alagoanos se refletem progressisticamente. Quanto à cachoeira de Paulo Afonso, nem Frans Post, que a europeizou e domesticou em tela européia, nem eu, que ainda a vi pedindo um aproveitamento energético, a reconheceremos mais. Sei que você a domesticou, colocando-a a seu serviço e obrigando-a a produzir energia e luz para nossa gente. Todos estes seus êxitos já me chegaram aos ouvidos e com eles já me identifiquei. Fiz mais, divulguei-os orgulhosamente. Sei também que as experiências pioneiras de Gouveia e do Riacho Doce têm sido dignamente continuadas.

Tudo isto já está bem conhecido de mim e de todos. Você não fez segredos, ao contrário de outros estados irmãos que só trabalham em silêncio. É compreensível. Como boa nordestina, alegre e loquaz, não viu necessidade de silêncios discretos.

Mas não é disto que eu gostaria de lhe escrever. O que é de domínio público não cimenta intimidade.

Você me viu nascer. Tenho portanto direito a confidenciar. Quero lhe abrir as dúvidas que os livros e noticiários não me podem responder. Quando a deixei, a estrada de ferro ainda tinha o nome pretensioso e inglês de

The Great Western. O *maria-fumaça* passava em Viçosa pela manhã, rumo a Maceió. De cabeça, sem que esteja repetindo nomes numa prova oral de geografia, guardei os nomes tão sonoros de Gameleira, Capela, Atalaia, Rio Largo e outros, sem saber se realmente correspondem a um roteiro correto, ou se simplesmente a minha memória os guardou obediente a razões que não atino. Corrija os enganos, você que é dona do assunto.

De Maceió, não se ofenda, lembro-me pouco. Visitei-a duas ou três vezes. Não é bairrismo de sertanejo, invejoso dos esplendores da capital. Você sabe muito bem que não se despreza o que não se conhece por demasiado pobre. Esta é a razão de não me lembrar de Maceió. Aliás a metade do que sei a seu respeito me foi trazido pela leitura. Também não se pode exigir mais de uma convivência de sete anos.

Em compensação, recordo bem o meu Paraíba do Meio, diferente dos seus xarás do norte e do sul. Muitas vezes tomei banho nele. Apenas não sabia que os inofensivos *uruás* eram tão perigosos. Isto me contaram no Rio de Janeiro. Recordo a grande cheia, que inundou o quintal da minha casa, e a alegria vendo as *baronesas* descerem arrastadas pela corrente.

Só você sabe que éu fumei pela primeira vez, num casamento numa fazenda aonde fui conduzido em carro de boi. Não precisa ficar quieta, ciosa da imagem moderna que divulga de si própria. Já sei que o carro de boi está atualmente ultrapassado e que você já pensa em recolher os últimos remanescentes em algum museu. Nesta festa dançou-se o *coco,* que não sei se também já foi devidamente arquivado pelos folcloristas piedosos. Em compensação espero que as festas de Santo Antonio, de São João e de São Pedro ainda se mantenham com seu mastro, a fogueira e os fogos. Os balões, não. Compreendo que você os tenha proibido por amor às suas matas.

Que notícias me dá das cavalhadas, dos reisados e do pico dos Dois Irmãos, que um folclorista apaixonado e imaginoso envolveu numa criação indigenista tardia de dois irmãos tupis? E Sabalangá, aquele lugarejo próximo à minha Viçosa? Você o inclui na lista dos *quilombos* quando ensina a história dos pretos dos palmares ou continua a privilegiar apenas a Serra do Barriga com a sua Cerca Real do Macaco?

Guardo também a lembrança da igreja do Bonfim, onde me batizaram. Poderia percorrê-la ainda hoje, revendo algumas das velhas imagens que tanto me impressionaram antes. As duas de Nossa Senhora das Dores, com seu punhal de prata, o São Francisco de Assis que me diziam ter vindo da Bahia. Será verdade? Ou então, o Senhor dos Passos todo vestido de roxo, sangrento e com seu cabelo natural que tantas vezes me assustou no seu realismo dramático. Mas, especialmente, evoco e vejo a Divina Pastora, criação amável da época arcádica na Espanha, com seu chapéu de palha, o Menino, o suplicante e o Dragão que o ameaça. Desprezando-a, continuo sentimentalmente fiel àquela que eu próprio elaborei em criança. A Divina Pastora era uma vaqueira valente, companheira digna daqueles que tantas vezes vi lidar com a criação.

Esta carta já se faz um pouco longa. Desculpe-me, mas são trinta e três anos de ausência. Conheço por leitura ou por recordação muita coisa alagoana. No entanto não conheço bem a nova Alagoas, salvo no que me dizem as estatísticas. Nestas não posso ter uma idéia bem nítida do que faz a gente moça, como encara os seus problemas e que posição tem diante da realidade alagoana. Até que ponto se ensina a eles algo que não os isole da problemática local, que lhes aponte as responsabilidades na melhoria de seu estado. Sei que a mocidade, coerente consigo mesma, deseja renovar, melhorar e se integrar em atividades construtivas. Com a rebeldia de quem sempre se sentiu dona do mundo, a juventude se agita, ansiosa por encontrar onde esgotar suas energias. Disto você precisa me esclarecer. Nossa gente não é diferente do resto do mundo. Até que ponto você tem dialogado com ela, recrutando-a para a comum solução dos problemas brasileiros e especificamente alagoanos? Espero que não a esteja confinando nos limites estreitos de um ensino acadêmico que lhe empana a visão indagadora e inconformada. Ou, então, espero que tal fase já tenha sido superada, obrigando o elemento jovem a se expatriar, buscando em outras partes do Brasil o que deveria encontrar em sua terra. Por isto eu me afastei de você. Não o fiz por gosto, esta carta bem o prova.

Muitas felicidades e a saudade do

MANOEL MAURÍCIO

(Com esta *Carta* o autor encerra seu artigo "Alagoas Rebelde", publicado em dezembro de 1968 no nº 20 de *Enciclopédia Bloch, revista mensal de cultura.*)

APRESENTAÇÃO

Estas páginas são um dos resultados de um paciente e emotivo trabalho que estamos realizando desde março de 1982. Cerca de um ano depois, com a aquiescência dos herdeiros, já havíamos organizado a maior parte da biblioteca e do arquivo particulares de Manoel Maurício de Albuquerque e, através da Associação dos Amigos do Arquivo Geral da Cidade do Rio de Janeiro, formalizado a sua doação a esta instituição, então dirigida por Lia Temporal Malcher. Agora, com a publicação deste livro, pensamos completar nossa contribuição para a socialização da memória daquele intelectual incomum. O título escolhido sugere as duas maneiras de recuperação desta memória.

Como "mestre-escola bem-amado" ele há de se perpetuar na lembrança carinhosa de seus milhares de ex-alunos. Afinal, como escreveu, certa vez, o próprio Manoel Maurício, ter saudade já é uma forma de agradecimento. Mas para perpetuá-lo como "historiador maldito", marginalizado por uma certa academia manipuladora do ambíguo discurso da competência, cumpria documentar melhor a sua produção: parte dela se esgotara, outra é de difícil acesso e há aquela, de alta qualidade, ainda inédita. Para tanto organizamos este livro, enfrentando a árdua tarefa, pouco comum entre os historiadores, de uma seleção e edição crítica de textos.

Enganam-se, pois, os que inadvertidamente pretendam privilegiar nestas páginas o sentido da homenagem. Ele existe sim, mas jamais levado ao extremo que desandaria para a mitificação. Certamente que a evocação perpassa todo o livro, em especial nos depoimentos finais, cujo número reduzimos em face dos limites editoriais. Tais limites foram igualmente responsáveis pela exclusão de numerosas entrevistas em que Manoel Maurício depunha sobre sua história e sobre as muitas facetas da História do Brasil. Entretanto, tudo o que se teve de retirar deste livro poderá ser encontrado no acervo doado ao Arquivo Geral da Cidade do Rio de Janeiro.

A mais importante evocação surge nestas páginas mediada pela produção do "historiador maldito". Ela foi objeto de criteriosa mas extremamente difícil seleção. Até porque foi esta produção que definiu – ao lado de sua cativante figura de mestre-escola – a posição transformadora que Manoel Maurício ocupou no processo social.

Como, neste livro, essa sua produção será recuperada?

Depois de uma introdução biográfica em que a historiadora Eulalia M. L. Lobo estuda Manoel Maurício como homem e como cientista, outra, Maria Bárbara Levy, escreve um ensaio crítico sobre a sua produção enquanto historiador, fundamentando-se em alguns dos mais significativos trabalhos do autor da *Pequena história da formação social brasileira*. A seguir, um outro ensaio, de autoria do crítico teatral Yan Michalski, sobre textos que Manoel Maurício escreveu para programas de peças, mostra como o Teatro ganhava então consciência histórica, exemplificada com algumas páginas reveladoras. E, por fim, Eulalia M. L. Lobo desenvolve um terceiro ensaio analisando a participação de Manoel Maurício no cinema e na TV e argumentando com experiências concretas.

Se juntarmos a estes três ensaios críticos o evocativo depoimento do geógrafo Maurício da Silva Santos sobre a atuação de Manoel na mesma especialidade alcançaremos uma visão quase completa da sua rica trajetória como produtor intelectual que evitava falar para o próprio umbigo, cultivava a interdisciplinaridade e achava que a produção científica deveria chegar às ruas. A variedade e a qualidade dos seus trabalhos aqui selecionados favorecerão conseqüentemente excelentes subsídios para docentes e discentes e para tantos quantos desejem captar a visão de mundo de um historiador engajado, na segunda metade deste século.

Qualquer que seja o ponto de vista que se adote para caracterizar este livro, ele tem um só autor: Manoel Maurício de Albuquerque. Nós, os que o organizamos ou dele participamos, simplesmente cumprimos como que um mandato que a amizade e a admiração nos conferiram, plenamente convencidos da importância que este inusitado livro há de ter na historiografia brasileira. Nada mais justo, portanto, que, no espaço sensitivo das epígrafes, o autor pudesse finalmente falar de si mesmo. E foi então que todos nós, que julgávamos conhecê-lo, descobrimos – quem sabe um tanto tardiamente – que a parte mais significativa do seu ser havia ficado e ainda estava na Viçosa das Alagoas.

Talvez ele nos tenha ocultado isto tanto tempo para melhor servir: sua sofrida, vivida e querida vocação.

Rio de Janeiro, novembro de 1986.

Eulalia Maria Lahmeyer Lobo,
Ivan Wasth Rodrigues,
José Luiz Foresti Werneck da Silva,
Maria Bárbara Levy,
Maria Isabel de Matos Falcão e
Pedro Tórtima

MANOEL MAURÍCIO, O HISTORIADOR E O CIENTISTA

Eulalia Maria Lahmeyer Lobo

Por mais profundos que sejam os meus sentimentos e a admiração adquiridos no convívio com Manoel Maurício, as minhas limitações ante a extrema riqueza da sua vida e a complexidade de sua personalidade me impedem de transmitir como desejaria o que ele representava como pessoa, amigo, professor, pesquisador, criador.

Só após os abalos que sofreu com a expulsão da Universidade Federal do Rio de Janeiro, o ostracismo e o desgaste dos inúmeros cursinhos pré-vestibulares, o sofrimento e as agressões nos interrogatórios, nas cadeias da Ditadura, Manoel Maurício começou a se analisar, a prestar depoimentos pessoais, a dar entrevistas, a confessar o seu íntimo.

Só então revelou como ficara marcado pela infância: o sentimento de fuga à responsabilidade e a inferioridade social que seu pai sentia numa sociedade profundamente hierarquizada como a de Viçosa, em Alagoas; a subserviência da mãe dentro do círculo familiar e social, a sua severidade para com ele; o sentimento de expulsão, de abandono, de despedida iminente, de insegurança ao perceber que seria enviado para o Rio de Janeiro a fim de ser educado pelo tio. Sentiu-se despojado de sua casa, de sua família, de sua terra, de seus objetos pessoais, só podendo contar com sua própria pessoa. Talvez esta dura experiência aos seis anos de idade explique a sua quase autodestruição pelo excesso de trabalho, pela negativa de se permitir o lazer, por se deixar dominar pela tirania do dever quase até o final de seus dias.

Nas suas próprias palavras, era antes de tudo um mestre-escola, pessoa essencialmente oral. Tinha um extremo poder de comunicação, de liderança: influenciava profundamente os alunos pela penetração de suas análises históricas, mesmo no contexto empobrecedor dos cursinhos pré-vestibulares, onde entremeava o afeto, a ironia e a até se expunha pessoalmente. Estava sempre em público – inclusive em casa, circundado de alunos e amigos, porém era um grande solitário.

Nunca deu aulas com um conteúdo fossilizado e apesar da falta de tempo, de condições de trabalho, estava sempre se renovando. Disse ao *Jornal do Professor*, em entrevista publicada em abril de 1981: *"Mas nós não somos definitivos. Nós somos sempre aquilo que seremos daqui a pouco. Sempre a véspera de nós mesmos. Isto também ocorre com as formações sociais, elas têm uma dinâmica."*

Manoel Maurício acompanhou o tio militar em viagens pelo Brasil, que despertaram a sua curiosidade e percepção da Geografia. Estudou desenho e pintura tendo desenvolvido grande sensibilidade artística, dedicando-se mais tarde a colecionar desenhos e pinturas acadêmicas brasileiras e Cusquenhos, interessando-se por gravuras e trajes históricos latino-americanos. Pensou em ingressar na carreira diplomática, entrou na Escola Preparatória de Cadetes, participando da revista dos estudantes da instituição. Finalmente, em 1951, fez o vestibular da Faculdade Nacional de Filosofia da Universidade do Brasil, onde impressionou os colegas de turma pela sua erudição e antagonizou-se pela ironia. Manoel Maurício não foi um cadete qualquer. A sua sensibilidade artística e a sua cultura surgem na colaboração à *Revista da Escola Preparatória de São Paulo,* da qual foi diretor. Não resisto à tentação de reproduzir um trecho de *Salomé,* ali publicado em 1956: *"A bailarina agora seguia agilmente o novo compasso, retorcia-se como uma serpente, terminando, finalmente, por cair, numa atitude de lânguido abandono, verdadeiro poema de forma, delicioso convite ao pecado, ofegante, contorcia-se levemente em convulsões perturbadoras mas o rosto róseo conservava serenidade. Os olhos semicerrados eram ainda uma doce insinuação, a que seria difícil resistir..."*

Nessa época refugiava-se da solidão, numa religiosidade que tinha raízes no ambiente familiar de crença exaltada. Teve, na FNFi, professores com uma visão dominada em maior ou menor grau pelo positivismo que tinham o fetichismo do documento, da prova documental, de nomes, de datas, considerados como elementos fundamentais da veracidade histórica. Ainda durante o curso de Bacharelado em História, Manoel Maurício obteve o seu primeiro emprego como professor no Curso Toneleros, iniciou o estágio no Conselho Nacional de Geografia, e trabalhou como documentarista no Instituto Nacional de Imigração e Colonização. Participou da Campanha do Educandário Gratuito que, com o apoio do MEC, ocupava escolas ociosas à noite. Considerou este o momento supremo de sua carreira: *"Havia o encanto do improviso e do idealismo com turmas onde eu conhecia a todos e eles procuravam me conhecer. (...) Foi realmente a fase mais bonita de minha carreira."*[1] Já se manifestava, nessa época, a sua constante preocupa-

[1] Professor Manoel Maurício, que história é essa? *Pasquim,* Rio de Janeiro, 05/11 março 1981.

ção com a socialização do conhecimento. Como aluno universitário foi "Minimalista", pois o horário não facilitava o estudo daqueles que se auto-sustentavam.

De 1957 a 1969 desempenhou os cargos de Auxiliar de Ensino e Assistente do Catedrático de História do Brasil da FNFi, Professor Hélio Vianna. Trabalhou fundamentalmente com o propósito de formar professores de ensino secundário seguindo a orientação do catedrático. Reconhece que o professor Hélio Vianna tinha um programa que era cumprido e permitia que o aluno tivesse um mínimo de espaço, de conhecimento para depois progredir autonomamente. Respeitava Hélio Vianna e considerava-se seu amigo. Comentou no *Pasquim* que foi escolhido pelo catedrático: *"Talvez por (ele) achar que eu era honesto ou sobretudo porque eu não lhe poderia fazer sombra já que a história digna desse nome continuaria a ser dada por ele."*[2]

No texto "Expansão Territorial do Brasil", que serve de introdução ao *Atlas do Brasil* publicado pelo Conselho Nacional de Geografia, em 1959, Manoel Maurício interpreta a ocupação como resultado de ação planejada do Governo de Portugal sem questionar a colonização, dentro do espírito de uma historiografia representada pelo Professor Hélio Vianna. Este mostrou forte desagrado pelo trabalho pioneiro de Manoel Maurício no *Atlas Histórico Escolar,* do MEC, considerando que seriam necessárias pesquisas mais extensas para realizá-lo. O *Atlas* conjugava a cartografia histórica à bem selecionada ilustração. Manoel Maurício foi um precursor da técnica do uso e interpretação de material visual.

Como Titular de História Diplomática do Brasil e de História das Américas, no Instituto Rio Branco do Ministério das Relações Exteriores, e como Conferencista dos Cursos de Iniciação Cartográfica e de Preparação e Aperfeiçoamento em História do Brasil no Arquivo Nacional, Manoel Maurício associava intimamente a História à Geografia e à Cartografia, o que é muito raro no Brasil. Elaborou em 1968 apostilas mimeografadas para o Curso de Conhecimento e Informações sobre Cartografia patrocinado pelo Conselho Federal de Cultura e Sociedade Brasileira de Cartografia.

Num texto inédito, "Grandeza, Grandioso, Grandes; o Tratado de Madri de 1750", retoma a temática da expansão dentro de uma análise ampla da colonização.

Na qualidade de documentarista, trabalhou na "Cartilha do Imigrante" (1955), texto inédito, cujo original não foi possível recuperar e colaborou com o Professor Hiroshi Saito na obra *"O Imigrante Japonês do após Guerra".*

---

2 Idem.

Em todo esse período parece ter sido uma de suas preocupações centrais a temática do povoamento, da expansão territorial e da imigração no Brasil.

Em fins da década de sessenta, Manoel Maurício era Professor Associado no Departamento de Sociologia e Política da PUC do Rio de Janeiro, passou a Titular de História Econômica, além de exercer temporariamente o cargo de Auxiliar de Antropologia e História do Brasil naquela Universidade. Refere-se a este período na entrevista ao *Pasquim* afirmando: *"Lecionei na PUC quando a Escola de Sociologia e Política tinha a figura do Padre Ávila e era ótimo centro de estudos. A Faculdade era local de discussões e confrontos."* Os cursos eram freqüentados por gente jovem, empolgada pelo conhecimento do seu país.

Foi Titular da Sociedade Universitária Gama Filho e da Faculdade Cândido Mendes, onde era responsável pela Cadeira de História do Brasil e, temporariamente, pela de Antropologia, na Universidade Santa Úrsula. Nestas Faculdades não encontrou um ambiente de efervescência social como o que prevalecia na PUC nesta mesma época.

Em 1966 foi conferencista em cursos de aperfeiçoamento de Professores de Ensino Médio em Londrina e em 1968 em Campos, ambos promovidos pelas respectivas Faculdades de Filosofia. O sucesso foi tão grande que os cursos começaram nas sedes dessas instituições universitárias e terminaram nas salas dos cinemas locais.

Através dessa experiência didática variada, Manoel Maurício criou e desenvolveu uma visão integrada de História, Sociologia, Antropologia e Geografia.

Apesar da vasta tarefa didática, Manoel Maurício colaborou em várias enciclopédias tais como a *Enciclopédia dos Municípios Brasileiros,* na década de cinqüenta, trabalho básico de consulta obrigatória até a atualidade, e mais recentemente na *Mirador Internacional;* na *Pequena Bibliografia da História do Brasil,* 1966, e inaugurou uma atividade totalmente nova naquela época, a *História do Brasil* em quadrinhos, para crianças.

Nas décadas de cinqüenta e sessenta, considerava-se *"um humanista cristão muito assumido e apenas por questão de experiência, de necessidades pessoais, e de conhecimento de minha terra que é pobre, me inclinava mais para usar uma linguagem dostoievskiana, pelos humilhados e vencidos"*. Tanto a formação católica, humanista, como a sua experiência de infância levaram-no a preocupar-se com a socialização dos conhecimentos, ensino gratuito, o uso de linguagem acessível a todos e a solidariedade com os humilhados e ofendidos.

Durante o governo do Presidente João Goulart a Universidade do Brasil passava por uma crise, temia-se no meio acadêmico que uma reforma fosse imposta pela cúpula do Estado. Nessa conjectura foi constituída uma comissão de Reforma da Universidade do Brasil que resolveu consultar amplamente a sociedade através de representantes das diversas classes sociais, das várias profissões, dos funcionários, alunos e professores, sobre o conceito e o tipo de Universidade desejada. Planejava-se a formação de Federação de Centros com uma Reitoria colegiada e a descentralização das tarefas do Conselho Universitário. A diretora do Instituto de Filosofia e Ciências Sociais (IFCS), este desmembrado da antiga FNFi, Professora Marina São Paulo de Vasconcellos, antecipando-se à aplicação da reforma, inaugurou uma série de práticas democráticas na diretoria da instituição, tais como reuniões de congregação e de departamento com a participação de todos os professores ao invés de apenas representantes de cada categoria.

Recordo-me do ambiente de pesquisa, de intensa renovação dos períodos da administração do Professor Evaristo de Moraes Filho, quando se consolidaram várias linhas de pesquisa, e da Professora Marina São Paulo de Vasconcellos. Discutia-se o currículo, experimentava-se um novo ciclo básico incluindo disciplinas que integravam a História do Brasil e a da América Latina, ministradas por vários professores. Rompia-se a estrutura de Cátedras que se refletia no ensino artificial de matérias em compartimentos estanques.

Nessa ocasião, boa parte do Corpo Docente do IFCS procurava integrar o ensino e a pesquisa, equilibrar os objetivos de formação do professor de ensino secundário e do pesquisador. Para tanto pensava-se em ampliar o ensino da teoria e do método, e o da história recente, anteriormente negligenciada, ou mesmo considerada como não sendo objeto da história.

1964 desabou sobre o IFCS como verdadeiro cataclisma. Numerosos professores dessa instituição foram envolvidos numa denúncia feita pelo Professor Eremildo Luiz Vianna, Catedrático de História Antiga e Medieval do IFCS, de que existia uma célula comunista, Anchieta, da qual eles participavam. Esta denúncia não foi adiante e o próprio General Alcyr da Rocha Nóbrega que presidia o inquérito da Universidade do Brasil a transformou numa acusação contra o Professor Eremildo Luiz Vianna.

Em 1965, um Coronel do Rio Grande do Sul denunciou ao MEC o *Atlas Histórico Escolar* como livro subversivo e Manoel Maurício foi chamado para depor neste Ministério.

A Professora de Geografia Lucy Abreu da Rocha Freire denunciou a existência de terror cultural dos alunos contra ela no IFCS. A diretora deste estabelecimento de ensino foi convocada ao MEC pela Divisão de Segurança que a ameaçou de demissão caso não expulsasse uma série de alunos que constavam de uma lista anônima. Ao invés da esperada covardia e compromissos tão comuns naquela época, a Professora Marina São Paulo de Vasconcellos convocou os Corpos Docente e Discente do IFCS, revelou a ameaça, recusou-se a expulsar os alunos e nomeou uma comissão para averiguar as acusações feitas pela Professora Lucy Abreu da Rocha Freire. A maioria dos professores do IFCS, entre os quais Manoel Maurício, assinou um manifesto de co-responsabilidade com a direção do Instituto. Esta era a única unidade da Universidade do Brasil que protestava de público, através de manifestos contra os atos de arbitrariedade do governo.

Manoel Maurício julgou que o IFCS da UFRJ *"foi talvez uma das últimas ilhas do pensamento, o último baluarte de uma resistência democrática do pensamento que terminou por ser perfeitamente integrada".*[3]

No início de 1969 as aulas do IFCS estavam infiltradas e infestadas de espiões, havia tentativas de prender alunos na própria instituição e finalmente soldados foram postos nas portas das salas. Esta situação tensa culminou com um ataque a bomba de tipo militar no prédio do IFCS como preliminar de uma ocupação do mesmo que não ocorreu naquele momento devido a uma mobilização e às presenças contínuas dos Corpos Docente e Discente no estabelecimento. O prédio foi invadido posteriormente pelo exército, que revistou todos os arquivos e papéis, inclusive do órgão de representação dos alunos.

Em abril de 1969, 42 dos signatários do manifesto de co-responsabilidade com a diretoria do IFCS foram expulsos pelo AI-5, entre os quais o Professor Manoel Maurício de Albuquerque.

Em 1968, aos quarenta anos de idade, segundo suas declarações ao *Jornal do Professor,* Manoel Maurício iniciou o estudo da Filosofia e do materialismo histórico e passou a reformular o material empírico acumulado em tantos anos como Professor. A formação empírica, diz ele: *"Foi muito negativa para mim, fiquei com o raciocínio pouco afeito à abstração."*[4]

O espírito católico humanista, a influência do ambiente de infância, a experiência do ensino na escola gratuita, o questionamento do empirismo na Escola de Sociologia da PUC, a ascenção do populismo, a crise militarista, criaram um ambiente propício para esta revisão crítica profissional e para um balanço da vida.

Imediatamente após a expulsão dos professores do IFCS pelo AI-5 houve várias tentativas de preservar o ensino livre de História tais como a fundação do Colégio do Brasil pela Professora Maria Yedda Leite Linhares e a organização de cursos noturnos pelo Professor Manoel Maurício. Nestes havia grande entusiasmo, iniciavam-se as aulas às 10 horas da noite e con-

[3] Punidos não aceitam anistia. *Tribuna da Imprensa,* Rio de Janeiro, 25 jun. 1979.

[4] *Jornal do Professor,* Rio de Janeiro, Jornal do Brasil, abr. 1981.

tinuava-se até a madrugada do dia seguinte. Lembro-me do espírito de debate e participação, das provocações de agentes infiltrados, de ameaças no curso da Rua Sorocaba. Gradualmente os cursos livres foram sendo fechados. Em 1967 Manoel Maurício demitiu-se do Instituto Rio Branco porque se recusava a submeter à censura seu discurso de paraninfo da turma que se graduava.

De forma hipócrita e ambígua, o Itamarati depois lhe agradecia com uma medalha da Ordem Lauro Müller.

Em 1969 demitiu-se juntamente com todo o Departamento da Gama Filho; em dezembro do mesmo ano foi dispensado do Colégio Santo Ignácio e em 1975 do Curso Impacto. Em 1972 pede demissão do Andrews e afasta-se da PUC. O Curso F.N. extingue-se nesta época. Saiu voluntariamente do Curso AESSE para trabalhar no Status que foi posteriormente absorvido pelo Grupo Miguel Couto Bahiense onde se manteve como professor até o fim da vida. Permaneceu também com o Colégio Princesa Isabel, Instituto Guanabara, AESSE e Escola Experimental Corcovado.

Conseguia mesmo nesse ambiente de opressão desenvolver, em casa, cursos noite adentro com grupos os mais variados em que podia se expandir além dos limites estreitos da preparação para o vestibular. Tinha uma animação incansável e dizia: *"Só não dou aula em dia santificado."*

Por ocasião da anistia, em entrevista ao *Jornal do Brasil* afirma que volta ao IFCS *"de um suicídio lento, de um período de 15 anos em que foi reduzido à condição de um 'adestrador de aluno' para vestibular, com toda a sua perspectiva de domesticar, negando-lhe vontade própria, mas dando-lhe elementos para tentar adivinhar a resposta certa perante o Poder, marcar a cruz no lugar exato, e entrar na faculdade."*[5]

Em 1972 foi acusado de ser mentor de uma organização estudantil da qual ele desconhecia a existência. Uma das alunas do Andrews, onde já não ensinava há tempos, presa como membro desta organização, acusou Manoel Maurício, sob tortura.

Ficou preso um mês, foi torturado com pau-de-arara e choques elétricos. Em 1973 foi novamente preso quando buscava um disco na casa de uma aluna acusada de ligação com a ALN. Dessa vez foi confinado a uma câmara escura, além de espancado. Sempre falava na sensação de morte experimentada na cadeia, no total isolamento e escuridão, até no dia da própria morte, quando me disse que o sofrimento e a prisão lhe conferiram a dupla visão do anjo da morte de Dostoievski.

---

[5] Manoel Maurício diz que volta de um suicídio lento. *Jornal do Brasil.* Rio de Janeiro, 24 jun. 1980. Caderno B.

Apesar da carga de aulas dos cursinhos, das perseguições, das pressões, preocupava-se em obter empregos para colegas despedidos, em dar apoio a pessoas atingidas pela repressão do governo, visitava freqüentemente a mãe e as velhas tias maternas, inclusive tentando torná-las mais liberais apesar da idade. Certa ocasião levou uma delas ao teatro, no sentido de modernizá-la, para ver uma peça que muito surpreendeu a velha tia conservadora, por figurar nela um homem nu.

Neste longo período de afastamento da Universidade, Manoel Maurício concentrou sua atenção sobre o tema do autoritarismo no Brasil. Procurou desfazer os mitos da vocação do país para o compromisso e do homem cordial, em busca de uma "história dos oprimidos".

Escreveu os artigos "Recordando o Estado Novo" na *Folha de São Paulo* (23 de junho de 1977), "Reformas na América Latina", em *Ensaios de Opinião, Getúlio Vargas,* (1975) e "Teoria Geral do Fascismo" (inédito); deu uma entrevista à Rádio Jornal do Brasil em 11 de março de 1981, sobre "História e Violência", realizou um curso no Teatro Casa Grande no Rio de Janeiro em 1979, sobre o período Vargas, e outro para UNIVERTA, em 1979, a "História do Brasil de 1930 a 1964". Concedeu uma série de entrevistas sobre o regime militar instalado em 1964, tais como: "Em 68 havia amor, hoje há desinteresse", *Flagrante,* março-abril, 1978; "Autoritarismo, uma constante na vida Política Brasileira", *Tribuna da Imprensa,* 24 de abril de 1980; "A Massa da população esteve sempre excluída da prática do Poder", *Tribuna da Imprensa,* 20 de fevereiro de 1981. Enfatiza nestes artigos a continuidade do Estado Autoritário que sofreu sucessivos remanejamentos do bloco de classes hegemônico, porém sem modificar quer a sua estrutura, quer a esse bloco.

Paralelamente à temática do Estado Autoritário prevalece neste período de sua vida a da história dos oprimidos. Já na carta de Alagoas sentia-se imbuído do ambiente familiar em Viçosa, Alagoas, dominado pelas senhoras de baraço e cutelo das antigas famílias. Referia-se às cavalhadas, ao Pico dos Dois Irmãos, ao lugarejo de Sabalangá, aos quilombos, à Igreja do Bonfim, onde foi batizado.

No ensaio intitulado "Abolir" publicado em *Cadernos Brasileiros,* em 1968, o autor coloca como seu objetivo revelar as articulações econômicas com o ideológico nas explicações relativas aos escravos. Tanto neste artigo como em outros, inclusive em "A propósito de rebelião e trabalho escravo", *Encontros com a Civilização Brasileira,* 1978; "Táticas de lutas dos escravos", inédito, e na palestra "História dos povos sem história", no Centro Estadual de Professores do Rio de Janeiro, em 1979, Manoel Maurício procurava rever as teses tradicionais de interpretação da história brasileira, tais como as da evolução harmônica e equilibrada das três raças, da escassez de conflito de classes, da negociação e acordo de interesses em benefício nacional.

Ao lado dos artigos, conferências, entrevistas, Manoel Maurício publica apostilas que preparam o seu futuro livro, *Pequena História da Formação Social Brasileira.* Figura entre estas apostilas, a de História do Brasil, feita para o grupo Miguel Couto Bahiense.

Já na fase da abertura dedica-se de corpo e alma a colaborar na atividade de cinema e teatro, dando cursos para atores e diretores das peças "Papa Highirte" e "Rasga Coração" de Oduvaldo Vianna Filho; "Sinal de Vida" de Lauro César Muniz (1980); "Ópera do Malandro" (1978) de Chico Buarque de Holanda; "Homem é Homem" de Brecht; "Os Sobreviventes" de Ricardo Meirelles (1980); "Os Campeões do Mundo" de Dias Gomes; "Santa Marta Fabril" para a TV Educativa. Assessorou Ana Carolina no filme "Getúlio Vargas, Imagens de um Mito", Nelson Pereira dos Santos em "A Imprensa e a Independência"; colaborou em três roteiros para o filme "Joana Angélica", dirigido por Walter Lima Jr. Além das aulas que eram requeridas para cada peça: sobre o populismo no Brasil e América Latina para as de Oduvaldo Vianna Filho; sobre Vargas, ou sobre industrialização, ou o movimento operário, Manoel Maurício realizava um trabalho com os atores. Como participei desses cursos pude acompanhar a sua atuação. Analisava o quadro histórico, dava uma noção dos conceitos básicos da história dentro de uma perspectiva marxista, procurava questionar qual era a posição dos artistas no mundo da produção capitalista. Tentava despertar perguntas. Estudava os trajes, os costumes, mobiliário, música, quadros da época em que se passava a peça ou fita. Freqüentemente os artistas encenavam e perguntavam se tinham absorvido e transmitido um processo histórico. Era um intercâmbio fascinante e motivador. O debate após a estréia de "Papa Highirte" no Teatro dos Quatro decorreu em clima emocional; reagindo ao longo período de repressão, parte da platéia identificou-se com o ditador, enquanto a maioria defendia os oprimidos e torturadores. Neste debate Manoel Maurício tentou converter a reação emocional do público em tomada de consciência do processo histórico. Da mesma forma fazia os artistas se situarem no contexto social.

Manoel Maurício julgava esse aspecto de seu trabalho de grande importância, pois, dizia ele, *"era preciso pôr a história na praça pública"*.

Nos últimos três anos de vida, já muito doente do coração, trabalhou intensamente no seu livro *Pequena História de Formação Social Brasileira,* publicada no Rio de Janeiro pela Graal, em 1981.[6]

---

[6] Teve uma 2ª ed. ainda em 1981, quatro meses depois de publicado.

Em entrevista ao *Pasquim* declarou que, para ele, na história *"o momento culminante é aquele em que se forja uma formação social e neste caso o grande personagem de minha história é o povo brasileiro"*. Fez questão de ressaltar a presença de uma dinâmica social representada por movimentos rurais e urbanos para desmentir a idéia de que a formação social brasileira teve uma evolução e uma transformação pacíficas. Procurou derrubar a tese da cordialidade do homem brasileiro imposta pela classe dominante para encobrir o conflito social. Salienta que na história tradicional os movimentos que não podem ser omitidos, são rotulados de fanáticos e implicitamente de ignorantes, como nos casos de Canudos e do Contestado, escamoteando-se assim o determinante social mais profundo e dando-lhes um caráter de inconsistentes. No mesmo caso estariam os movimentos de Santidades, de comunidades indígenas em desagregação. Estas preocupações vêm de longa data, no texto mimeografado "Transformações Culturais na Sociedade Brasileira". Manoel Maurício estuda as esferas ideológica, do conhecimento, artística e teórica, sendo que a parte mais trabalhada do ensaio é a primeira.

Interessou-se pelo modo de produção em Canudos e existe correspondência sua com Décio Freitas discutindo esta questão.

O livro de Manoel Maurício caracteriza-se portanto pela análise dinâmica do processo histórico apoiada nas condições sócio-econômicas, jurídico-políticas e ideológicas da formação social brasileira. Ao esclarecer o método adotado o autor assinala: *"Faço uma análise das transformações econômicas, depois os mesmos elementos aparecem a partir do jurídico-político e depois os retomo para mostrá-los dentro de um discurso de imagem do mundo que seria cultural ou das formas de consciência social."* Seu livro não mereceu uma análise. Somente foram publicadas pequenas notas bibliográficas em jornais de caráter geral e apenas suscitadas questões sobre a influência de Althusser na sua obra, sem aprofundar como ele usou um determinado quadro teórico na História do Brasil.

Além das questões de objetivos, quadro teórico e método, a *Pequena História da Formação Social Brasileira* é rica em informações, bibliografia sobre os temas estudados e é de grande abrangência.

Manoel Maurício procurou escrever em linguagem acessível, evitar o hermetismo, sem prejuízo do rigor científico. Nunca apresentou verdades acabadas e sempre tentou suscitar perguntas e questionamentos. Usou do cômico e da ironia para desmitificar heróis, tornando-os humanos, para atrair os alunos e motivá-los. Tinha uma cultura vasta que permitiu que atuasse fora do âmbito da história e da academia. Nunca se preocupou com a erudição em si mesma mas com o conhecimento entrosado na vida. Apesar da sua extraordinária vitalidade, inteligência e capacidade de comunicação, queixa-se da solidão criada em parte pelo próprio regime brasileiro. Teve de trabalhar sem ajuda financeira, sem facilidade de bibliotecas públicas, lutando duramente pela sobrevivência. Em carta a Maria Otília Bocchini, de 15 de maio de 1974, descrevia o ambiente em que viveu: *"Eu lhe direi dos trabalhos cotidianos, das turmas agressivas e aturdidas, resultados de uma hábil e eficiente operação emasculadora. Falarei da sordície dos patrões que nos pesam em cruzeiros e nos convertem em dividendos. Eu lhe abrirei também o acesso às mediocridades rasteiras, à cordialidade profissional e às admirações subalternas que nos servem de referencial. Tempo também haverá para lhe confidenciar sobre os que se atordoam, liberando-se por melhor se reprimirem. E, sobretudo, eu lhe contarei da busca das estruturas iguais, das alegrias, das descobertas inesperadas, do encontro dos que resistem à descaracterização, dos que não curtem o que já foi consumido por outros curtidores que buscam produzir o novo, assumindo sem exibir."*

Somente um ano após a promulgação da anistia, os professores expulsos pelo AI-5 puderam regressar ao IFCS. No período da campanha pela anistia, Manoel Maurício foi alvo de inúmeras manifestações após 15 anos de isolamento, de impossibilidade de acesso ao trabalho, de tortura e de prisão. Não teve ilusões quanto à ambigüidade de muitas manifestações feitas dentro de propósitos políticos imediatistas e algumas promovidas por pessoas e entidades que tinham recém-aderido à democracia. Não compareceu à cerimônia de recepção dos professores anistiados no IFCS.

Manoel Maurício de Albuquerque nunca foi reconhecido pelo mundo oficial e acadêmico ao qual não dava valor. Voltou à Universidade sem grandes expectativas e morreu pouco depois sem ser reconhecido formalmente. Sua vida e sua obra foram orientadas para a socialização do conhecimento.

A Produção de Manoel Maurício

"... sempre fui essencialmente um professor. Um professor de exposição oral. Tanto que se eu posso dizer que busquei um estilo, foi o de trazer para o livro a minha maneira de dar aula."

M.M.A. – março/1981

PROFESSOR BEM-AMADO, HISTORIADOR MALDITO

Maria Bárbara Levy

O tempo é curto para um professor que vive das horas de aulas dadas. De uma escola para outra, das representações de cinqüenta minutos que se sucedem entre cafezinhos e em sorrisos esgarçados para diretores de escola, esvai-se a possibilidade do recolhimento, imprescindível para a elaboração escrita das idéias. Durante a aula o professor tem oportunidade de testar alguns argumentos e até de vislumbrar com maior clareza o processo histórico, mas a árdua tarefa de adestramento, sempre repetida, sufoca, no mais das vezes, um desempenho mais criativo.

Apesar desta estafante luta pela sobrevivência, nosso mestre-escola se esforçou para reunir sua intensa experiência pedagógica na *Pequena História da Formação Social Brasileira.* Seu legado, porém, ultrapassa essa obra alentada, e, através de manuscritos, artigos, verbetes e entrevistas, podemos resgatar um historiador de miniaturas, criadas durante as madrugadas, no carinho dos livros de uma biblioteca escolhida para o seu prazer.

Em todos os textos que selecionamos, sua desenvoltura histriônica entre alunos dá lugar a uma meticulosa precisão. O professor ferino, por recurso didático, cede a um apaixonado por Clio, em pleno encantamento. Substitui a deliciosa irreverência de suas aulas um polido refinamento. O professor se mostra historiador.

Os temas que escolheu cobrem variada gama de assuntos que salpicam a História do Brasil. Aborda-os segundo a flutuação de seus interesses, sempre buscando responder aos desafios propostos pelo momento. Não encontramos neles nada que se assemelhe a uma linha de investigação traçada pelos rígidos cronogramas dos projetos de pesquisa. Entretanto, não sugerem um trabalho desordenado, porque todos têm em comum o objetivo imperioso da sobrevivência da memória como instrumento de preservação da integridade de percepção.

Se algum leitor mais curioso (ou incrédulo) for procurar as fontes consultadas, não as achará. Gozando do privilégio de haver sido marginalizado da academia, dispensa os entediantes pés de página, e, com naturalidade, menciona, confortavelmente, no texto, todas as indicações necessárias para rastrear seus passos.

O requinte de sua reflexão surge da resposta teórica que o marxismo, em sua vertente estruturalista, propôs às informações empíricas armazenadas durante os primeiros anos de sua formação. Encontrou, especialmente em Althusser, um grande modelo abstrato onde procurou cimentar as peças detalhadas de realidade de que dispunha. Organizou e sofisticou seus conhecimentos segundo as formulações que agitavam o pensamento revolucionário da geração de 68. Por não ter caído no esquematismo empobrecedor por onde tantas vezes resvalaram tentativas semelhantes, impediu que seus trabalhos ficassem excessivamente datados pelo modismo de uma teoria.

A seqüência dos textos que editamos obedece a uma ordem cronológica, nem sempre rigorosa, tendo sido este critério preferido ao de organização por assunto, pois permite acompanhar a evolução das preocupações do autor.

Memorandos do Morro de Santana (sem data) não é assinado e lhe foi atribuído graças ao estilo próprio e inconfundível. Nesta análise dos relatórios da Dom Pedro North del Rey Gold Mining Company (1862-1900), da Anglo Brazilian Gold Mining Company (1863-1873) e da Roça Grande Gold Mining Company, temos uma demonstração das especificidades próprias ao processo de transição do século XIX. O artigo explora a feição híbrida que assumem as empresas capitalistas inglesas na convivência com relações de produção escravistas.

A *Formação Territorial do Brasil – Período Colonial* (1968) foi originariamente editada sob a forma de apostila destinada a um curso de Conhecimento e Informação em Cartografia. Seria certamente este tema o veio por onde prosseguiriam seus trabalhos não houvesse morrido: "Gostaria de publicar um estudo sobre as frentes pioneiras expansionistas, mais particularmente sobre as chamadas entradas e bandeiras. Nas minhas "Entradas e Bandeiras" eu queria apresentar o expansionismo que teve como meta as áreas mineradoras do Peru. Acho que isso tem sido pouco explorado na História do Brasil, em nome de uma espécie de exaltação do bandeirante",[1] declarou em uma de suas últimas entrevistas.

Dispunha de conhecimentos precisos sobre cartografia histórica como aqueles que exibe no mapa que orientou para a edição da *História do Brasil*, de Pedro Calmon, onde aparecem os topônimos íbero-americanos da época.

1 *Jornal do Professor*, J.B., Departamento Educacional, Ano VII, nº 3, abr. 1981, p. 11.

Considerava oportuno retomar esse estudo, 13 anos passados, para reelaborar o material empírico, segundo uma nova perspectiva.

De *Grandeza, Grandioso, Grandes* (s.d.) não conseguimos localizar o final. Restou-nos apenas a parte setecentista, onde examina Portugal e Espanha diante de suas colônias na América do Sul na época da assinatura do Tratado de Madri (1750).

Irineu Evangelista de Souza (s.d.) é uma pequena e cuidada biografia de Mauá, em que sua maior preocupação é transmitir o ambiente que cercava o empresário. Com grande sensibilidade e agudeza de redação, mostra-se um historiador maduro, consciente de que está criando uma interpretação própria contrastante com as inúmeras obras que tratam de Mauá às quais não se refere, nem de passagem.

Abolir... (1968) é um artigo elaborado para a publicação nos *Cadernos Brasileiros.* Na sua crítica às distorções mais difundidas sobre escravidão, mostra o arrojo dos seus primeiros passos em direção a uma crítica política e ideológica da historiografia tradicional. Propõe aí diversas linhas de investigação sobre a escravidão africana no Brasil, até aquela época intocadas.

O Período Pré-Colonizador (publicado em 1970) foi escrito em co-autoria com José Luiz Werneck, amigo e companheiro de trajetória, e destinava-se à *Revista do Instituto Histórico e Geográfico Brasileiro,* repositório do conservadorismo e da dissimulação histórica. Chama a atenção neste texto a originalidade das questões propostas sobre um capítulo que obrigatoriamente inicia os compêndios de História do Brasil. Por que, por exemplo, até então ninguém havia perguntado a razão de Martim Afonso de Sousa ter fundado a primeira vila em região onde não havia pau-brasil para ser explorado?... Mas é na caracterização da *Carta de Caminha* como um esboço do programa colonial e na detalhada interpretação de um pequenino trecho que se manifesta toda a riqueza do artigo.

Razões da Independência (1971) é o título atribuído a uma entrevista que deu à revista *Veja.* Como sempre ocorre nestes casos, o texto final resulta do critério de seleção e da orientação dada pelo jornalista. Mesmo assim emerge claramente sua percepção sobre a centralização monárquica e a formação do Estado Nacional, na qual se manifestou a hegemonia das províncias do Sudeste. Esta formulação teórica não o impede de demonstrar em cada minúcia do processo um conhecimento quase íntimo com a pequena política da Corte. Anos mais tarde, volta ao tema em outra entrevista, *A Independência do Brasil* (1976), na qual tem oportunidade de aprofundar a abordagem daquela complexa conjuntura.

Reformas na América Latina (1975) saiu nos *Ensaios de Opinião.* Sob este título tão geral, encontramos um esboço sobre as transformações ocorridas no México, no Brasil e na Argentina depois da crise de 29, resultantes de um novo padrão de equilíbrio promovido pela política de aproximação dos Estados Unidos, pela influência do fascismo e pelos programas dos partidos comunistas. São captados o caráter parcial e populista destas reformas, bem como seus limites revolucionários, com extraordinária capacidade de síntese.

A História sempre tem um lado cômico (1976) é uma entrevista à *Fatos & Fotos* que assume particular importância porque permite resgatar o historiador do pitoresco que levava a platéia de alunos ao delírio. Num desafio à moralidade burguesa, conta a origem da expressão "casa-de-mãe-joana", dos gritos que resultaram na palavra "encrenca" e até mesmo os detalhes mais escabrosos da correspondência de D. Pedro I. Ressalta em cada entrelinha como o interesse por este tipo de conhecimento, menosprezado pelos "cientistas", representava um arremesso contra o instituído, oficializado e esquálido conhecimento histórico da Universidade que o excluíra.

Recordando o Estado Novo (1977) foi publicado pela *Folha de S. Paulo* na oportunidade dos 40 anos de sua implantação no Brasil. O texto guarda a superficialidade exigida em tais situações, mas não deixa de tocar em ponto algum relevante para o conhecimento desta fase. Transita facilmente pelos aspectos do sistema econômico produtivo, pelas contradições políticas entre a burguesia e o operariado, pelas ideologias em confrontação (isto a partir de uma perspectiva internacionalista), para concluir que o Estado Novo impediu o desenvolvimento de uma via democrática como solução para o crescimento do capitalismo no Brasil.

A Propósito de Rebelião e Trabalho Escravo (1978), artigo para a revista *Encontros com a Civilização Brasileira,* demonstra sua preocupação crescente em estudar a resistência dos oprimidos nas suas mais diversas manifestações. Entusiasmado com os trabalhos de Clóvis Moura e Décio Freitas, resolve sistematizar o conhecimento disperso que tinha sobre o tema e oferece uma contribuição única de sensibilidade histórica do fenômeno.

Transformações Culturais na Formação Social Brasileira (s.d.) é um texto não publicado do qual há uma versão para o inglês, que foi provavelmente elaborado para sua conferência na American Chamber of Commerce realizada em 3 de outubro de 1979. Escrito sob forte influência do estruturalismo, o texto é itemizado em "esferas" ideológica, do conhecimento, artística e técnica. Apesar da rigidez da proposta, suas páginas permitem avaliar a amplitude do conhecimento e erudição do autor, tornando a leitura tão saborosa que o enquadramento teórico não chega a incomodar.

Introdução à História (1979), texto com o qual fechamos esta publicação foi preparado para uma palestra no Sindicato dos Médicos do Rio de Janeiro. Nenhum dos seus textos, porém, é tão ousado e maduro como este. Partindo do corpo conceitual marxista e com uma linguagem extremamente acessível, chega a uma definição de Estado e dos organismos da sociedade civil com suas funções repressivas admiravelmente bem elaborada. Nele é possível verificar como o impacto do estruturalismo já havia sido absorvido, num processo onde passa a dominar uma perspectiva histórica radicalmente orientada pela ótica dos trabalhadores, mas nem por isso panfletária ou conceitualmente palavrosa.

Não é de admirar o espanto de alguns historiadores ao saber que Manoel Maurício de Albuquerque tem uma obra a ser reunida e publicada. Prefeririam, sem dúvida, que com ele fosse sepultado o testemunho de que a História pode ser altamente encandescente e vibrante. Cobertos pela poeira dos arquivos que rebuscam, temerosos das bancas e colegas que os julgam, premidos pelos critérios acadêmicos de avaliação, formulam mais do que realizam trabalhos. Tão distantes encontram-se do latejar constante das linhas que vamos ler, que natural seria procurassem esquecer esta História viva, dinâmica e sempre presente, escrita por um mestre-escola.

Outros historiadores há, porém, que ressentem profundamente sua falta: seja na sala de aula ensinando a História de sua particular perspectiva, seja criticando, com fina ironia, o que escrevemos, seja enfim injetando entre nós seu trabalho valente e minucioso. Sentimos sobretudo que: "(...) *quando você tem uma praça sitiada e há pessoas feridas e outros sadios, você vai ter que dar realmente prioridade aos sadios. São esses que irão evitar que a praça sitiada seja tomada. E o Brasil, em termos de História, é uma praça sitiada.*"[2]

---

[2] Manoel Maurício, em entrevista realizada em 1979 e publicada sob o título "Manoel Maurício de Albuquerque: cultura e clareza de um historiador e mestre-escola", na *Revista do IFCS,* Rio de Janeiro, Centro Acadêmico Edson Luís, nº 1, jan./jun. 1981, p. 89-102, p. 102.

MEMORANDOS DO MORRO DE SANTANA

Em 1867, o Morro de Santana era um fragmento no universo dominado pelos interesses capitalistas, então hegemonicamente centrados em Londres. Com certeza, ignorado com aristocrático distanciamento pela Rainha Vitória e talvez vagamente localizado no Império do Brasil, por algum liberal ou conservador mais afeito à geografia financeira e econômica mapeada nas cotações da City.

Mas deste desconhecimento não participavam os banqueiros e empresários londrinos, cujos agentes os representavam naquele núcleo britânico instalado em terras auríferas da Província das Minas Gerais.

Os *Memorandos do Morro de Santana,* que se encerram no ano de 1871, são uma parte da história informativa da penetração dos investimentos ingleses no Brasil, depois de ultrapassada a fase de retração da primeira metade do século XIX. Em particular, suas páginas documentam as transformações determinadas na estrutura escravista que ainda organizava as práticas do extravismo mineral.

À primeira vista, os *Memorandos* são um seco relatório das atividades da *Dom Pedro North del Rey Gold Mining Company* (1862-1900), da *Anglo Brazilian Gold Mining Company* (1863-1873), da *Roça Grande Gold Mining Company* e de outras. O panorama e os incidentes diversos que o vivificam, vistos sem maior cuidado, se encadeiam monotonamente. Têm a precisão acanhada e exausta da linguagem burocrática e a meticulosidade medíocre de um mau pintor acadêmico de *salon* provincial. Mas, esta primeira impressão se desfaz diante de uma nova leitura.

Os componentes do cenário brasileiro, primeira etapa do caminho do ouro que ia finalizar em Londres, são testemunhos de uma viagem contra o tempo.

Tropeiros assalariados transitam por estradas primitivas, esburacadas e lamacentas, que sacrificam bestas e mulas. A eles cabe trazer o necessário, em produtos e maquinaria, que a existência e a reprodução das atividades do Morro de Santana exigem. Em sentido oposto, as tropas de animais transportam o ouro até a ferrovia cujos trilhos ainda não sulcaram o território da Província. Da sonolenta *maria-fumaça* que o levará ao Rio de Janeiro ou *Corte,* passa aos cuidados da *James Moore Company* ou da *Eward Johnston Company* que o destinarão à Londres civilizada.

Os escravos, trabalhadores diretos, lá estão mencionados nominalmente nos Memorandos, classificados por critério de idade pelo olho clínico de um médico diplomado. Não é pequena a responsabilidade atribuída a este sapiente esculápio. Ao seu saber diplomado que afastou a concorrência empirista do boticário cabe zelar pelos seres vivos dependentes do Morro de Santana.

Após o exame, os escravos são distribuídos pelas diversas unidades de produção mineradora onde labutam nas galerias subterrâneas e em depósitos aluvionais. Quando conseguem iludir a vigilância dos feitores e dos técnicos, surrupiam ouro das *jacutingas;* recebem castigos ou se evadem; assistem à missa dominical, rezada em latim, embriagam-se e dançam o *tambor* nos dias festivos.

Mas, a sua condição jurídica já não corresponde à realidade anterior à aprovação da Lei Eusébio de Queirós que extinguiu o tráfico negreiro em 1850. As companhias mineradoras inglesas não possuem escravos. Os que nelas trabalham são *pretos de ganho,* alugados por seus proprietários sob a forma de contratos anuais, com responsabilidades bem definidas assumidas pelas partes interessadas. Os seus donos já localizam a exploração dessa força de trabalho na estrutura das vantagens capitalistas que dela podem auferir. Os *Memorandos* testemunham o relativo abrandamento dos castigos. O recurso ao *tronco* é mencionado como medida extrema, a alimentação regular e a assistência médica para casos mais graves são parte da responsabilidade das empresas representadas no Morro de Santana.

Se as fugas são freqüentes e se menciona a possibilidade de uma revolta de escravos com articulações entre os trabalhadores da *Anglo Brazilian,* as providências repressivas não vão além do aumento da vigilância. Os funcionários do Morro de Santana e os proprietários escravistas agem em comum acordo para que o escravo apresente rendimento compensador, hospitalizando-o, se necessário, intervindo particular ou judicialmente para que o valor que ele representa não sofra danos antieconômicos.

Os registros do relatório, bastante minudentes, não acusam mortalidade excessiva da população trabalhadora escrava. Nem doenças específicas que a atingissem com prioridade, embora não se trate de um discurso técnica e cientificamente apoiado. Mencionam-se o tifo, a bouba, as *febres* que podem significar mais incidentemente as diversas formas de impaludismo. No entanto, a verminose que certamente teria que grassar entre trabalhadores descalços não é citada, certamente por ignorância ou por demasiado comum. Não há também uma referência continuada a acidentes de trabalho em geral, fato que pode significar também uma prudente reserva para evitar o desagrado e sanções da hierarquia empresarial.

Os trabalhadores não diretos aparecem como vigias, feitores, técnicos e funcionários burocratas. Majoritariamente são ingleses, alguns deles com bastante vivência do Brasil, como o Capitão Treval, vários brasileiros, norte-americanos e franceses. Todos estes eram assalariados, sob regime de contratos e localizados com precisão na estrutura funcional, de acordo com a importância das suas atividades. Muitos possuíam famílias e, ocasionalmente, mulheres inglesas ou brasileiras eram contratadas, por exemplo, para dirigir a cozinha dos homens livres, colaborar em práticas de assistência hospitalar e assemelhados.

A partir dos *Memorandos,* os componentes do núcleo do Morro de Santana se esforçavam por não transgredir os padrões da moral vitoriana, salvo ocasionais bebedeiras, brigas domésticas e divergências pessoais. Os gerentes atuavam neste campo como conselheiros, agindo paternalisticamente, recorrendo a punições mais drásticas, como a recisão de contrato, em casos de deslizes mais graves. O relato nos informa de um infeliz funcionário que incorreu nesta penalidade por confusão entre os sintomas da bouba e os da sífilis... Como se resolviam as necessidades de solteiros ou as dos maridos e mulheres insatisfeitos, sobre isto os *Memorandos* guardam pudica discreção grata à *Viúva de Windsor.*

Os costumes familiares à Inglaterra eram conservados sempre que possível. As páginas dos *Memorandos* nos trazem a comemoração do *Midsummer Day,* coincidente com o nosso Dia de São João. Com um pouco de imaginação, podemos visualizar a colônia inglesa do Morro de Santana a repetir a velha festa pagã anunciadora do pleno verão a se realizar em pleno inverno mineiro... Do esquecido ritual da fecundidade restara das investidas da moral cristã e da Reforma Protestante, o conjunto das danças campestres, ou pau-de-fita e as alegrias do vinho.

O Natal era relembrado à la Dickens, com seus *Christmas Carols* entoados com alegria diante dos colegas amigos e recusados aos que eram desafetos, como um rabugento e mal-humorado funcionário que também contribuía para dar realidade às criações daquele escritor em pleno centro do Brasil. Aos domingos, quase nas vizinhanças das católicas e barrocas Mariana e Ouro Preto, no Escritório da Companhia, improvisado em capela, ressoavam os hinos anglicanos do ofício religioso.

No entanto, não se pode dizer que estes ingleses se comportassem como desterrados, isolando-se do convívio dos *natives.* Além de contactos protocolares com as autoridades locais, também havia lugar para jantares, recepções em que se obsequiavam figuras gradas e suas respectivas esposas já emancipadas do cativeiro mourisco dos velhos tempos coloniais. A agenda social do Morro de Santana era relativamente movimentada, assinalando-se visitas como a do Duque de Saxe, casado com a Princesa Leopoldina, filha do Imperador D. Pedro II, ou do Capitão Watson, da Legação Britânica no Rio de Janeiro.

Ao lado desses acontecimentos, outros incidentes festivos quebravam a rotina da faina diária. Competições esportivas disputadas por funcionários, exibições de circo ou de mágicos, às quais tinham acesso os escravos, e as fogueiras de São João, trazem a sua nota caipira e provincial, conferindo certa cor local aos *Memorandos.* Os dias santificados nem sempre eram respeitados, pelo menos no tocante aos escravos, ainda que se tratasse de um evento altamente importante no calendário católico, qual a Sexta-feira da Paixão. Não sabemos o que pensaria a respeito o senhor vigário contratado para celebrar em domingos alternados a missa para os escravos e demais fiéis católicos da localidade. É bem possível que, como bom servidor da Companhia, fizesse vista grossa a essas atitudes pouco ortodoxas de ovelhas afastadas da obediência da Igreja de Roma pelos pecados de Henrique VIII...

O Morro de Santana era um estabelecimento relativamente complexo, sobretudo se atentarmos para as condições da Formação Social do Brasil na segunda metade do século XIX. O núcleo composto pelo Escritório dominava um conjunto que compreendia oficinas, um hospital, cozinhas para trabalhadores livres e escravos e alojamentos. Os funcionários casados moravam em casas particulares. É interessante que não haja menção às senzalas, embora possamos admitir a sua existência com plena certeza.

Apesar das más estradas, chegavam os correios, havendo também um encarregado das funções postais em Ouro Preto, cujos serviços já eram utilizados pela *Saint John del Rey.* Dessa forma, chegava a correspondência burocrática, cartas e jornais, estes últimos não apenas os ingleses mas também os de língua francesa.

No entanto, os acontecimentos mundiais e mesmo os brasileiros têm a sua presença assinalada muito fracamente nos *Memorandos.* Apenas a Guerra do Paraguai ou da Tríplice Aliança merece maior referência, mesmo assim de forma indireta, a propósito do severo recrutamento para o Exército e a Marinha que desfalcava a Companhia de trabalhadores livres e escravos. Mais de uma vez, os Gerentes que redigem o relatório tiveram que se dirigir às autoridades brasileiras em Mariana ou aos sucessivos Presidentes de Província em Ouro Preto para abrandar aquele voluntariado compulsório, nem sempre obtendo êxito, apesar da boa vontade oficialmente demonstrada.

Salvo isto, o maior conflito armado na América do Sul não parece haver impressionado os redatores dos *Memorandos*. Nem mesmo a vitória final contra as últimas forças militares de López mereceu ser fixada nas letras do documento.

Em compensação, a Lei Visconde do Rio Branco de 1871, que libertava os filhos dos escravos, ocupa algumas linhas despidas de quaisquer comentários.

Também são pouco esclarecedores os *Memorandos* em relação aos compromissos fiscais que os investidores ingleses mantinham com a política tarifária do Império Brasileiro e com a Província de Minas. Apenas cita-se a *capitação* cobrada por cada escravo e a isenção à importação de maquinaria para as atividades do extrativismo mineral. O mesmo se pode dizer quanto à disponibilidade de numerário, que sabemos relativamente escasso e sobre as outras formas de permuta exercidas pelos habitantes do Morro de Santana. Eventualmente, os representantes da *Dom Pedro* e da *Anglo Brazilian* recorriam a empréstimos de particulares em cédulas do Tesouro. Da instabilidade financeira há apenas o boato da desvalorização do papel-moeda emitido pelo Banco do Brasil, no caso o segundo estabelecimento deste nome que fora reorganizado em 1853 pelo Barão e Visconde de Mauá. A notícia alarmista foi prontamente desmentida pelo Presidente do Conselho de Ministros, o financista Visconde de Itaboraí.

Que os negócios dos investidores ingleses prosperavam, pode-se depreender do aumento do patrimônio coordenado do Morro de Santana, com ramificações em Passagem, Maquiné e outras localidades. As melhorias técnicas, como a instalação de serrarias, emprego de trituradoras e de bombas para esgotar água das galerias subterrâneas, se alternam com maiores comodidades assistenciais, tais como a existência de dois hospitais, um em Santana, o outro na Passagem, e a instalação de um centro de abastecimento para os trabalhadores livres devolverem parte do seu salário em troca de alimentação...

Porém, o que melhor atesta a propriedade determinada pela produção de ouro é a compra de terras para pastagens e outros fins, para isso contando com a colaboração das autoridades provinciais, especialmente no tocante à ultrapassagem e contorno das dificuldades burocráticas quanto aos títulos de propriedade mal definidos.

Naturalmente, há queixas ocasionais quanto a incidentes de trabalho, como os desabamentos de galerias, os roubos de ouro que possuíam interessados em Mariana e que não era fácil coibir, e a negligência pessoal ou falta de capacidade técnica de alguns servidores. Porém, de maneira geral, a produção de ouro era regular e compensadora, ainda que não tão vultosa como a da famosa *Saint John del Rey Gold Mining Company Limited* cuja atividade alcançou o pleno século vinte.

Também, os funcionários do Morro de Santana não descuravam as relações públicas oferecendo obséquios aos detentores de uma posição de mando, desde os fazendeiros locais que lhes alugavam os escravos, aos integrantes do aparelho burocrático do Estado. E estes tinham absoluta consciência da importância que representavam as libras esterlinas no soerguimento da economia provincial, em particular no extrativismo do ouro, cuja decadência não poderia ser detida pelos magros capitais disponíveis localmente. Embora, desde 1856, já houvesse sido instalada uma filial do Banco do Brasil em Ouro Preto e a Casa Bancária Almeida Magalhães já se localizasse em São João del Rei (1860), as operações de crédito eram difíceis pelo lugar subordinado que a economia brasileira ocupava no sistema capitalista mundial.

Por isso, na rápida sucessão dos Presidentes de Província, elevados ou apeiados pelos caprichos do rodízio parlamentarista, há sempre bom entendimento com os investidores ingleses. Responsáveis pelas funções máximas do Executivo Provincial como o Dr. José Maria Correia de Sá e Benevides ou Antônio Teixeira de Souza Magalhães, 2º Barão de Camargos, parlamentares como o Senador Francisco de Paula Lobo, titulares da Igreja, como D. Pedro Maria de Lacerda, depois Bispo do Rio de Janeiro e Conde de Santa Fé, além de iniciador da famosa *Questão Religiosa*[1] desfilam pelas páginas dos *Memorandos,* amáveis e solícitos. Por trás de todos estes sorrisos, desenvolvia-se a transição das relações de trabalho escravistas para as práticas capitalistas e todos estes personagens sabiam que na conjuntura o poder decisório mais forte não se localizava em Minas Gerais.

FORMAÇÃO TERRITORIAL DO BRASIL

Período Colonial

1. Perspectivas do Período Colonial

A maneira mais generalizada de encarar o Período Colonial é a de enquadrá-lo no espaço balizado pelas datas do Descobrimento, em 1500, e a do Grito do Ipiranga, em 1822. Estas duas referências podem sofrer reparos que, sem lhes anular a validade, permitem discutir e clarificar diversos aspectos da evolução histórica brasileira. As peculiaridades da nossa formação impõem que outras datas possam igualmente ser propostas na medida em que os estudos mais profundos exigem desdobramentos teóricos no encarar o nosso passado. Um bom exemplo disto é a disparidade cronológica existente entre a libertação política de 1822 e o processo de independência econômica iniciado em 1808.

Em termos estritamente ligados às relações entre o Brasil e Portugal, o episódio do Ipiranga foi o desfecho da situação de fato que se criara em 1808. As medidas políticas e econômicas, que se seguiram àquela data, assinalam inapelavelmente a minimização de Portugal como potência metropolitana em relação à sua colônia. Em outras palavras, as iniciativas tomadas pelo Príncipe Regente e depois Rei D. João VI, não são apenas fruto da transferência da Família Real Portuguesa para o Brasil. Elas confirmam, em termos liberais, a crescente maturidade política e econômica da colônia, que evoluíra apesar de todos os obstáculos impostos pelo absolutismo e pelo sistema econômico mercantilista. O período de 1808 a 1822 agiu, assim, como uma tentativa, em parte malograda, de desviar o processo autonomista do Brasil. Dizemos malograda, porque a acomodação que se verificou naquele espaço de tempo entre a classe dominante metropolitana e a colonial do Brasil, não impediu a separação de 1822 nem a sua nacionalização, que se completou em 1831.

Todas estas considerações, aparentemente ociosas, em torno de uma questão de datas valorizam extraordinariamente os diversos matizes da nossa História. Neste caso, a notável riqueza de facetas concentradas no período joanino não pode ser ignorada como motivo de estudos. Ela faz parte de um processo de reformulação do sistema colonial que se desenvolveu especialmente a partir do século XVIII. Esta reformulação se intensificou na medida em que representava um processo de luta através do qual as classes dominantes coloniais buscavam o reconhecimento da sua maturidade política e econômica pela Metrópole. Este reconhecimento trazia implicitamente a divisão de poderes entre *mazombos* e *reinóis*. Esta luta pelo poder, que é bastante semelhante a que ocorreu nos Estados Unidos e na América Espanhola, modificou-se em parte no Brasil pela presença da Família Real Portuguesa de 1808 a 1821.

Portanto, aceitando embora as datas tradicionais de 1500 e de 1822 para o início e o fim do Período Colonial, não são descabidas outras formas de periodização. Se o ano de 1500 assinala a data da chegada de Cabral ao Brasil, o domínio português somente começou a se efetivar após 1530 com a vinda da expedição colonizadora de Martim Afonso de Sousa. A fundação da Vila de São Vicente, em 1532, encerra a fase em que Portugal tenta aplicar no Brasil a experiência adquirida nas ilhas do Atlântico e na África continental. Isto, no entanto, foi feito sem um plano colonizador definido já que não o apoiava uma exploração sistemática dos recursos econômicos do Brasil. Além disso, a importância das empresas africana e asiática superava de muito o interesse oferecido pelo Brasil.

Superada a fase de transição, que vai de 1500 a 1532, iniciou-se a colonização regular do Brasil. Esta prolongou-se até 1808. Durante este período, desenvolveu-se o programa de valorização do Brasil dentro do esquema do mercantilismo colonial. Certos fatores, inclusive de ordem internacional, intervieram nesta valorização. O mais importante deles foi o progressivo empobrecimento de Portugal e a conseqüente importância crescente do Brasil diante da Metrópole.

É dentro desta valorização mercantilista que podemos entender a expansão territorial do Brasil. A União Ibérica (1580-1640) e o Tratado de Haia (1661) são dois marcos de extrema importância. A união de Portugal e da Espanha representou o final de um processo de exaustão dos recursos de Portugal, esgotado pelo esforço de se impor à Europa como intermediário monopolizador do comércio das especiarias e das drogas e, também, do cada vez mais importante açúcar do Brasil. O período filipino apressou a desagregação do império colonial português além de agravar a pobreza de que Portugal já se ressentia em plena fase expansionista no século XVI. Esta situação, de certa forma, se prolonga até 1668 quando então Portugal enfrentou as dificuldades que lhe havia acarretado a união com a Espanha. Os óbices somente puderam ser superados através de hábeis e onerosas alianças, notadamente com a Inglaterra e com a França. Os historiadores se inclinam por considerar, modernamente, o período da União Ibérica como um dos marcos mais decisivos para a valorização do Brasil. Além da expansão territorial, bastante estudada, a fase filipina forçou a vinda de contingentes populacionais que fugiam ao empobrecimento de Portugal.

O Tratado de Haia de certa forma completa este quadro. Através dele, Portugal sacrificou o seu império para conservar o binômio Brasil–África, o que em termos mercantilistas significava a combinação açúcar-escravos. A situação criada a partir daquele acordo fazia do Brasil a mais importante colônia portuguesa e, conseqüentemente, destinada a compensar, o mais possível, o que Portugal perdera. Este incentivou poderosamente a expansão territorial.

Estes fatores metropolitanos e internacionais conduzem ao apogeu da colonização portuguesa no século XVIII. Não é de surpreender que nele se verifiquem a intervenção direta do Estado Português, centralizando e planejando a administração do Brasil, a consolidação territorial da colônia e a diversificação econômica enriquecida pela atividade mineradora. Todos estes fatores traduzem a dependência inevitável da metrópole, o que se pode verificar pelos projetos de transferência da sede da Monarquia Portuguesa para o Brasil.

Em tudo isto não agiram apenas fatores externos. Em que pese a ausência de autonomia da colônia não se pode negar a presença de elementos internos criando nela uma dinâmica própria. As condições peculiares da evolução de Portugal e do Brasil favoreceram a eclosão de fatores determinantes internos. Estes se encarregaram de diferenciar os interesses metropolitanos e coloniais dando origem a uma crescente conscientização da singularidade dos interesses brasileiros. Por isso, se o século XVIII assinala o triunfo do sistema colonial português ele também é o das primeiras conspirações autonomistas. Estas conspirações marcam no plano interno a crise do absolutismo e do mercantilismo que se verificava também em outras partes da América colonial e nos centros de dominação na Europa.

O ano de 1808 assinala *de fato* o fim do período colonial. Assim, com a chegada da Família Real terminou a administração do último Vice-Rei do Brasil, Dom Marcos de Noronha e Brito, oitavo Conde dos Arcos. No plano econômico, a abertura dos portos e outras medidas subseqüentes extinguiram o sistema mercantilista. Desta forma ao se tornar a sede da Monarquia Portuguesa o Brasil adquiria os direitos de um Estado autônomo. Esta situação de fato foi definida em termos jurídicos internacionais em 1815 quando o Brasil foi elevado à categoria de Reino Unido a Portugal e Algarves.

A permanência da Corte Portuguesa no Rio de Janeiro não significou apenas a acomodação temporária de interesses brasileiros e portugueses. Imprimiu também um novo vigor ao processo de hierarquização colonial que, desde o século XVIII, colocara a região sudeste polftica e economicamente à frente das demais áreas brasileiras. Esta hierarquização regional traduziu-se internamente pelo fortalecimento da centralização administrativa. Esta, aliás, já remontava aos reinados de D. João V (1706-1750) e de D. José I (1750-1777) e teve como sucessor natural o unitarismo do Império Brasileiro. Esta concentração de poder de decisão polftica e econômica no sudeste permitiu-lhe combater e superar outros centros de atração regional. Ao substituir a *unidade por fragmentação* vigente até o século XVIII, pela *unidade por centralização* o Rio de Janeiro e o sudeste não apenas substituíam Lisboa e Portugal na direção dos assuntos brasileiros. Impuseram ao Brasil o unitarismo, garantidor da sua liderança no poder. Desta forma, puderam dominar os movimentos fundamentados na herança regionalista colonial, estivessem eles a serviço da causa da independência ou não. Disto é um bom exemplo a repressão à Revolução Pernambucana de 1817 ou à Confederação do Equador em 1824. Se nos abstrairmos dos aspectos ideológicos ou personalistas imediatos encontraremos, na reação que os combateu, o medo ao fantasma da desagregação regionalista. Ainda que o separatismo não fosse objeto programático, nem por isso é menos verdadeiro que em ambos os movimentos existia uma nítida oposição do regionalismo *versus* unitarismo. Assim, sem desprezar outros fatores implícitos, não foi por acaso que os dois levantes revolucionários tiveram como centro Pernambuco, já então um poderoso polarizador do nordeste brasileiro. O estudo mais profundo daqueles acontecimentos permitem ver neles não o separatismo, mas principalmente a tentativa de divisão do poder entre as oligarquias regional e nacional.

Em termos de expansão territorial, o período que antecede imediatamente a liberação do Brasil se caracteriza por duas anexações de caráter defensivo e de certa forma artificiais: a Guiana Francesa e a Banda Oriental. A primeira foi conquistada em 1809 e devolvida à França em 1817. A segunda foi unida ao Brasil em 1821 como Província Cisplatina e tornou-se independente em 1828 como República Oriental do Uruguai.

A conciliação temporária que se verificara entre 1808 e 1821 foi substituída, especialmente a partir do regresso de D. João VI a Portugal, por uma crise que leva à separação do Brasil. O gesto do Príncipe Regente D. Pedro foi a solução final do processo de luta pela autonomia do Brasil. Vale a pena esquematizar este processo, especialmente na sua fase final de 1820 a 1822. Ele singulariza as circunstâncias da nossa independência, diferenciando-a do processo ocorrido em outras partes da América.

O período de treze anos em que o Brasil foi sede da Monarquia Portuguesa fortaleceu a idéia de que esta situação não deveria mudar. A invasão napoleônica de Portugal, em 1807, precipitara a execução da transferência que já parecera perfeitamente normal no século XVIII. Basta que se lembre, a propósito, a sugestão do estadista português D. Luís da Cunha aconselhando D. João V a vir para o Brasil. A relutância de D. João VI em retornar a Portugal parece confirmar a hipótese de que ele não desejava modificar o esquema criado pela agressão francesa. O Império Português permaneceria íntegro tendo apenas mudado o centro político-administrativo para o Brasil.

A Revolução de 1820 e a conseqüente partida de D. João VI modificou em parte este estado de coisas. A solução anterior foi substituída pela de manter o Reino Unido, conservando o Brasil e Portugal em pé de igualdade. Garantia-se desta forma a permanência do Brasil no Império Português e também a maioria das conquistas autonômicas obtidas entre 1808 e 1821.

Esta última esperança se desvaneceu na medida em que Portugal se revelou incapaz de estabelecer um novo tipo de relacionamento com a sua colônia mais rica. Precipitadamente ele tentou reaver a posição colonial parasitária e que agora se tornava mais premente em virtude da crise política e econômica em que se debatia. O agravamento das relações entre o Brasil e Portugal precipitou-se a partir do Dia do Fico levando ao rompimento do 7 de setembro.

O Grito do Ipiranga seguido pela criação do Império Brasileiro não eliminou as contradições internas do Brasil. O processo de lutas, que se verificara anteriormente, continuou nos nove anos do reinado de D. Pedro I. A unidade territorial se manteve, no plano externo, pela integração das províncias ainda sob controle de tropas portuguesas, pelo reconhecimento da independência em 1825 e pela independência do Uruguai que reconduzia o Brasil aos seus verdadeiros limites históricos e culturais. Em compensação, no plano interno a unidade se manteve graças ao apelo a recursos violentos como a dissolução da Assembléia Constituinte, em 1823, e o esmagamento da Confederação do Equador, no ano seguinte. O resultado foi a institucionalização do Império, através de uma Constituição outorgada, autoritária e unitarista. A crise interna, aparentemente dominada, transpôs-se para o plano da oposição política ao soberano. Nele foram projetadas as acusações de representar a permanência de uma herança colonial de Portugal, que o 7 de setembro não pudera eliminar. Neste sentido, o *abrasileiramento* da independência foi consumado em 1831 com a abdicação de D. Pedro I.

Assim, a análise das periodizações cabíveis para o Período Colonial nos conduz à proposta do seguinte esquema:

1500 a 1532 – Período Pré-Colonizador.

1532 a 1808 ou 1815 – Período Colonial propriamente dito.
1808 ou 1815 a 1822 – Brasil autônomo dentro do Império Português.

De acordo com o ângulo dos estudos a respeito do Período Colonial e Autonômico podem ser também consideradas as seguintes datas finais:

1824 – Institucionalização do Império.
1825 – Reconhecimento da Independência.
1831 – Abdicação de D. Pedro I.

A esquematização econômica é mais simples:

1500 a 1808 – Mercantilismo colonial.
1808 a 1822 – Liberalismo. Este evidentemente se prolonga além de 1822.

Quanto à expansão territorial podemos agrupá-la da seguinte maneira:

Século XVI – Ocupação do litoral entre Cananéia e Natal. O povoamento circunscreve-se praticamente à orla litorânea, exceção feita da vila de São Paulo.

Século XVII – Amplia-se a ocupação do litoral que chega ao Oiapoque e, no sul, a Laguna. Realiza-se a grande expansão para o interior.

Século XVIII – Consolida-se a expansão territorial através das ações povoadora, militar e diplomática. Ocupa-se parte do atual Rio Grande do Sul.

Século XIX (até 1828) – Completa-se a configuração territorial ligada ao Período Colonial. Ocupações defensivas da Guiana Francesa e da Banda Oriental.

2. Conhecimento e Integração do Espaço Brasileiro

a) *A expansão litorânea*

A dependência do Brasil colonial em relação aos mercados europeus e africano impôs a precedência do litoral como área a ser ocupada prioritariamente. Com a aplicação do sistema das capitanias hereditárias, apoiadas economicamente pela agro-indústria do açúcar e outras atividades econômicas, iniciou-se o povoamento regular do Brasil. Graças à iniciativa dos donatários ou dos seus representantes foi ocupada a faixa costeira entre as capitanias de São Vicente e de Itamaracá. No extremo sul ficava a vila de São Vicente, fundada em 1532, e cuja fundação se prende ao interesse português pelo Rio da Prata. Ao norte, o ponto povoador mais distante era a vila da Conceição, atualmente desaparecida, na ilha de Itamaracá.

A criação do Governo Geral em 1548 veio atender à necessidade de imprimir ao povoamento, valorização econômica e defesa do Brasil maior rapidez e eficiência. O esforço conjugado dos governadores gerais e dos donatários, apoiados pelas diretrizes metropolitanas, estendeu o povoamento a Cananéia e a Natal.

Nada exprime melhor a importância que se atribuía à ocupação do litoral do que a relativa rapidez com que ela se processou. É bem sintomático que isto tenha ocorrido apesar da extrema pobreza dos contingentes demográficos com que contava a colonização do Brasil. As necessidades econômicas e de defesa impuseram o deslocamento dos fracos contingentes populacionais, mal se esboçavam os primeiros núcleos urbanos importantes.

No tocante à valorização econômica do Brasil basta que nos lembremos da agro-indústria do açúcar, que já no século XVI colocava o Brasil como primeiro fornecedor de açúcar à Europa. A produção açucareira e a exploração do ouro de lavagem, ao sul da vila de São Vicente, foram as grandes bases econômicas em que a expansão litorânea se baseou no primeiro século.

Ao estímulo econômico juntou-se a necessidade da defesa do litoral brasileiro. A falta de povoamento em algumas capitanias hereditárias estimulava as ambições estrangeiras, notadamente a dos franceses, velhos freqüentadores do litoral brasileiro. Ultrapassando a fase do contrabando do pau-brasil eles evoluíram para a tentativa de ocupação em caráter definitivo. Sua pretensão de se localizar na Guanabara fracassou inteiramente, apesar da aliança das tribos tamoias. Atacados em 1560, foram definitivamente expulsos do Rio de Janeiro em 1567.

Afastado este perigo maior, nem por isso ele estava definitivamente superado. Especialmente porque, depois da União Ibérica (1580-1640), holandeses, ingleses e franceses passaram a unir os esforços numa comum agressão às colônias portuguesas e espanholas. Por isso, o esforço para a defesa do litoral teve que ser redobrado, apesar dos sacrifícios que impunha. Disto resultou a colonização de Sergipe, Paraíba e do atual Rio Grande do Norte.

Quanto ao litoral sul, onde também houvera tentativas de ocupação pelos espanhóis, o povoamento foi facilitado pelo descobrimento do ouro de lavagem.

No século XVII, completou-se a integração da costa leste-oeste e o povoamento do litoral entre Cananéia e Laguna atuais.

A orla marítima entre Natal e Maranhão, correspondendo na maior parte aos atuais Rio Grande do Norte e Ceará, oferecia certos obstáculos à ocupação. Era um litoral inóspito, arenoso, sem bons portos e impróprio à agroindústria do açúcar. Já em 1605, Pero Coelho de Sousa tivera que abandonar a colonização do Ceará devido aos conflitos com os indígenas e aos rigores da seca. Somente mais tarde, em 1611, é que pôde ser fundado o Forte de São Sebastião, origem da atual cidade de Fortaleza. Em 1613, surgiu outro forte, o de Nossa Senhora do Rosário, para servir de base ao combate contra os franceses estabelecidos no Maranhão. Durante todo o século XVII, o litoral compreendido entre Natal e o Maranhão foi fracamente povoado. A expansão pecuarista através dos *sertões de fora,* associada ao descobrimento e exploração das salinas, forneceu as bases econômicas para a colonização dos atuais litorais rio-grandense-do-norte e cearense.

A partir de 1594, os franceses passaram a freqüentar e a estabelecer relações comerciais e alianças com os indígenas do Maranhão. Penetrando na região do Ceará chegaram à Serra de Ibiapaba onde incentivaram a resistência dos índios à colonização portuguesa.

Em 1610 organizou-se na França uma empresa objetivando a ocupação do Maranhão onde fundaram a povoação e o forte de São Luís em 1612. Três anos depois os invasores foram expulsos.

Completando a ocupação da costa leste-oeste, os portugueses fundaram em 1616 o forte do Presépio e a cidade de Nossa Senhora de Belém. Graças a este ponto de apoio as autoridades coloniais puderam garantir para Portugal não somente a embocadura do Rio Amazonas como o litoral do moderno Território Federal do Amapá.

Quanto ao litoral ao sul de Cananéia, ainda durante a vigência da União Ibérica, foi ocupado até a atual Paranaguá. Esgotando-se o ouro de lavagem que apoiara inicialmente a expansão, os mineradores transformaram-se em apresadores de índios ou em pecuaristas. Nesta última condição avançaram até Laguna. Este avanço, a partir da fundação da Nova Colônia do Santíssimo Sacramento, em 1680 recebeu um novo impulso. Através dele buscou-se, o mais rapidamente possível, estabelecer uma ligação terrestre entre Laguna e a Colônia do Sacramento. Graças à isto foi ocupado o atual litoral rio-grandense-do-sul. Esta ocupação teve para apoiá-la a fundação do Presídio de Jesus-Maria-José que defendia a vila do Rio Grande de São Pedro. Mais para o interior surgiram Viamão e Porto dos Casais, esta à origem da atual Porto Alegre. Desta forma, graças à iniciativa militar, à imigração planejada com lagunenses e açorianos e com o apoio econômico da pecuária pode-se estabelecer, na primeira metade do século XVIII, uma ligação povoadora que integrava parte do Rio Grande do Sul ao Estado do Brasil. Com o estabelecimento do atual limite sul no Arroio Chuí, devido ao Tratado de Santo Ildefonso, em 1777, completou-se a definição do espaço litorâneo brasileiro entre o Oiapoque, definido pelo Tratado de Utrecht, de 1713, e o extremo sul.

b) *A expansão sertanista*

Na ocupação das terras do interior encontramos três frentes pioneiras: os entradistas, os bandeirantes e os missionários.

As entradas tiveram como pontos de dispersão o Rio de Janeiro, o Espírito Santo, a Bahia, Sergipe, Pernambuco, o Ceará, o Maranhão e a Amazônia. Do ponto de vista cronológico, a expansão entradista teve sua maior expressão no século XVI a partir de quando começa a decair limitando-se praticamente às expedições realizadas nos atuais Pará e Amazonas. Embora fossem expedições destinadas primordialmente à busca de metais e pedras preciosas, as entradas evoluíram adquirindo outros objetivos tais como o de exploração econômica, de abertura de vias de comunicação ou de exploração geográfica e apresamento de índios. De certa forma, as entradas representam, na fase mineradora, uma projeção dos interesses orientais de Portugal no Brasil. A necessidade de metais preciosos, que as minas africanas de Bambuqui e de Monomotapa já não satisfaziam, levaram as autoridades metropolitanas e coloniais a estimular o envio de entradas para o interior do Brasil. Esperava-se, desta forma, encontrar jazidas minerais tão ricas como aquelas que a Espanha explorava no México ou no Peru. Este interesse das autoridades no descobrimento de minas é que talvez tenha sido a origem da errônea suposição de que as entradas fossem oficiais. Ao contrário do que tradicionalmente se afirma, várias foram as entradas de pura iniciativa particular.

Também não cabe manter a velha afirmação de que as entradas não houvessem ultrapassado o limite de Tordesilhas. Basta lembrar a entrada de Pedro Teixeira, de 1637 a 1639, que partiu de Cametá, no Pará, e atingiu Quito, na atual República do Equador.

Ao que parece, a ser digno de crédito o testemunho de Vespúcio, a primeira entrada realizou-se em fins de 1503 ou princípio de 1504, tendo como ponto de partida Cabo Frio.

Em 1531 Martim Afonso de Sousa enviou duas entradas para o interior, uma no Rio de Janeiro e outra em Cananéia. A primeira recolheu notícias da existência de ouro num certo rio *Peraguai.* A segunda, comandada por Francisco Chaves e Pero Lobo, parece ter atingido o rio Iguaçú, onde foi massacrada pelos índios Carijós.

Com a criação do Governo Geral, as entradas receberam novo estímulo, entre outros o do início da exploração das minas de Potosí na atual Bolívia. Entre 1553 e 1592 vários entradistas exploraram o interior sem encontrar as minas tão desejadas. Os mais importantes foram Francisco de Espinosa, Vasco Rodrigues de Caldas, Martim Carvalho, Sebastião Fernandes Tourinho, Antonio Dias Adorno e Gabriel Soares de Sousa. Este, embora entradista frustrado, legou-nos o extraordinário conjunto de informações geográficas, históricas e econômicas publicado com os títulos de *Notícia do Brasil* ou *Tratado Descritivo do Brasil em 1587*. Um dos últimos entradistas foi Belchior Dias Moreira, descendente do Caramuru e cujo nome se liga ao pretenso descobrimento das lendárias minas de prata.

A partir do século XVII, as entradas foram declinando, reduzindo-se praticamente às que se realizaram na área amazônica onde perduraram até a primeira metade do século XVIII. Uma das mais importantes foi a já citada de Pedro Teixeira que atingiu o atual Equador. De volta a Belém, Pedro Teixeira fundou na confluência dos rios Aguarico e Napo a povoação Franciscana dela tomando posse em nome do rei de Portugal embora ainda perdurasse a União Ibérica.

Para o declínio das entradas concorreram vários fatores. O mais importante deles foi o malogro das diversas expedições. Além disso as dificuldades da ocupação do litoral exigiam que os contingentes humanos, já por si diminutos, não fossem desviados. A isto juntavam-se os obstáculos da presença de áreas semi-áridas e a insegurança de informações na maioria baseadas em mitos errantes. Por isso, as entradas acabaram se restringindo à Amazônia, onde a rede fluvial facilitava a penetração agora orientada num sentido mais diversificado do que a anterior busca de riquezas minerais. O caráter nômade da exploração das drogas cabia perfeitamente como estímulo ao deslocamento entradista na Amazônia. Isto não ocorria no litoral oriental brasileiro, onde a agro-indústria do açúcar e o comércio com a Europa e a África representavam uma fonte de riqueza estável e segura.

Ao contrário das entradas o fenômeno bandeirantista foi uma solução espontânea ligada às necessidades econômicas da capitania de São Vicente. A pobreza da economia de subsistência vicentina levou-a à busca de escravos índios já que os modestos recursos locais não permitiam a compra de africanos. As bandeiras,[2] que tinham como centro de dispersão São Vicente, evoluíram depois graças a uma relativa convergência de interesses coloniais e metropolitanos. Assim, o bandeirante apresador de índios tornou-se depois um técnico em guerras sertanejas e finalmente minerador e povoador. Na medida em que esta evolução se processava a expansão bandeirantista deixava de ser um fenômeno localizado para adquirir um caráter nacional e mesmo internacional. Diferentes das entradas, as bandeiras contaram assim com a facilidade geográfica da rede hidrográfica platina, com ausência de uma ameaça estrangeira expressiva e com estímulo oficial, especialmente na segunda metade do século XVII.

Por tudo isso, a expansão bandeirantista oferece uma riqueza de facetas testemunhada pelos numerosos estudos dos que a ela se dedicaram, em particular a obra monumental de Afonso Taunay ou os estudos mais recentes do historiador português Jaime Cortesão.

As bandeiras se iniciam como apresadoras de índios, passando depois a assumir um caráter guerreiro no combate a indígenas rebelados ou negros aquilombados. Na sua fase final, as bandeiras tornaram-se mineradoras, povoadoras e ligadas à abertura de novas vias de comunicações.

O Ciclo da Caça ao Índio

O apresamento de índios por bandeirantes vicentinos começou no século XVI, realizando-se a princípio nos arredores de São Paulo e alcançando depois a região da Mantiqueira. A atividade apresadora foi se alargando na medida em que as tribos fugiam aos ataques dos bandeirantes e de seus aliados indígenas.

Este expansionismo bandeirantista acabou por se chocar com uma frente pioneira hispano-jesuítica que tinha como centro Asunción. A partir desta cidade os espanhóis e jesuítas procuraram ampliar sua colonização atingindo terras atualmente brasileiras. Assim, ocuparam a região entre os rios Paraná, Paranapanema, Tibaji e Iguaçu, onde fundaram as povoações de Ciudad Real del Guairá e a de Villa Rica del Espíritu Santo. Colaborando na ocupação territorial dos espanhóis, os jesuítas fundaram treze missões que constituíram a área missioneira do Guairá.

No sul de Mato Grosso, os espanhóis fundaram, também em fins do século XVI, a povoação de Santiago de Jerez cabeça da futura Nueva Vizcaya. Na primeira metade do século XVII, os jesuítas espanhóis fundaram na região novos aldeiamentos criando a área missioneira do Itatín.

Já no século XVII, ocorreu uma nova expansão jesuítica espanhola no atual Rio Grande do Sul, onde foram fundadas as missões de Tape e Uruguai. As desta última região não devem ser confundidas com os Sete Povos das Missões do Uruguai, de fundação posterior.

O plano expansionista espanhol, centrado em Asunción, obedecia a certos objetivos precisos. No caso do Guairá e do Tape e Uruguai a tendência era a de se aproximar o mais possível do Oceano Atlântico. Quanto ao Itatín, representava uma tentativa de atingir a atual Bolívia e de estabelecer uma ligação com a região de Mojos e Chiquitos, também missionadas pelos inacianos.

A expansão bandeirantista veio frustrar este expansionismo garantindo para o Brasil a posse dos cursos alto e médio da bacia platina.

No início do século XVII começaram as incursões dos vicentinos no Guairá. De início houve certo acordo tácito entre bandeirantes e guaireños, ambos interessados no mesmo braço escravo. O índio aldeiado pelo missionário representava uma vantagem, já que era mão-de-obra mais qualificada do que o selvagem. Na medida porém em que as incursões bandeirantistas se amiudavam, os guaireños e jesuítas passaram a reagir. Isto não impediu a destruição das missões, seguida pelo abandono de Ciudad Real e de Villa Rica em 1632.

Parte da população indígena catequizada emigrou para o atual Rio Grande do Sul, onde foram fundadas vinte e quatro missões. Também estes novos aldeiamentos sofreram ataques de apresadores de índios, a partir de 1635. Estas incursões se prolongaram até o ano de 1651. Três anos antes haviam sido destruídas as missões do Itatín, no sul do atual Estado de Mato Grosso.

A partir de então, o ciclo da caça ao índio entra em declínio, desaparecendo no início do século XVIII com o advento da exploração do ouro.

Embora destruidor, sob o ponto de vista do povoamento, o apresamento de índios ocasionou uma exploração geográfica muito ampla. Basta que se recorde, a propósito, o famoso périplo de Antônio Raposo Tavares iniciado em 1651. Aproveitando principalmente as vias fluviais, ele percorreu o oeste brasileiro e a Amazônia, atingido o Pará, de onde regressou a São Vicente.

A expansão geográfica do ciclo da caça ao índio não pode ser isolada dos seguintes fatores estimulantes:

– a ocupação dos portos negreiros da África pelos holandeses, o que provocou a carência de escravos negros no Brasil. Desta forma, o apresamento de índios, antes identificado com as necessidades econômicas de São Vicente, ampliou-se para fornecer escravos índios ao Rio de Janeiro e outras regiões.

– o fim da União Ibérica que deu ao avanço bandeirantista o caráter de uma agressão à Espanha na América. Ocorrendo a luta entre Portugal e a Espanha, entre 1640 e 1668, pela independência portuguesa os ataques bandeirantistas se justificavam politicamente. Isto, aliás, foi habilmente explorado pelos jesuítas espanhóis para apresentar a Filipe IV o bandeirantismo como uma ameaça ao Vice-Reino do Peru. Este fato e o armistício celebrado entre Portugal e as Províncias Unidas, em 1641, serviram de justificativa para uma feroz perseguição aos portugueses, especialmente em Lima.

– o avanço bandeirantista recebeu também o apoio do donatário de São Vicente, o Conde de Monsanto, conforme as pesquisas de Jaime Cortesão.

Para o declínio do ciclo da caça ao índio colaboraram:

– a retomada de Angola e de São Tomé e o restabelecimento da normalidade do tráfico negreiro.

– a reação espanhola apoiada por Filipe IV e pelo Papa Urbano VIII. Já quando do ataque ao Guairá, os jesuítas espanhóis Mansilla e Maseta haviam protestado contra as incursões. Contra os bandeirantes os jesuítas redigiram a dramática narrativa conhecida como *Relación de los Agravios*. Tomando providências mais práticas, o padre Antonio Ruiz de Montoya obteve de Felipe IV o direito de armar os índios. Em Roma, o padre Díaz Taño conseguiu do Papa Urbano VIII a publicação no Brasil da bula *Veritas Ipsa*, do Papa Paulo III e publicada em 1537. A publicação da bula provocou tumultos no Rio de Janeiro, em Santos, São Vicente e São Paulo, inclusive a expulsão dos inacianos portugueses desta última vila.

Melhor resultado tiveram as providências de Montoya, graças às quais os jesuítas puderam repelir os ataques dos bandeirantes derrotando-os em Caazapaguazú, Mbororé e em Santa Teresa de los Pinares, este último combate em 1651.

– a partir de 1640 tornou-se importante para Portugal o reconhecimento da sua independência pela Santa Sé. Não interessava, portanto, apoiar ostensivamente um desafio à bula de Paulo III, favorecendo a pressão que a Espanha exercia em Roma.

– a crise econômica de Portugal e o declínio nos preços do açúcar criando a necessidade de buscar metais preciosos, o que ocorreu em 1695, quando se descobriu ouro em Minas Gerais.

O Sertanismo de Contrato

A experiência sertanista dos bandeirantes levou o Governador Geral Francisco Barreto a utilizá-los nas lutas contra indígenas rebelados ou negros aquilombados.

Estes bandeirantes lutaram com indígenas gueréns, cariris e outras tribos do leste e do nordeste do Brasil. As lutas se desenrolaram na capitania de Ilhéus e na da Bahia e depois se transferiram para o Rio Grande do Norte e Ceará. Nestas duas últimas regiões os indígenas cariris ofereceram terrível resistência ao avanço dos povoadores. De 1683 a 1713 durou a chamada *Guerra dos Bárbaros*, dela resultando o extermínio daqueles indígenas.

Quanto ao problema dos negros, também contra eles foram enviadas expedições de bandeirantes, inclusive sob o comando de Domingos Jorge Velho, que já lutara contra os cariris. Coube a ele a destruição dos *quilombos* de Palmares, aldeiamentos de negros fugidos localizados nos atuais Estados de Alagoas e de Pernambuco.

Desde o início do século XVII, se assinalam aldeiamentos de negros nas terras alagoanas. As referências mais antigas remontam aos anos de 1605 e de 1612, esta contida no *Livro que dá a Razão do Estado do Brasil* do Sargento-Mor Diogo de Campos Moreno. O número de quilombos aumentou imensamente a partir da invasão holandesa de Pernambuco, em 1630.

A partir de então, escravos africanos de cultura bantu e numerosos crioulos formaram um esboço de organização política e econômica sob a chefia de soberanos eletivos intitulados *Zâmbis*. Também se delineou uma divisão de trabalho que evoluiu para a prática da escravidão.

Além de ocuparem uma área da Mata Atlântica e de constituírem um estímulo para novas fugas de escravos, os negros de Palmares representavam uma reserva de mão-de-obra. Esta era extremamente importante para a agro-indústria do açúcar sobretudo porque a queda de preços do açúcar dificultava as compras de negros na África. Em 1694, foi destruído o ajuntamento de negros pelo bandeirante Domingos Jorge Velho com o apoio de tropas de Pernambuco.

Os Ciclos Mineradores

Tendo a colonização portuguesa do Brasil se desenvolvido sob o signo do mercantilismo, compreende-se o interesse na busca intensiva de metais e pedras preciosas. Este interesse justifica as numerosas entradas que, no século XVI, saíram de diversos pontos do Brasil, sem no entanto lograr os seus objetivos.

Em fins do século XVI descobriu-se algum ouro na capitania de São Vicente, em terras atualmente paulistas. As pesquisas foram grandemente estimuladas pelo Governador Geral D. Francisco de Sousa que também favorecera outras buscas minerais na Bahia e no Espírito Santo.

Com o descobrimento de ouro de lavagem em Iguape e depois em Paranaguá e Curitiba, esboçou-se o povoamento regular do litoral sul. A exploração do ouro de lavagem, embora pouco rendosa, permaneceu até o final do século XVII, quando se descobriu ouro em Minas Gerais. A atividade mineradora conhecida como *ciclo do ouro de lavagem* teve, assim, um âmbito muito restrito e economicamente modesto. Serviu, no entanto, como ponto de partida para o povoamento do litoral sul graças à conjugação do expansionismo pecuarista e ao interesse em estabelecer uma ligação terrestre entre a Nova Colônia do Sacramento e Laguna.

Muito mais importante foi o grande *ciclo do ouro e do diamante,* ligado ao expansionismo bandeirantista.

A crise econômica e financeira, além dos problemas políticos, levaram D. João IV, D. Afonso VI e D. Pedro II a incentivar as pesquisas minerais no Brasil. Para isso procuraram interessar nelas os bandeirantes apresadores de índios e, por isso, bons conhecedores do sertão.

Em 1674 organizou-se a grande bandeira de Fernão Dias Pais. Com ela se inicia o expansionismo minerador que, já em 1695, descobriu ouro em território atualmente mineiro. Não se sabe, exatamente quem o descobriu, mas de qualquer forma, no início do século dezoito várias eram as minas exploradas em Minas Gerais. A Pascoal Moreira Cabral Leme se deve o descobrimento das minas de Cuiabá, em 1719, iniciando assim a exploração do ouro em Mato Grosso.

Por volta de 1725, o bandeirante Bartolomeu Bueno da Silva, o segundo *Anhangüera,* descobriu ouro em Goiás e, em 1734, novas jazidas auríferas foram descobertas no rio Guaporé, em Mato Grosso. Também se explorou ouro no interior da Bahia e, em 1729, descobri-se diamante no Arraial do Tijuco, hoje Diamantina, em Minas Gerais. Estes descobrimentos marcam o apogeu do expansionismo bandeirante.

Com o declínio da produção mineradora, o bandeirantismo adquiriu um caráter povoador, baseado na pecuária e na agricultura. Disto resultou, na segunda metade do século XVIII, a ocupação de áreas atualmente paranaenses e catarinenses: os campos do Tibaji, de Guarapuava, de Palmas e de Lajes.

A Expansão Missionária

A catequese representa um aspecto particular da implantação do domínio português no Brasil. Nela intervieram elementos recrutados entre as ordens religiosas, especialmente jesuítas, beneditinos, franciscanos, capuchinhos, carmelitas e mercedários. A atividade catequista se realizou em diversos pontos do território brasileiro, particularmente no Nordeste e na Amazônia.

Para o melhor exercício da sua atividade religiosa, os jesuítas idealizaram a criação de *missões,* prática que depois foi adotada pelas demais ordens. As *missões* eram aldeias que reuniam indígenas catequizados assegurando, desta forma, o povoamento e a expansão territorial. As aldeias eram dirigidas por religiosos e os índios estavam submetidos a um severo controle regulamentar. São bem conhecidos o *Regimento das Missões,* ligado às aldeias jesuíticas portuguesas da Amazônia, ou as normas aplicadas pelos inacianos espanhóis nas missões do sul do Brasil. Nestas, o regime econômico de transição entre a economia tribal de subsistência e a economia acumulativa à européia atingiu certa complexidade. De uma forma geral, a produção era dividida em:

Tupambaê ou parte de Deus – reservada aos missionários, artífices e inválidos;

Abambaê ou parte dos homens – dividida proporcionalmente entre os grupos de trabalho;

Tabambaê ou parte da aldeia – reservada ao comércio, subsistência suplementar e renovação.

Embora se tratasse de uma empresa ligada à ideologia religiosa, a atividade missionária estava profundamente ligada aos interesses colonialistas de Portugal ou da Espanha. Sua importância pode ser avaliada no que representava como uma frente pioneira que empregava o índio como agente povoador e expansionista. Compreende-se, assim, os conflitos entre carmelitas portugueses e jesuítas espanhóis na região do Solimões ou os problemas ligados à Guerra Guaranítica, provocada pelo Tratado de Madri de 1750.

Várias aldeias missionárias deram origem a núcleos urbanos atuais. Tal é o caso de Olivença, Barcelos, Óbidos, Santarém, Viçosa, do Ceará, Santo Ângelo e São Borja. Estas duas últimas têm origem na atividade missioneira espanhola e faziam parte dos Sete Povos das Missões do Uruguai.

A Defesa do Espaço Brasileiro

A Expansão Militar

Durante o Período Colonial, o Brasil sofreu ataques de estrangeiros devido à disputa colonial mercantilista e às vicissitudes da política internacional. As agressões estrangeiras se exerceram de duas formas principais: ataques de corsários ou tentativas de estabelecimento definitivo. Os conflitos com estrangeiros envolveram, muitas vezes, tribos indígenas que se aliavam a um dos contendores. Tal é o caso dos grupos *tupi,* aliados dos franceses, das tribos da embocadura do Amazonas que comerciavam com os ingleses ou holandeses, dos *cariri,* ligados aos holandeses que ocupavam o nordeste do Brasil ou dos *guarani* que foram envolvidos nos conflitos com os espanhóis no sul.

Os *franceses,* a partir de 1504, começam a freqüentar o litoral brasileiro como contrabandistas do pau-brasil. Estabeleceram relações amigáveis com as diversas tribos litorâneas pondo em perigo o domínio português.

Protestando contra o comércio ilegal dos franceses, D. Manuel I e D. João III enviaram reclamações diplomáticas, protestando junto a Luís XII, Francisco I e Henrique II. Como os negociantes e armadores de Dieppe, Honfleur e de Saint-Malo fossem muito influentes junto à corte francesa, organizaram-se em Portugal expedições de guarda-costas. As mais conhecidas foram as comandadas por Cristóvão Jacques e se realizaram entre 1516 e 1528. Tanto Martim Afonso de Sousa como o seu irmão Pero Lopes de Sousa combateram os contrabandistas do pau-brasil entre 1530 e 1532.

Na medida em que a colonização portuguesa ocupava o litoral, o contrabando do pau-brasil foi também se limitando às áreas não povoadas. Com o advento da União Ibérica, o tráfico do pau-brasil foi associado a ataques de corsários que saqueavam os engenhos do litoral. Este duplo perigo estimulou o rápido povoamento de Sergipe, da Paraíba e do Rio Grande do Norte, ainda no século XVI.

O último grande assalto de corsários ao Brasil realizou-se no século XVIII, a pretexto da Guerra da Sucessão da Espanha. Em 1710, o corsário Du Clerc tentou conquistar o Rio de Janeiro, que era o porto de escoamento das minas e cabeça de uma área economicamente rica e com intenso intercâmbio com a Europa, a África e o Rio da Prata. Du Clerc foi vencido e pouco depois assassinado. Em 1711, com o pretexto de vingar a morte de Du Clerc, mas realmente para realizar uma operação de saque, Du Guay Trouin atacou novamente o Rio de Janeiro. A cidade foi ocupada e rapinada pelos assaltantes.

As tentativas mais ambiciosas, com vistas ao estabelecimento definitivo no Brasil, redundaram num completo malogro. Os franceses não conseguiram se firmar nem na Guanabara (1555-1567), nem no Maranhão (1612-1615), onde fundaram São Luís, nem no Amapá (1697). Todas essas investidas mereceram rápida reação das autoridades coloniais e metropolitanas do Brasil. Graças a isto e também à falta de uma política expansionista objetiva da França, os núcleos colonizadores franceses puderam ser destruídos e os invasores expulsos.

Os *ingleses,* até a União Ibérica, mantiveram boas relações comerciais e políticas com Portugal. A partir de 1580, passaram a hostilizar o Brasil especialmente através de expedições corsárias. Tal é o caso de Withrington, de Cavendish e de Lancaster, que assaltaram Salvador e o Recôncavo (1587), Santos (1591) e Recife (1595), respectivamente.

Na embocadura do Amazonas, os ingleses fundaram pequenos fortes e iniciaram o comércio de *drogas* nativas com os índios. A tentativa de ocupação não teve maiores conseqüências devido à reação portuguesa que expulsou os intrusos em 1632.

A partir da Restauração Portuguesa, em 1640, as relações com a Inglaterra readquiriram o caráter comercial e de aliança e, conseqüentemente, cessaram os ataques ingleses ao Brasil.

Os *holandeses* também passaram a hostilizar as colônias portuguesas a partir da união entre Portugal e a Espanha. Além de realizarem ataques de corsários, tentaram se estabelecer na Bahia, no Nordeste e na Amazônia. As investidas holandesas, bem como as francesas e inglesas representam etapas da luta contra o monopólio ibérico. A ameaça holandesa de ocupação do Nordeste brasileiro foi a tentativa mais grave que tivemos contra a integridade territorial do Brasil. Tanto na Bahia, como em Pernambuco, as invasões foram subvencionadas pela poderosa Companhia das Índias Ocidentais, fundada em 1621.

Depois do malogrado assalto e ocupação de Salvador (1624-25), os holandeses ocuparam Pernambuco (1630-1654) de onde se expandiram atingindo o Maranhão e Sergipe e atacaram São Tomé e Angola, na África. Esta ocupação holandesa tem três fases principais:

1630 a 1637 – Conquista e Ocupação do Litoral Nordestino.
1637 a 1644 – Apogeu ou Período Nassoviano.
1644 a 1654 – Declínio e expulsão.

Nestas três fases se observa, inicialmente, uma terrível resistência ao invasor nem sempre suficientemente apoiada pela Metrópole. Isto foi seguido por um curto período de acomodação que foi rompido pelas exações fiscais e pela intolerância religiosa dos invasores. Embora vencidos e expulsos em 1654 o problema diplomático dos holandeses prolongou-se até o Tratado de Haia de 1661.

Quanto aos *espanhóis,* criaram conflitos ligados ao contrabando do pau-brasil e que foram resolvidos em 1529 pela Capitulação de Saragoça. Durante o século dezessete, ocorreram conflitos ligados à expansão bandeirantista e missionária. No século XVIII, os espanhóis ocuparam parte do Rio Grande do Sul (1763-76), a ilha de Santa Catarina (1777), destruíram o Forte de Nossa Senhora dos Prazeres, no rio Iguatemi, em Mato Grosso (1777). Em 1801, aproveitando a Guerra Peninsular, os espanhós tentaram, sem êxito, tomar o Forte de Nova Coimbra, em Mato Grosso.

Um aspecto particular da ação militar na configuração territorial do Brasil foi a fundação de fortes balisando o litoral e o interior. Dezenas de fortes se ergueram dando origem ou protegendo núcleos de povoamento. Tal é o caso do Forte de São Sebastião, origem da atual Fortaleza, do de Jesus Maria José, ligado à fundação de Rio Grande. Também devem ser lembrados os fortes de Macapá, de São Joaquim e do Príncipe da Beira. Testemunhando a continuidade histórica do nosso povoamento, eles se encontram atualmente nos Territórios Federais de Amapá, Roraima e Rondônia, criados para desenvolver a ocupação e valorização das regiões fronteiriças.

A Valorização Econômica do Estado Brasileiro

A Expansão Territorial e a Economia

De 1500 a 1808, a economia brasileira seguiu a orientação mercantilista, então vigente na Europa. Dentro desta concepção econômica aplicada a uma empresa colonial, as características da economia brasileira naquele período foram:

1. *Economia complementar e dependente* – produção destinada a satisfazer às necessidades européias e, portanto, inteiramente dependente das exportações.

2. *Pobreza do mercado interno* – como conseqüência do item anterior, a produção se destina ao mercado internacional e não fundamentalmente ao Brasil.

3. *Produtos-reis* – devido aos interesses do mercado externo, o Brasil produz o que possa interessar à Metrópole ou à Europa. Isto cria certa descontinuidade na economia brasileira já que não existia um mercado interno corretor.

4. *Escravidão* – solução capitalista colonial para produzir em grande quantidade e por preços acessíveis. Já que o Brasil interessava como produtor e não como consumidor do que produzia, a solução do trabalho escravo era a mais lucrativa.

5. *Economia desarticulada* – as diversas áreas produtoras se comportam como entidades autônomas, ligadas apenas pela comum dependência de Portugal e da Europa. O esboço de um mercado interno na região sudeste veio em parte corrigir esta desarticulação.

6. *Sub-áreas coloniais* – durante o Período Colonial o Brasil criou laços de dependência com a África Portuguesa, especialmente Angola, e com

o Rio da Prata, através do Rio de Janeiro e da Nova Colônia do Santíssimo Sacramento.

7. *Pacto colonial* – constituído pelas dificuldades opostas pelo sistema colonial ao desenvolvimento do mercado interno e das manufaturas nas colônias.

8. *Circuito fechado* – a partir da União Ibérica, Portugal adota a prática mercantilista de impor que o Brasil somente comerciasse com algumas cidades portuguesas, como Lisboa, Porto e Viana. Para garantir os lucros dos fretes cria-se um tráfico de frotas (Maranhão e Grão-Pará, Recife, Salvador e Rio) e companhias de comércio privilegiadas. No século XVII foram criadas a Companhia Geral do Comércio do Estado do Brasil (1649) e a Companhia Geral do Comércio do Estado do Maranhão (1682). No século seguinte, devido à iniciativa do Marquês de Pombal, surgiram a Companhia Geral do Estado do Maranhão e Grão-Pará (1755) e a Companhia Geral do Comércio de Pernambuco e Paraíba (1759). O circuito fechado somente desapareceu com a abertura dos portos do Brasil em 1808.

Quanto à expansão territorial, as atividades econômicas tiveram a dupla função expansionista e povoadora. A agroindústria do açúcar foi um poderoso elemento de fixação de grupos populacionais no litoral. No interior, a exploração de minas agiu de forma idêntica, especialmente através de uma rápida e intensa urbanização.

As atividades expansionistas foram principalmente as que se ligaram à coleta de *drogas,* ao apresamento de índios, à economia de subsistência e à pecuária. Esta teve um caráter nacional quanto à difusão no espaço brasileiro, além de servir de elemento integrador de outras áreas econômicas.

As Forças Sociais e o Espaço Brasileiro

A Expansão Territorial e a Sociedade Colonial

Na sociedade colonial brasileira cabe lembrar alguns tipos padrões e dos quais os mais característicos são os que se basearam na agro-indústria do açúcar, na pecuária e na mineração.

A sociedade do açúcar caracterizou-se pela profunda hierarquização social baseada na posse da terra e nos investimentos capitalistas exigidos pela compra de escravos e construção dos engenhos. Esta sociedade forma uma pirâmide de vértice muito agudo, no topo da qual estão os senhores de engenho. Eles são separados da massa escrava ou cliente por uma modesta camada intermediária da qual os elementos mais importantes eram os comerciantes e funcionários. Devido à necessidade de grandes investimentos capitalistas, a ascensão social é difícil. O engenho constitui uma unidade de produção quase autônoma ligada à vila ou cidade portuária por onde escoa a produção e onde se compram produtos importados. A cidade ou vila é assim um núcleo administrativo e comercial dependente do mundo rural.

Nas áreas pecuaristas, as diferenças sociais são menores. A escravidão praticamente inexiste, sendo substituída por um regime de clientela. O vaqueiro tem relações sociais muito menos hierarquizadas com o fazendeiro. Isto, evidentemente, não se deve a uma pretensa origem étnica, mas sim à dependência maior do proprietário em relação aos seus trabalhadores.

Devido ao isolamento destas sociedade de base rural elas não foram capazes de criar reações conjuntas limitando-se a manifestações de caráter local, quando muito regional, como ocorreu quando da Segunda Invasão Holandesa. Por isso, as manifestações de rebeldia ao sistema colonial possuem um caráter imediatista e localizado devido a esse isolamento rural.

Diferente destas duas sociedades foi a que se criou em Minas Gerais. Nesta, a urbanização trouxe maior ascensão social, criou relações sociais mais diversificadas e maior sentido de coesão. Não é de surpreender que em Minas Gerais tenha ocorrido a primeira conspiração de caráter autonomista em 1789.

Administração do Espaço Brasileiro.

A Expansão Territorial e a Evolução Administrativa

A administração colonial portuguesa no Brasil não seguiu padrões rígidos de política governamental, orientando-se mais pelo processo de ensaio e erro. Revelando certa plasticidade as diretrizes colonizadoras procuraram se ajustar aos problemas de uma região para a qual era insuficiente a simples aplicação de experiências não brasileiras. Com o objetivo de evitar quaisquer esforços ou despesas que as condições de Portugal não permitiam, os soberanos portugueses mantiveram, até o século XVIII, a coexistência das administrações particular e estatal.

Já em 1504, D. Manuel I doou a capitania hereditária da Ilha de São João ao rico negociante e arrendatário do pau-brasil Fernando de Noronha. O sistema das donatarias foi ampliado por D. João III que doou 14 capitanias hereditárias dentro dos presumidos limites de Tordesilhas. Era uma forma de atrair o capital e a iniciativa particulares levando-os a um investimento numa colônia de possibilidades econômicas ainda incertas. Três novas capitanias foram ainda criadas no século dezesseis e mais onze surgiram no século seguinte. O sistema das donatarias somente desapareceu no século XVIII devido à política centralizadora do Marquês de Pombal.

Em 1548 D. João III criou o governo geral para dar às capitanias hereditárias uma assistência mais eficiente. A organização do governo geral prolongou-se praticamente até 1808, quando a Família Real Portuguesa transferiu-se para o Brasil. O fato de a partir de 1640 alguns governadores gerais receberem o título de vice-reis não alterou fundamentalmente a estrutura administrativa do Brasil. Era um título honorífico concedido inicialmente a D. Jorge de Mascarenhas, Marquês de Montalvão, por Felipe IV. Alguns governadores gerais na Bahia tiveram o título de vice-reis. A designação tornou-se extensiva a todos os governadores do Brasil depois da transferência da capital para o Rio de Janeiro em 1763.

Com a criação do governo geral, surgiram as capitanias reais ou da Coroa. A primeira foi a da Bahia, quando esta se tornou sede do governo geral. A seguir, foram criadas as capitanias reais do Rio de Janeiro, Paraíba e Rio Grande (do Norte). No século XVII foram criadas as do Maranhão, Ceará e Grão-Pará, todas no Estado do Maranhão. No Estado do Brasil, surgiram as de Pernambuco e a Nova Colônia do Santíssimo Sacramento. A partir do século XVIII, somente passaram a existir *capitanias reais* ou *da coroa.* Eram divididas em duas categorias: *capitanias gerais* e *capitanias subalternas.* Entre as capitanias gerais daquele século estavam: o Grão-Pará, o Maranhão, Pernambuco, Bahia de Todos os Santos, Minas Gerais, Goiás, Mato Grosso, Rio de Janeiro e São Paulo. As capitanias subalternas eram: São José do Rio Negro, Piauí, Ceará, que se tornou autônoma em 1799, Rio Grande do Norte, Paraíba, autônoma em 1799, Espírito Santo, Santa Catarina e São Pedro do Rio Grande do Sul, que se tornou autônoma em 1807. Com a chegada da Família Real, passaram à categoria de autônomas as capitanias do Piauí, Espírito Santo, Rio Grande do Norte e Santa Catarina. Dom João VI criou mais duas unidades administrativas: as capitanias de Alagoas e de Sergipe del Rei.

Além das capitanias hereditárias e reais, houve divisões maiores, ligadas ao problema da expansão colonizadora. No século XVI, Dom Sebastião dividiu o Brasil em *Repartição do Norte,* com capital na cidade de Salvador, e *Repartição do Sul,* cuja capital estava no Rio de Janeiro. No século XVII, houve nova divisão em Repartição do Norte e do Sul, também de curta duração, provocada pelo descobrimento do ouro de lavagem em São Vicente. Ainda nesse século, Filipe III criou o Estado do Maranhão,[3] separado do Estado do Brasil. No século XVIII, a capital do Estado do Maranhão passou a ser Belém e o Estado passou a se chamar do Grão-Pará e Maranhão. Assim permaneceu até a sua extinção por ordem do Marquês de Pombal.

O menor núcleo da administração era o *município*. Tinha como sede a vila, que era intitulada de *cidade,* quando de fundação real. A vila ou cidade era governada pela Câmara dos Vereadores, eleita entre os *homens bons*. Embora tivessem um caráter oligárquico, essas câmaras, depois de certo tempo, passaram a refletir as contradições entre os interesses coloniais e os de Portugal.

A expansão do municipalismo confunde-se, em parte, com a expansão territorial e os interesses econômicos. Assim nos dois primeiros séculos a maioria das vilas e cidades se localiza a beira-mar. No século XVIII o municipalismo se alastra pelo interior especialmente na Amazônia e no centro-sul.

Como se pode observar, a base da divisão político-administrativa do Brasil ainda conserva quantitativamente uma forte herança do Período Colonial. Durante o Império foram criados o Município Neutro e as províncias do Paraná, e do Amazonas, esta restaurando a antiga capitania de São José do Rio Negro. Durante a Primeira República surgiu o Território do Acre. A Segunda República ampliou mais a nossa divisão político-administrativa. Em 1942 o arquipélago de Fernando de Noronha tornou-se território federal e no ano seguinte novos territórios federais foram criados: Amapá, Rio Branco (Roraima), Guaporé (Rondônia), Ponta Porã, e Iguaçu. Estes dois últimos foram suprimidos em 1946. Mais recentemente, dois novos estados vieram se juntar aos mais antigos: Guanabara e Acre.

A Expansão Territorial e os Problemas Internacionais

Em termos políticos e econômicos, o descobrimento do Brasil, em 1500, foi um episódio da expansão européia, iniciada no século XV, sob a liderança de Portugal. Por isso, a partir daquele acontecimento, o Brasil esteve envolvido na disputa colonialista, através da qual outros países reagiam ao primado e monopólio ibéricos. Na medida em que outros concorrentes surgiam, a primazia luso-espanhola passou a ser ameaçada. Contra isto, pouco valiam as bulas papalinas que consagravam a exclusividade ibérica, o Tratado de Tordesilhas ou a Capitulação de Saragoça, com que Portugal e a Espanha procuraram ajustar suas divergências coloniais. A rivalidade colonialista alcançou também o monopólio comercial com que ambos os países procuravam resguardar suas conquistas. O mercantilismo holandês ou o da França e da Inglaterra evoluiu dos contactos pacíficos, ocasionalmente hostis, para os ataques. O Brasil passou a ser vítima deles, especialmente depois do advento da União Ibérica.

A partir de 1580, o Brasil foi envolvido nas complicações da política européia. Filipe II acenou com o trono do Brasil à Duquesa de Bragança, Dona Cristina, que disputava ao rei espanhol a sucessão do velho Dom Henrique. Também a ambiciosa Catarina de Médici, rainha regente da França, projetou estender a influência francesa ao Brasil, apoiando interesseiramente a candidatura de Dom Antônio, Prior do Crato ao trono português.

Sob a capa de uma comum hostilidade à Espanha, os franceses, holandeses e ingleses atacaram ou tentaram se estabelecer no Brasil. A sucessão dos acontecimentos tem a sua explicação internacional na independência das Províncias Unidas, na hostilidade descontínua da França e da Inglaterra contra os espanhóis, na Guerra dos Trinta Anos e nas dificuldades de Portugal para consolidar diplomática e militarmente a sua independência.

No século XVIII, a Guerra da Sucessão da Espanha provocou ataques ao Brasil, enquanto a Guerra dos Sete Anos serviu de justificação para os avanços espanhóis no Rio Grande do Sul, em Santa Catarina e no sul de Mato Grosso.

A Revolução Francesa trouxe profundas conseqüências para a política externa de Portugal, e conseqüentemente para o Brasil. A inclusão de Portugal na Primeira Coligação significou uma série de ataques de corsários à marinha mercante portuguesa e vários tratados impostos a Portugal. A partir de 1797, a França passou a exigir maiores concessões territoriais no Amapá,[4] de forma a se aproximar o mais possível da embocadura do rio Amazonas. Estas concessões, arrancadas sob pressões diversas, serviram de justificativa principal à invasão portuguesa da Guiana Francesa em 1809. Indiretamente ligada às complicações com a França foi a Guerra Peninsular de 1801, onde se enfrentaram, sem vontade, a Espanha e Portugal. Durante o conflito, os luso-brasileiros ocuparam os Sete Povos das Missões, no Rio Grande do Sul. Esta mesma região ligou-se às duas intervenções de Portugal no rio da Prata e das quais resultaram a incorporação, ao Brasil, da Província Cisplatina, em 1821.

GRANDEZA, GRANDIOSO, GRANDES

Lisboa Dourada

– O Brasil é o açúcar! resumira o Padre Antônio Vieira no século XVII. A expressão parecia, agora, aos olhos da corte portuguesa, profundamente mesquinha. Para desmenti-la, as frotas do Brasil descarregavam diamantes do Tijuco, ouro de Minas Gerais, Goiás e Mato Grosso, *drogas* da Amazônia, couros e solas das diversas áreas pecuaristas, além do açúcar, tabaco, algodão e pau-brasil. A produção mineradora, principalmente, permitia a Portugal se compensar da longa frustração que por dois séculos o marginalizara no mercantilismo europeu. As trocas comerciais com a Europa, a África e a Ásia cresciam lembrando os tempos esplendorosos do *Venturoso.* Reinava, então, D. João V.

Com a prosperidade econômica, a magnificência régia se desdobrara criando a Academia Real de História, a Biblioteca Universitária de Coimbra e garantira o mecenato benevolente aos intelectuais e artistas em Portugal. As belas-artes receberam novo impulso que as vivificava. Em contato com as novas correntes estéticas e com os grandes centros artísticos floresceu o talento de Machado de Castro e o de Vieira Lusitano. A pintura nacional abandonava a imitação servil de originais *velasqueños* ou as anêmicas tentativas de copiar o dinamismo barroco de Rubens. A escultura se libertava, aos poucos, da repetição sem talento das criações de Bernini. Na literatura ganhava adeptos o Arcadismo, importado da Itália. Substituía-se o declamatório barroco por uma volta à medida, ao racionalismo e à simplicidade. A natureza recriada pelos poetas, calma e equilibrada, convinha perfeitamente a esta época de riqueza e de prosperidade.

É verdade, no entanto, que a superstição, a beatice e o obscurantismo contagiavam ainda grande parte da sociedade portuguesa. O poder absoluto não se desligara da ideologia religiosa, pois que não existiam em Portugal as condições infra e supra-estruturais para o florescimento do racionalismo burguês. A Inquisição continuava a policiar a atividade criadora e a douta Coimbra mantinha-se fechada às conquistas do *Século das Luzes.* Confinava-se no aristotelismo estéril e pedante. Sob pretexto da defesa da ortodoxia religiosa cerceavam-se as audácias inovadoras. Ainda em 1739 fora executado o teatrólogo Antônio José, o *Judeu,* e os autos-da-fé se incluíam entre as demonstrações edificantes com que Portugal afirmava sua religiosidade.

Assim, esta grandeza brilhante ocultava alicerces mal consolidados. A produção colonial brasileira sustentava uma classe dominante parasitária e decadente, conforme depõem contemporâneos bem fundamentados. Portugal não modificara profundamente sua estrutura social, contentando-se em gastar e não em produzir, confiante nos recursos da América Portuguesa.

A paz assegurada pelos Tratados de Utrecht de 1713 e de 1715, as construções suntuosas como o palácio-mosteiro de Mafra e a concessão do altissonante título de Rei Fidelíssimo a D. João V faziam esquecer a vigência do Tratado de Methuen, o declínio das manufaturas portuguesas e o caos administrativo. A ilusão da moeda estável e dos pagamentos certos às dívidas contraídas no estrangeiro pareciam ocultar que o país continuava pobre e que os recursos brasileiros não eram eternos. Mais importante do que a ausência de uma burguesia empreendedora pareciam os reflexos da riqueza de Portugal, habilmente publicitados no exterior por diplomatas sagazes. Comentava-se que Versalhes já reconhecia em Lisboa uma rival no fausto absolutista. O próprio Papa, além do título com que distinguira o soberano português, demonstrava solicitude apostólica cumulando de honrariais e de privilégios o clero português. Aparentemente, Portugal reingressara, envolvido de respeito, à comunidade das nações européias. Seus representantes gozavam das precedências diplomáticas e eram solicitados para, em nome de seu rei, resolverem conflitos internacionais. Toda esta visão grandiosa do Portugal setecentista repousava basicamente nas potencialidades do Brasil.

A partir de 1661, quando o Tratado da Haia encerrara a série de concessões impostas pela necessidade de garantir a independência nacional, o que restara a Portugal, realmente, fora o Brasil. Em compensação, depois de 1695 os descobrimentos de ouro em Minas Gerais, Goiás e Mato Grosso vieram compensar o período amargo que se seguira à Revolução de 1640. A exploração dos diamantes e a expansão das atividades agro-pecuaristas e extrativas fizeram esquecer a fase sombria que culminara com a perda de quase todo o império oriental português. Por isso, o experimentado estadista D. Luís da Cunha chegava a propor a transferência da sede da Monarquia Portuguesa para a América. À guisa de introdução assim se expressava aquele auxiliar do soberano: "Considerei, talvez visionariamente, que S.M.

se achava em idade de ver potentíssimo aquele imenso continente do Brasil e nele tomasse o título de Imperador do Ocidente..."

O Brasil não exportava para Portugal apenas a produção econômica. Para a Metrópole seguiam também as inteligências mal satisfeitas com a estreiteza do ambiente colonial. Uma delas, das mais agudas, alcançara insigne valimento junto a D. João V: era o santista Alexandre de Gusmão.

Sua carreira foi rápida e fulgurante. Secretário particular do soberano, seu representante em Paris e em Roma, membro do Conselho Ultramarino e da Academia Real de História. Seu irmão, cujos experimentos científicos não chegaram a amadurecer num sistema teórico, foi o ilustre Padre Bartolomeu de Gusmão.

Pela visão cosmopolita de *estrangeirado*, mas nem por isso menos portuguesa, Alexandre de Gusmão mereceu o título lisongeiro de maior inteligência de Portugal no século XVIII. Exagero perdoável de uma visão histórica personalista que isolava indivíduos, desligando-os do contexto geral. Em verdade, o santista de gênio fez parte de uma equipe altamente capaz. O Tratado de Madri de 1750 é título de honra seu e dos que com ele colaboraram. Permanece documentando a visão imperial portuguesa e, dentro dela, o Brasil como a parte mais importante.

A Espanha Rococó

A prosperidade de Portugal era acompanhada de perto pela que ocorria na sua vizinha peninsular. Tanto Felipe V como seu sucessor Fernando VI, do ramo Bourbon espanhol, haviam iniciado reformas metropolitanas e coloniais que preludiam o *Despotismo Esclarecido*. O programa realizado por auxiliares de valor como Patiño, Carvajal ou o Marquês de La Ensenada pretendia revigorar o mercantilismo espanhol. Para isso, modificou-se a onerosa e complexa burocracia e eliminaram-se certos entraves à melhor integração econômica e política da Espanha com a América e as Filipinas. Procurou-se garantir beneficiamento à matéria-prima colonial e espanhola evitando, assim, a evasão de recursos financeiros para o exterior. No campo cultural buscou-se libertar a Espanha da letargia em que permanecera no período decadente dos últimos Habsburgos. As universidades metropolitanas e coloniais eram redutos de obscurantismo. Em nome de um pensamento independente iniciaram-se reformas e foram fundados novos centros culturais como a Academia de La Lengua, a de Medicina e a de San Fernando, esta última dedicada ao ensino das belas-artes. A política externa conduzida com habilidade manteve a Espanha fora dos conflitos europeus. Em particular, registrou-se uma aproximação amiga com Portugal através do duplo casamento de Fernando VI com a culta D. Maria Bárbara e do futuro D. José I com D. Mariana Vitória, filha de Felipe V.

A Paz Peninsular e seus Reflexos Coloniais

A autonomia econômica garantiu a liberdade de ação necessária para que os dois reinos ibéricos pudessem solucionar suas contendas coloniais. Destas uma das mais importantes era a obsolescência do impreciso limite de Tordesilhas. A expansão territorial levada a cabo no Brasil havia criado uma situação de fato que estava a exigir uma definição legal. Os ajustes celebrados em Utrecht em 1713 e 1715 haviam consagrado a caducidade do Tratado de 1494. A extensão litorânea do Brasil alcançava ao norte o rio Oiapoque e no extremo sul chegava à margem esquerda do Rio da Prata. Nela se erguia, desde 1680, a Nova Colônia do Santíssimo Sacramento. Faltava, no entanto, definir os limites interiores. No oeste e no centro Portugal explorava os recursos mineradores e estabelecera a soberania através da criação das capitanias reais de Goiás e de Mato Grosso. Ao norte, a ação conjugada das autoridades coloniais, dos missionários, dos entradistas e das *tropas de resgate* incorporara ao Brasil toda a imensa extensão do vale amazônico.

Interessava, portanto, aos portugueses garantirem legalmente o fruto desse esforço expansionista, bem compensado por rendosas atividades econômicas. Por outro lado convinha à Espanha eliminar na Nova Colônia do Santíssimo Sacramento um perigoso núcleo militar que ameaçava Buenos Aires e sua vizinha Montevidéu. Mais importante talvez do que este aspecto estratégico era o intenso contrabando através do qual o Rio de Janeiro fornecia, clandestinamente, algodão, tabaco, açúcar, aguardente, escravos africanos e manufaturas inglesas aos comerciantes *porteños*. Fora da América, os espanhóis objetivavam normalizar a posse de fato do Arquipélago das Filipinas. Esta colônia asiática estabelecia a ligação necessária ao rendoso comércio realizado entre os portos chineses e malaios e o México. Através da navegação entre Manila e Acapulco, a Espanha recebia a seda, laca, porcelana e os variados objetos do artesanato chinês.

O Tratado Luminoso

A convergência de interesses econômicos e políticos impunha o reconhecimento das mútuas violações da linha de Tordesilhas na América e na Ásia. Através de uma documentação segura onde dominam a *"Dissertation qui détermine tant géografiquement que par les Traités faits entre la Couronne de Portugal et celle d'Espagne quelles sont les limites de leurs dominations en Amérique, c'est-à-dire, du côté de la Rivière de la Plate"*, da "Grande Instrução" e do "Mapa das Cortes", Alexandre de Gusmão consolidou o projeto das pretensões portuguesas. Estas últimas podem ser resumidas nos seguintes tópicos:

– conseguir harmonizar as reivindicações luso-espanholas pela atribuição a Portugal da maior parte da bacia amazônica, enquanto aos espanhóis caberia uma situação semelhante na área platina;

– garantir a soberania portuguesa sobre os distritos do ouro e do diamante;

– assegurar a fronteira ocidental do Brasil e a comunicação fluvial com o Maranhão-Pará, certificando-se de que a navegação pelo Tocantins, Tapajós e Madeira permaneceria em mãos portuguesas;

– fixar a fronteira do Brasil pela posse do Rio Grande de São Pedro e pela aquisição da região da margem esquerda do rio Uruguai onde se erguiam os *Sete Povos das Missões.*

Os interesses da Espanha foram brilhantemente defendidos por D. José Carvajal y Lancaster. Era diplomata arguto e experimentado que, no entanto, terminou por confessar lealmente a superioridade da lógica do seu contendor. Depois de longas e difíceis negociações foi assinado o Tratado de Madri, em 13 de janeiro de 1750. Em nome de D. João V e de Fernando VI assinaram, respectivamente, Tomás da Silva Teles, Visconde de Vila Nova de Cerveira e D. José de Carvajal y Lancaster.

O documento diplomático de 1750 procurava evitar ambigüidades através da consagração do princípio do *uti possidetis,* isto é, da posse efetiva. Tomava como base das demarcações acidentes geográficos, como cursos d'água e relevos. Em particular, para maior clareza da linha demarcatória, especificavam-se as condições comuns ou particulares da navegação fluvial e propunham-se compensações territoriais mútuas. Assim, a Espanha trocou pela Colônia do Sacramento os *Sete Povos das Missões do Uruguai.* Cedeu aos portugueses a *missão* de Santa Rosa, na margem direita do Guaporé, recebendo em seu lugar a área compreendida entre a foz do Javari e do Japurá, inclusive a *missão* de São Cristóvão. Como complemento ao

Tratado de Madri assinou-se outro regularizando as trocas comerciais entre Portugal e Espanha.

Definia-se, assim, o espaço geográfico brasileiro, primeira condição jurídica para um país independente. Praticamente se alcançava a atual configuração do Brasil, além de se criar um princípio que norteou as diplomacias imperial e republicana. Os limites definidos em 1750, a serem demarcados por comissões especiais, eram os seguintes:

Começavam na ponta de Castillos Grandes, em território atualmente uruguaio, buscavam as vertentes da lagoa Mirim e do rio Negro, alcançando o rio Ibicuí. Deste, desciam até o rio Uruguai e por ele acima seguia a divisória até a foz do seu afluente Peperiguaçu. Atingidas as nascentes deste último, passava-se para o contracabeçante mais tarde identificado como o Santo Antônio. Prosseguia-se até os rios Iguaçu, Paraná, e por este chegava-se ao Igureí, subido o qual passava-se ao respectivo contracabeçante, afluente do rio Paraguai. Percorrido o Paraguai até a foz do Jauru, uma linha daí seguia ao Guaporé, e por este abaixo continuava a divisa até o Mamoré, de onde se contaria até meia distância da foz do Madeira no Amazonas. A partir desse ponto, outra reta encontraria as cabeceiras do Javari, pelo qual atingia-se o Solimões. Descido este, até o Japurá, do divisor das respectivas águas com as do Negro passaria à separação da bacia deste com a do Orinoco, até ser encontrada a serra de Pacaraima, limite com a Guiana Holandesa.

O simples confronto desta linha divisória com a atual basta para mostrar a *modernidade* do ajuste diplomático de 1750. Isto se não quisermos apelar para o artigo que determinava a manutenção da paz entre as Américas Portuguesas e Espanhola, embora as respectivas metrópoles pudessem entrar em conflito. Tal disposição foi interpretada por alguns historiadores como uma diferenciação dos interesses coloniais metropolitanos, que não o princípio essencial do Pan-americanismo.

Imenso Continente do Brasil

O *Continente* que o Tratado de Madri garantia a Portugal era, em verdade, imenso. Estendia-se do Oiapoque a Castillos Grandes e, a oeste, alcançava as nascentes do Javari. D. Luís da Cunha não podia ser acusado de hiperbólico...

Ao norte, o Estado do Grão-Pará e Maranhão desenvolvia-se economicamente no sentido de substituir o Oriente perdido desde o século XVII. Cultivavam-se as especiarias da Índia, o cacau e o café. No vale amazônico coexistiam o extrativismo e a agricultura e, portanto, a escravidão indígena e a africana. A pecuária, principal riqueza da Ilha Grande de Joanes ou Marajó, enriquecia os jesuítas e mercedários senhores da maioria das cabeças de gado. A frota do Grão-Pará e Maranhão levava para Lisboa o cacau, café, açúcar, salsaparrilha, urucu, baunilha, madeiras, cravo, algodão, couros e solas. Vilas, fortalezas e *missões* garantiam a segurança e a continuidade do domínio português. Em nenhuma região brasileira era tão nítida a associação da Igreja com a expansão colonial. A catequese se desdobrara em numerosas aldeias confiadas a religiosos das diversas ordens. Constituíam essas *missões* núcleos sedentários onde a população indígena trabalhava em regime comunitário bem próximo da servidão. Garantidos por privilégios reais e justificando-se pela mesquinhês dos auxílios do Estado, os missionários haviam criado uma empresa econômica extremamente poderosa. Interpunham-se entre o poder civil e o índio, a quem isolavam nas aldeias sob pretexto, na maioria das vezes real, de defendê-lo da voracidade escravista do colono. A verdade, no entanto, é que a assimilação proposta pelo missionário era um beco sem saída. O indígena não passava de mão-de-obra tutelada sem nenhuma condição de autonomia. Insulado pelo *Regimento das Missões,* expressando-se apenas em *língua geral,* desligado da realidade colonizadora, parecia justificar o consenso de apatia, desmentido mais tarde pela exclamação surpreendida de Francisco Xavier de Mendonça Furtado: "E estes são os homens de quem se diz que não têm juízo nem são capazes de nada! Deles se pode fazer uma Nação como qualquer outra de que se possa tirar grande interesse".

Desde 1737, a capital do Estado do grão-Pará e Maranhão se localizara em Belém. Esta última superara São Luís na medida em que o açúcar, tabaco, algodão e outros produtos maranhenses sofriam a falta de mão-de-obra negra ou eram mediocremente satisfeitos pelo índio. Ainda que as ligações com a Europa permanecessem dominantes, diminuíra o isolamento do Estado em relação ao resto do Brasil. Com efeito, pelos *sertões de dentro* unia-se a produção maranhense e piauiense àquela do interior baiano e pernambucano e também ao açúcar e tabaco das vizinhanças de Salvador. A continuidade do povoamento entre Natal e São Luís encontrara embasamento econômico no binômio carne-sal. Vencida e esmagada a oposição dos *cariris* desenvolviam-se as fazendas dos *sertões de fora.* Através das povoações e vilas da costa escoava-se a produção pecuarista: carnes secas, couros e solas.

No nordeste, Recife firmara-se como centro polarizador regional rivalizando com Belém, São Luís, Salvador e Rio de Janeiro. Vencera definitivamente sua competidora Olinda, que tivera que se contentar com a honra decorativa de capital da capitania. Os senhores de engenho, cuja arrogância murchara desde a *Guerra dos Mascates* já não ousavam reivindicar o direito de comércio com navios estrangeiros. Através do Recife escoavam-se as exportações de açúcar, tabaco, pau-brasil e couros enviados para a Europa e a África. Os sertões de Pernambuco abasteciam a Bahia e Minas Gerais com o gado vacum e cavalar, graças à posse pernambucana da margem esquerda do rio São Francisco. Havia também algum comércio marítimo com Salvador e o Rio de Janeiro.

Quanto à Bahia, prosperava economicamente, além de gozar do prestígio de ter em Salvador a cabeça administrativa do Estado do Brasil. Nela assistiam os governadores gerais, alguns deles honrados com o título de vice-reis. O porto recebia as embarcações do Recôncavo e navios da Europa ou até da longínqua cidade de Goa. O intercâmbio com a África, especialmente a região do Golfo da Guiné, era intenso, rivalizando em importância com o comércio negreiro de Pernambuco ou do Rio de Janeiro. Graças ao seu afamado tabaco, a Bahia podia importar escravos sudaneses, mão-de-obra mais qualificada do que os bantos que se dirigiam ao nordeste, ao Rio de Janeiro ou a Minas Gerais. Até esta última capitania chegava a influência do comércio baiano que também dominava os sertões sanfranciscanos e piauienses, onde concorria com os fornecedores pernambucanos. A frota da Bahia transportava para Lisboa açúcar, tabaco, melaço, farinha de mandioca, pau-brasil, madeiras, tábuas, cocos, couros, solas, ouro em pó e escravos.

O Rio de Janeiro ganhara extraordinária importância como porto de escoamento do ouro e do diamante. Reexportava para Minas Gerais, Goiás e Mato Grosso o que recebia da Europa e da África. Mantinha grandes ligações comercias com Angola e com o Rio da Prata, estas últimas através da Nova Colônia do Santíssimo Sacramento. Semelhante a Salvador ou ao Recife, a cidade do Rio de Janeiro produzia açúcar e estendia sua influência polarizadora a Campos, ao litoral paulista e aos centros mineradores. Os navios que deixavam a Guanabara carregavam açúcar, marfim, pau-brasil, madeiras, barbas de baleia, azeite de peixe, couros, solas, diamantes e ouro.

As capitanias do sul tinham menor expressão econômica e política. São Paulo recuperava-se lentamente do esvaziamento causado pelo expansionismo bandeirantista. Desde 1720 separara-se das Minas do Ouro tornando-se capitania independente. Sua jurisdição compreendia as terras atualmente paranaenses, ao sul das quais começavam as de Santa Catarina, capitania subalterna desde 1738. Quanto às terras gaúchas, estavam ainda em fase de ocupação luso-brasileira. Somente dez anos depois de assinado o Tratado de Madri de 1750 é que receberiam a categoria de unidade administrativa sob o nome de Rio Grande de São Pedro. O povoamento se fazia lentamente graças aos contingentes humanos vindos de Laguna, de São Paulo ou mesmo dos Açores. Rio Grande de São Pedro, Porto dos Casais e Viamão eram os principais núcleos urbanos. Pelo interior estendia-se uma fronteira móvel percorrida por criadores de gado e índios. Os *Sete Povos das Missões* criados pelos jesuítas espanhóis eram uma ponta de lança castelhana na direção do Atlântico. Constituíam um fragmento da grande região missioneira inaciana cujos *pueblos* dispunham-se em diagonal, desde o norte da atual República do Paraguai até a margem esquerda do rio Uruguai. Gozando dos privilégios e isenções concedidos pelos soberanos espanhóis, os jesuítas haviam requintado sua organização comunitária graças à prosperidade aparente e certo esplendor artístico que alcançava reputação lisonjeira na Europa. Ilusão que os estudos melhor apoiados cientificamente vão desfazendo, ao substituir as visões apologéticas ou arcádicas por um enfoque sócio-econômico-antropológico mais pertinente.

Na linha sinuosa que ligava Vila Bela, em Mato Grosso, à Chapada Diamantina, passando por Goiás e Minas Gerais concentravam-se as riquezas minerais do Brasil. Para lá se dirigiam os grandes contingentes imigratórios e as levas de escravos. Surgiam acampamentos que, em pouco, se transformavam em arraiais ou vilas. Seus nomes, brilhantes ou dourados, juntavam-se constantemente às fundações mais antigas: Vila Bela da Santíssima Trindade, Bom Jesus de Cuiabá, Goiás, Vila Rica de Ouro Preto, Nossa Senhora da Conceição de Sabará, Mariana, São João del Rei, Arraial do Tijuco... Tal concentração urbana, especialmente em Minas Gerais, criara uma sociedade diversificada, bem diferente do resto do país, onde dominavam as atividades rurais.

O súbito aparecimento de abundante numerário favoreceu a formação de um mercado interno evidentemente condicionado às oscilações da atividade produtora mineral. Tal desenvolvimento, aliado à situação geográfica, que corresponde ao divisor de águas das principais bacias brasileiras, agiu como fator de integração nacional. Quando, em 1763, a capital do Estado do Brasil foi transferida para o Rio de Janeiro, iniciou-se o processo de hierarquização interna entre os diversos centros polarizadores regionais. Esse último tendeu a se ampliar favorecido por novas circunstâncias de maneira a conferir ao Sudeste a posição de hegemonia nacional que conserva até hoje.

Desta forma, a América Portuguesa crescera diante da metrópole, autofinanciando-se e sustentando aquela. Um dos contemporâneos mais perspicazes, Antônio Rodrigues da Costa assim se expressava: ...*

---

* Todas as tentativas feitas no sentido de recuperar a parte final deste texto foram infrutíferas.

IRINEU EVANGELISTA DE SOUSA, BARÃO E VISCONDE DE MAUÁ

Era o dia 30 de abril de 1854, às onze horas da manhã, no porto de Mauá. Canoas, botes e algumas lanchas a vapor ainda despejavam os convidados retardatários trazidos do Rio de Janeiro e de Niterói.

Irineu Evangelista de Sousa já terminara o seu discurso dirigido a D. Pedro II. Com precisão capitalista, ele expusera ao imperador um plano grandioso do qual a inauguração da pequena Estrada de Ferro de Mauá, de apenas quatorze quilômetros e meio, era o começo modesto. Era necessário continuá-la, levando-a na expansão até o rio São Francisco...

O soberano, a Imperatriz D. Tereza Cristina, o Marquês de Paraná, que então presidia o Conselho de Ministros, dito da *Conciliação,* dignatários da corte, todos, em suma, que tinham riqueza e posição, haviam comparecido à cerimônia festiva. Com ele desmentira-se o ceticismo ou a auto-suficiência pedante. Murchara o riso irônico dos que, direta ou indiretamente, vinculavam sua importância social ao binômio exportação agrária-trabalho escravo. Em futuro próximo, aliás, seriam estes mesmos opositores rotineiros os principais beneficiários das ferrovias que transportariam seu café, a base da riqueza que acumulavam.

O olhar distraído de Irineu Evangelista dirigia-se inconscientemente à paisagem fechada ao fundo pela muralha da serra do Mar. Fixou-se primeiro nas bandas distantes de Niterói. Ali estava o estaleiro da Ponte da Areia, sua primeira grande vitória corporificada naquele estabelecimento fabril. Nela trabalhavam mil operários distribuídos em diversas seções onde se produziam encanamentos, caldeiras para máquinas a vapor, engenhos de açúcar, prensas e até navios. Por isso, o relatório do ministro do Império, em 1850, pudera afirmar que o estabelecimento era "poderosíssimo auxiliar de muitas matérias-primas, que promove e alimenta, com a faculdade de acharem elas, em seus produtos, meios e recursos que outrora mandávamos mendigar à Europa."

Agora se iniciava a segunda batalha, a ferroviária, na qual o obstáculo maior não se reduzia apenas àquele trecho da serra do Mar, que algum colono saudoso do além-mar apelidara serra da Estrela.

Formalmente atento ao discurso-resposta de D. Pedro II, Irineu Evangelista de Sousa começou a relembrar o longo caminho que o conduzira àquele dia de triunfo.

"Esta estrada, Senhor, não deve parar..."

Esta frase era um fragmento do discurso que há pouco terminara. No entanto, ele o sabia melhor do que ninguém, ela tanto se podia aplicar à ferrovia pioneira como à sua própria vida.

Fora em 1823, quando contava apenas dez anos, que chegara ao Rio de Janeiro. Cinco anos antes seu pai havia sido assassinado em meio às lutas que empobreciam e ensangüentavam a fronteira mal definida entre a Capitania Real do Rio Grande de São Pedro e a Banda Oriental do Uruguai. A intervenção luso-brasileira naquela antiga colônia espanhola acirrara a violência na luta que opunha a peonada gaúcha e patrões estancieiros aos comerciantes citadinos, que separava, irreconciliavelmente, os partidários da dominação espanhola, luso-brasileira ou *porteña,* dos *artiquistas* rebeldes à intromissão estrangeira. À dependência das forças da natureza, manifestadas nas secas, inundações ou geadas, juntavam-se os flagelos da guerra: invasões de estâncias, saques, morticínios e o recrutamento compulsório que arrebanhava os peões despossuídos de propriedades.

Família sem chefe dificilmente podia manter o senhorio da terra e do gado e, sem estes dois recursos, a miséria era inevitável. Particularmente em tempos tão difíceis e conturbados como aqueles. Por isto, surgira um padrasto na vida de Irineu. Sua mãe contraíra novo casamento e aceitara a imposição do futuro marido que não desejava a permanência do menino na casa em que agora era dono e senhor. D. Mariana se inclinou à exigência, entregando o filho a um tio que o internou em um colégio de São Paulo. Foi uma mudança brusca e dolorosa para quem se habituara à liberdade pampeira. Seria, no entanto, rápida a passagem de Irineu pela cidadezinha provinciana, enevoada de garoa. No ano seguinte ao da proclamação da Independência, ele seguiu para o Rio de Janeiro, ou a *Corte,* como então se dizia, para trabalhar no comércio.

Agora, trinta e um anos passados, Irineu Evangelista sorria mentalmente do espanto deslumbrado com que ele, gauchinho bisonho de Arroio Grande, enfrentara a capital do Império do Brasil. Como, então, ela lhe parecera grandiosa, bem diferente dos seus *pagos* ou de São Paulo! Rodeavam-na paredões de granito cobertos uns de matas, outros plantados de cafeeiros. Mangues, restos de antigas lagoas, capoeiras e chácaras limitavam o perímetro urbano, formado de ruas estreitas e imundas, casario compacto de frente de rua e uma infinidade de igrejas, mosteiros e conventos. Cadeirinhas, seges e carruagens abriam passo, dificultosamente, em meio à multidão de escravos seminus, às vezes acorrentados, que conduziam mercadorias. Frades, militares, comerciantes, funcionários, negras quitandeiras e outros enxameavam as ruas ou as poucas praças despidas de arvoredo, poeirentas e tristes. De raro em raro, algumas mulheres brancas desciam das cadeirinhas à porta das igrejas ou das lojas, com o rosto semioculto pela mantilha sustentada pelo *trepa-moleque* ou *tapa-cristo* à moda espanhola. Irineu que só ouvira o castelhano da fronteira ou o guarani de algum peão índio estava pasmo com a variedade de sons, de línguas estranhas, européias ou africanas, ao lado do português, familiar é verdade, mas com diferenças do seu linguajar gaúcho.

No terreiro do Paço estavam o centro comercial e o café do porto, aonde desde 1808 chegavam navios de todas as procedências exibindo bandeiras e nomes exóticos. Descarregavam toda a sorte de mercadorias, inclusive homens acorrentados que eram depois vendidos em leilão público.

O menino ficou impressionado. Sabia que existiam escravos. Vira uns poucos no sul, onde quase nada se distinguiam dos trabalhadores vaqueiros. Mas, agora, ao encontrá-los em grande quantidade, comparava-os mentalmente com os trabalhadores das estâncias e a diferença lhe parecia brutal. Só muito mais tarde perceberia que o peão das fazendas de gado gaúchas não era tão livre assim. Sua independência se reduzia a conduzir à vila ou *povo* mais próximo o gado do patrão, a beber *caña* no *boliche* da vizinhança, onde deixava a maior parte do seu minguado salário. Ou então, ser recrutado para morrer nas lutas contra os *castelhanos,* índios ou contrabandistas ou, o que acontecia amiúde, para defender o patrão estancieiro em *pelcas,* de cuja finalidade não se apercebia claramente.

O choque causado pelo encontro com a escravidão seria determinante. Mais tarde Irineu atrairia malquerenças devido à proteção que concedia a escravos fugidos e à posição intransigente de combate ao tráfico negreiro. Compreendendo a importância social da medida, aplaudira a lei Eusébio de Queirós de 1850.

De suas impressões sobre o trabalho escravista, Irineu nada confidenciou ao tio, enquanto se dirigiam à loja onde deveria trabalhar como caixeiro. Desde que o padrasto exigira o seu afastamento da casa, Irineu se habituara a resguardar sua intimidade. Agora pensava muito e falava o mínimo. Protegia seus sentimentos e vontades com uma reserva cautelosa.

Enquanto caminhavam, o tio procurava amenizar a despedida próxima apontando e nomeando os edifícios mais imponentes, as lojas mais sortidas. Nelas, como em outros quaisquer estabelecimentos comercais, em vão se buscariam produtos manufaturados de procedência nacional, exceção feita de uns poucos, como o açúcar. Tudo que se consumia, da melhor qualidade, era importado, graças aos acordos celebrados com potências estrangeiras, em troca do reconhecimento do Brasil como país independente. Destas nações nenhuma se beneficiava tanto como a Grã-Bretanha, que era então o centro do capitalismo mundial e cuja dominância, econômica e financeira, se mantivera tão poderosa como já o era antes da Independência.

Protegidos pelo *livre-cambismo,* os produtos estrangeiros invadiam o mercado brasileiro. Notadamente os que vinham da Inglaterra ou da França satisfaziam a todas as necessidades dos que os podiam pagar. Vinham de fora desde a manteiga à vela, do sapato aos produtos de luxo destinados à burguesia comercial ou produtora, cuja importância econômica e política era reconhecida pelo Império através de uma abundante distribuição de títulos de nobreza.

Um Caixeiro Curioso

Das diversas lojas em que trabalhara, Irineu guardara duas lembraças: o trabalho árduo, da manhã à noite, e a luz mortiça do lampião ou do candeeiro de azeite, sua companhia enquanto estudava e lia. Um freguês amigo, impressionado com a ânsia de saber do pequeno caixeiro, começou a lhe ensinar, ocultamente, contabilidade, matérias afins e rudimentos de francês.

Em 1829 sobreveio a falência de seu patrão, o português Antônio José Pereira de Almeida. Como outros tantos comerciantes, na maioria lusitanos, ele não resistira à crise econômica e financeira em grande parte determinada pela concorrência inglesa. Seus bens passaram para o seu principal credor, Richard Caruthera de quem Irineu se tornou empregado de confiança, sócio e, mais tarde, substituto à frente do negócio em 1845.

A crise econômica e financeira que tinha suas bases na depreciação dos produtos primários de exportação brasileiros, determinou uma profunda instabilidade política. A partir da abdicação de D. Pedro I, em 1831, agitações de toda ordem ameaçaram a estrutura centralizada do império e que correspondia à dominância econômica e política do sudeste sobre as demais regiões produtoras. Tal desequilíbrio se manifestava em reações provinciais violentas, algumas chegando à solução republicana e separatista como ocorria no Rio Grande do Sul. Irineu Evangelista torna-se suspeito à corrente monarquista pelo auxílio que concede aos rebeldes *farroupilhas.*

Trata, por isso, de ir ao sul de onde retorna com a mãe e a irmã viúvas. Em 1840 viaja até Londres, numa viagem profundamente importante e decisiva para a sua carreira capitalista. Ao regressar, casa-se com uma sobrinha, Maria Joaquina, companheira, amiga e mãe de seus doze filhos.

Economia Capitalista, Economia Escravista

O contacto com a formação social inglesa, então em pleno expansionismo capitalista, impressionou profundamente o antigo caixeiro. A manufatura e o artesanato cediam passo à grande indústria, a maquinaria substituíra em grande parte o esforço braçal. A siderurgia, a indústria têxtil e outras atraíam capital e sedimentavam a hegemonia inglesa no mundo. É bem verdade que tal hegemonia repousava numa exploração impiedosa do assalariado que reagia, muitas vezes, em prejuízo próprio, através de greves mal orientadas ou da violência contra as máquinas, injustamente responsabilizadas. Além disso, a dominação econômica e política sobre áreas dependentes e coloniais permitiam que o máximo de acumulação capitalista se realizasse na Inglaterra. Quando Irineu visitou Londres e outras cidades industriais, a questão operária se encaminhava para uma solução que visava conceder ao operariado maior participação política, dentro da fórmula conciliatória do *Cartismo*.

A comparação com a economia brasileira, agro-exportadora e escravista era invitável. Em contato com o centro do capitalismo industrial, Irineu compreendera as limitações e a posição subalterna conseqüentes à ausência de industrialização. Chamara-lhe atenção, particularmente, a importância da siderurgia, para a qual as jazidas brasileiras poderiam concorrer com a matéria-prima principal: o ferro, abundante em Minas Gerais e que já fora objeto de ensaios de beneficiamento ao tempo de D. João VI. Conforme diria mais tarde, "era precisamente o que eu na mente contemplava como uma das necessidades primárias para ver aparecer a indústria propriamente dita no meu país". E acrescentaria: "Era já, então, como é hoje ainda, minha opinião que o Brasil precisava de alguma indústria dessas, que podem medrar sem grandes auxílios, para que o mecanismo da sua vida econômica possa funcionar com vantagem; e a indústria que manipula o ferro, sendo a mãe das outras, me parecia o alicerce dessa inspiração."

Associando-se ao seu antigo patrão Carrethers e ao português Henrique Reydell de Castro, Irineu formara a firma Carrethers, de Castro & Cia., com sede em Manchester.

Tratava-se agora de aproveitar as circunstâncias favoráveis que se haviam seguido às crises da década de 30. A expansão da lavoura cafeeira melhorara as perspectivas da exportação, sobretudo porque tinham nos Estados Unidos o principal mercado consumidor. Não sendo os norte-americanos os primeiros fornecedores do Brasil, a balança comercial com eles deixava sempre um lado favorável. Para maior vantagem, o café não era produto colonial inglês e, portanto, não sofria as oscilações que haviam vitimado o açúcar e outras exportações mais antigas. Esta melhoria trouxera, no plano político, um reforço da burguesia produtora do sudeste e, conseqüentemente, da própria instituição monárquica da qual era o principal sustentáculo. Assim é que, em 1840, D. Pedro II iniciara seu governo pessoal e, das rebeliões anteriores, somente a Balaiada e a Revolução Farroupilha representavam um perigo sério.

A extinção do *livre-cambismo,* em 1844, pela aprovação do protecionismo alfandegário de Manuel Alves Branco, fora o primeiro passo para garantir as futuras indústrias do esmagamento devido à competição estrangeira. Tal iniciativa animara o comerciante Irineu Evangelista de Sousa a se lançar, pioneiramente, no campo da produção industrial.

Uma pequena fundição, escondida na Ponte da Areia, em Niterói, foi transformada em um grande centro industrial, produzindo, ascendentemente, de 1846 até a inauguração da Estrada de Ferro Mauá. Há oito anos que ela fornecia navios de guerra e mercantes, empregados na recente intervenção contra o governo de Juan Manuel Rosas, no comércio inter-provincial ou na navegação do Amazonas e de alguns de seus principais afluentes. De lá haviam saído os encanamentos para dominar as enchentes dos rios Maracanã e Andaraí Grande, várias pontes de ferro e os artefatos que haviam permitido que, desde 25 de março último, a cidade do Rio de Janeiro abandonasse os tristes lampiões a óleo de peixe pela moderna iluminação a gás.

Realmente, Irineu sentia-se em grande parte realizado. As iniciativas mais audaciosas no domínio da técnica tinham, todas, a presença da sua iniciativa capitalista: a Cia. de Rebocadores da Barra do Rio Grande, a Cia. de Iluminação a Gás do Rio de Janeiro, a organização do segundo Banco do Brasil, a Cia. de Navegação a Vapor do Rio Amazonas, investimentos nas estradas de ferro de Pernambuco e da Bahia...

O apito da pequena locomotiva chamou-o à realidade. Os convidados, os soberanos à frente já subiam para os vagões para a viagem inaugural.

Vinte e três minutos depois, o trenzinho chegava ao ponto terminal, a Raiz da Serra. Atordoado pelas reminiscências e pelas emoções do dia, Irineu Evangelista de Sousa mal pôde distinguir, em meio às aclamações, das frases que lhe dirigia o imperador, senão o fragmento: "... hei por bem conceder-lhe o título de Barão de Mauá!" À locomotiva chamariam, por isso, a "Baronesa"!

Novas Iniciativas

Para os projetos capitalistas de Mauá, aquelas primeiras vitórias não o satisfaziam; serviam antes, quando muito, de estímulo. Convencido da importância dos transportes ferroviários, como meio imprescindível para o escoamento dos produtos nacionais, ele se associou a novas empresas. Ansiava por ver substituídos os velhos transportes em lombo de mulas, carros de bois e outros remanescentes, incompatíveis com a era do transporte a vapor. Por isso, associou-se à construção da Estrada de Ferro de D. Pedro II, tornou-se acionista da Cia. Estrada de Ferro Antonina-Curitiba e, indiretamente, interveio na construção da ferrovia de Recife ao rio São Francisco.

Desde 1855 começou a acariciar um projeto ambicioso, qual o de ligar o porto de Santos ao planalto paulista. Para realizar a então chamada Estrada de Ferro Santos-Jundiaí, obteve a concessão do governo provincial e ainda organizou uma companhia em Londres, de onde viriam os capitais necessários. Com profunda objetividade, vislumbrara as vantagens e a importância econômica do empreendimento para a agricultura cafeeira de São Paulo. Diferentes das fazendas de café do vale do Paraíba fluminense, as grandes propriedades da burguesia produtora paulista empregavam trabalhadores assalariados, estrangeiros ou nacionais. Frutificara e se desenvolvera o exemplo de Nicolau de Campos Vergueiro, que introduzira os primeiros imigrantes em suas terras de Ibicaba. A abolição do tráfico negreiro, em 1850, favorecera ainda mais a entrada de imigrantes, notadamente italianos. Os fazendeiros paulistas organizavam sua produção em moldes capitalistas, que exigiam trabalhadores mais experientes e um apoio técnico que faltava às grandes propriedades da Província do Rio de Janeiro. Por isto, a produção cafeeira de São Paulo, em plena expansão, já começava a rivalizar com a da província vizinha, cujos rendimentos não tardariam a entrar em declínio irremediável.

A construção da ferrovia demandou grandes investimentos de capital nas obras de terraplenagem e outras, necessárias para que pudesse ser vencido o obstáculo natural da serra do Cubatão. Problemas administrativos e manobras fraudulentas dos empreiteiros levaram Mauá a um processo judicial que se prolongou, demoradamente, pelos tribunais do Brasil e da Inglaterra. Quando estes últimos decidiram a causa, esta última já estava prescrita. Este prejuízo foi o último e definitivo golpe para encerrar a carreira do pioneiro do capitalismo no Brasil. Pouco depois, decretava-se a falência de Mauá. Corretamente, ele enfrentou a conjuntura, sacrificando os seus bens para saldar integralmente os credores. Cinco anos depois falecia em Petrópolis, no mesmo ano da proclamação da República.

Mauá e o Rio de Janeiro

A cidade que, em 1823, acolhera Mauá, ainda conservava a fisionomia colonial, malgrado o haver sido, durante treze anos, a sede da monarquia portuguesa e depois do Brasil Imperial. Recursos higiênicos precários, piorados pela incidência de epidemias, das quais a mais devastadora a da febre amarela. A má fama das condições de salubridade do Rio de Janeiro espalharase rapidamente, afastando os estrangeiros, em particular os imigrantes e colonos. A vida social decorria acanhada, presa ainda aos padrões anteriores a 1808 que enclausuravam as mulheres, às quais faltava, geralmente, o simples acesso ao conhecimento das primeiras letras. As ruas eram, assim, quase um patrimônio masculino, saindo as mulheres muito raramente, a não ser para as compras indispensáveis, para assistir espetáculos ou para acompanhar as procissões. À noite, as ruas mal iluminadas por poucos lampiões ou pelos oratórios colocados nas esquinas eram inseguras; somente aqueles que podiam dispor de escravos e guarda-costas se aventuravam nas vielas, tortuosas e mal iluminadas.

Desde 1854, a iniciativa criadora de Mauá dotara a capital do Império com a iluminação a gás. Nela empatara seu capital particular, devido à inércia e ao desinteresse com que havia sido recebido o seu projeto de melhoria urbana. De acordo com as próprias palavras de Mauá, somente depois que a luz do gás "mostrou seu brilho em algumas ruas e praças da capital, (foi) que pude conseguir a organização da companhia, sendo apenas subscritas cerca da metade das ações..." Mais tarde, a Cia. de Iluminação a Gás do Rio de Janeiro, fundada em 1851, foi substituída pela The Rio de Janeiro Gas Company Ltd.

Outra empresa de monta foi a Cia. de Bondes do Jardim Botânico. Inicialmente fez trafegar uma pequena estrada de ferro para a Tijuca e depois inaugurou a de bonde de burros, sobre trilhos, para estabelecer a ligação do centro da cidade com Botafogo. O empreendimento passou depois para o controle de capitalistas norte-americanos sob o novo nome de Botanical Garden Rail Road Company.

Para favorecer a expansão urbana, Mauá procurou sanear os mangues que dificultavam a ligação da cidade com o bairro de São Cristóvão.

Era um vasto pantanal, viveiro de mosquitos. As obras de drenagem e a construção do Canal do Mangue vieram ampliar a área habitada, inicialmente ocupada por proletários. Em lembrança da sua recuperação, na época recente, a região passou a ser conhecida como a *Cidade Nova*.

Em 1873, em atenção à sua ajuda na instalação do telégrafo submarino, D. Pedro II concedeu-lhe o título de Visconde de Mauá. Subia mais um degrau na escala hierárquica na nobreza imperial. Tal honraria vinha ampliar a importância em que o tinham os mundos econômico e financeiro. De sua residência, o palácio que outrora pertencera à Marquesa de Santos, Mauá desfrutava a glória merecida a quem tanto empreendera.

No entanto, nem tudo lhe havia corrido como uma sucessão de êxitos. Sua atuação como político, suplente depois deputado, não lhe abrira alianças valiosas ao nível das decisões do Estado. Suas ligações estreitas com o capitalismo inglês haviam-lhe causado situações difíceis, em particular quando da *Questão Christie*.[5] O mesmo se podia dizer em relação ao Prata. Esta vinculação aos banqueiros londrinos levara-o a uma ação paradoxal que se encontra na base de sua futura ruína. Assim é que Mauá defendia a iniciativa econômica livre da intervenção do Estado e, numa certa medida, um protecionismo alfandegário limitado. Tal orientação era contraditória em quem tanto havia propugnado pela industrialização. Em 1857, um incêndio consumira grande parte das instalações da Ponte de Areia. Grande parte dos modelos de construção naval foram então destruídos por mãos estrangeiras. Três anos depois, a reforma das tarifas alfandegárias, levada a cabo pelo Ministro Ângelo Muniz da Silva Ferraz, isentava de direitos os materiais da lavoura e a importação de navios. A partir de então o estaleiro da Ponte da Areia foi declinando, transformando-se em uma oficina de consertos, para fechar definitivamente em 1877. Foi um prejuízo vultoso e uma derrota política.

Desfeito o projeto industrial, Mauá concentrou-se nas operações bancárias e nas concessões para a exploração de serviços públicos. Eram áreas aparentemente mais seguras, uma vez que fracassara na sua luta contra os interesses agrários, particularmente o dos escravistas. Os empréstimos concedidos aos governos platinos enfrentavam dificuldades de resgate, não apenas devido à má situação econômica e financeira da Argentina e do Uruguai, como também em virtude das pressões políticas a ela articuladas. Em 1878, a situação financeira de Mauá era extremamente grave. Tentou socorrer seus interesses bancários pedindo ao governo uma subvenção que lhe foi negada. Recorreu, então, à liquidação do seu crédito junto à São Paulo Railway, a antiga Estrada de Ferro Santos-Jundiaí. O desfecho da questão trouxe-lhe a ruína financeira, arrebatou-lhe os bens obrigando-o a tentar reconstituir a vida dedicando-se à corretagem dos negócios do café.

Terminara melancolicamente a trajetória brilhante que levara o caixeiro obscuro de Arroio Grande à liderança econômica e financeira do Brasil Imperial.

Sua vida, nós a conhecemos por depoimento próprio, na *Exposição aos Credores,* que, em verdade, é uma legítima autobiografia. Numerosos trabalhos lhe foram dedicados, muitos dos quais bastante úteis para o estudo da expansão do capitalismo no Brasil na segunda metade do século XIX. Particularmente as articulações da coexistência das iniciativas de Mauá e a oposição dos interesses escravistas e da concorrência estrangeira.

*ABOLIR...**

Vários são os problemas históricos brasileiros a exigirem uma reformulação teórica. Especialmente em se tratando de ensino médio não são poucos os estereótipos que os livros didáticos ainda mantêm. Isto, como decorrência de uma certa inércia intelectual que conduz à repetição de dados e de conceituações críticas alheias. As razões podem ser encontradas no imediatismo comercial que preside a feitura da maioria desses livros e, naturalmente, no insuficiente embasamento filosófico dos que os redigem. Sob a capa de uma discutível formação cívica e de estimular o desenvolvimento moral do aluno omitem-se as explicações "materialistas" como se elas fossem incompatíveis com uma personalidade em formação. A valorização dos conceitos subjetivos transforma o processo histórico em um domínio de idéias, de sentimento e de personagens messiânicos.

Pode-se objetar que o adolescente não possui, ainda, a necessária capacidade crítica para compreender certos problemas históricos. Ser-lhe-ia mais fácil aceitar uma História cujas características básicas se limitassem ao relato dos acontecimentos, encadeados cronologicamente. Com maior ou menor talento, o professor se encarregaria de "amenizar" a secura do relato com um largo apelo às evocações brilhantes das personalidades em questão. Disto resultaria uma sucessão de episódios teatrais, de frases altissonantes, tudo isto acompanhado de um forte consumo do pitoresco e do anedótico rotulados de motivação.

Cabe, a propósito, lembrar outro tipo de recurso ainda muito empregado como forma de manter o "interesse" dos estudantes. É a utilização da técnica dos seriados ou das novelas de televisão. Para isso a narrativa se interrompe em momentos "decisivos" que apenas excitam uma curiosidade superficial pelo "desfecho do drama".

---

* Publicado em *Cadernos Brasileiros*, Rio de Janeiro, nº 47, maio/jun. 1981, pp. 83-9.

Não bastam, também, alguns reparos críticos enxertados para mostrar que não se está apresentando uma História tradicional, isto é, cujo peso maior repousa nos fatos. O apoucamento do caráter formativo da História é um dos grandes responsáveis pelo tom frio e distante de que ela se reveste para os alunos. Por outro lado, a questão também não se resolve ao se enfeitar a narrativa histórica com aspectos heróicos, meio gratuitos como o de certas produções cinematográficas, onde o retumbante oculta uma absoluta fragilidade científica e humana.

Esse conjunto de equívocos recebe ainda o estímulo do espírito com que são feitas as provas de capacidade para o acesso ao ensino superior. Uma boa parte do que se exige nos exames vestibulares e nos concursos profissionais exclui a participação crítica dos alunos em benefício dos dados de memorização.

A FRIEZA é o reflexo da noção idealista da *imparcialidade,* tomado este conceito como sinônimo de um discurso histórico isento de distorções, planando olimpicamente acima das posições ideológicas. O mito castrador pode ser desmascarado pelo simples fato de que a escolha dos episódios a estudar e o realce que se lhes concede já representam uma tomada de posição ideológica e o estabelecimento de uma escala valorativa. Em nenhuma época da evolução da Humanidade o conhecimento do histórico esteve desligado de uma posição filosófica. Que esta seja consciente ou não, em muito pouco altera a fragilidade da ilusão da imparcialidade. A longa tradição de filosofias idealistas, que presidiram à formação da consciência burguesa, é, em larga medida, a responsável pela criação destes conceitos subjetivistas bem pouco científicos. O simples bom senso mostra como a escala dos valores variou no tempo e, dentro da contemporaneidade, recebeu matizes diferenciadores ligados aos diversos graus de conscientização dos componentes da sociedade. Recentemente, num desfile de escolas de samba, um dos sambas-enredo falava em escravos e senhores unidos pela grandeza do Brasil. Tal absurdo histórico não chocou aos atuais herdeiros da antiga visão da nossa sociedade colonial e imperial. Ninguém indagou que espécie de *grandeza* era essa que irmanava, numa frase oca, exploradores e explorados e, principalmente, que parte da grandeza cabia ao escravo. Não é de surpreender que, narcotizados por "grandezas" semelhantes, os componentes da nossa sociedade não se impressionem com as heranças de injustiças e de contradições de que ela é cheia.

Quanto à História digna deste nome, sua principal exigência é a de eliminar esses mitos deformadores. Para isto, ela não se pode limitar a referir os fatos e interesses das classes dominantes. Outra coisa não fez Capistrano de Abreu, muito mais preocupado com o *processo* do que com o *episódio,* mais sensível ao *povo durante três séculos capado e recapado, san-*

grando e ressangrando, do que às personalidades brilhantes e aos episódios apoteóticos.

Portanto, é totalmente ocioso o maniqueísmo que divide os campos da informação e da formação histórica em duas partes antagônicas, em dois blocos ciumentos e dominadores a disputarem o adolescente. Não tem sentido o rótulo de História imparcial opondo-se ao da História engajada. No Brasil temos ainda esta dicotomia, cujo resultado final é o da mecanização do ensino, seja pelo abuso do acúmulo de fatos, seja pela imposição da História onde nada acontece e tudo se resume a conceitos. O desconhecimento dos métodos científicos do Marxismo, ignorados pela esmagadora maioria do professorado do ensino médio criou um antagonismo ridículo, separando professores e alunos. Em lugar de uma discussão benéfica, sob qualquer ponto de vista, a questão quase sempre evolui para o âmbito disciplinar.

Como qualquer ciência, a História não pode ter postulados imóveis, indiscutíveis, como o desejava, no campo da política, o idealismo burguês de Augusto Comte. Os simples atos de pesquisar e de inquirir conduzem à discussão e às reformulações. Caso contrário, a História ficará reduzida ao papel mesquinho e policial de justificar os regimes.

A dosagem da matéria aliada a uma adequação dos problemas em nada pode perturbar o adolescente, a menos que o tenhamos como um adulto retardado. Preso como está a um processo evolutivo normal, não há porque insensibilizar-lhe a crítica a pretexto de lhe respeitar as características juvenis. Neste sentido, uma das ficções mais difundidas é a de que não devemos *desiludir* o jovem com uma visão mais realista da vida.

Recordemos, para melhor responsabilizar, que o conhecimento da História no ensino médio é o único que se faz de maneira obrigatória. No primário ele se inclui entre os *conhecimentos gerais* e no ensino superior apenas uma pequena parcela dos universitários continuará a ampliar sua cultura histórica. Assim, as deformações introduzidas durante os cursos ginasial e colegial têm uma larga possibilidade de permanecer, distorcendo a consciência crítica deste indivíduo. O negro, como elemento sócio-cultural no Brasil, é um belo exemplo do que afirmamos. A falta de um exame mais detido da presença passada e atual dos descendentes de africanos se reflete nos livros didáticos e no público não afeito às obras especializadas. Nela convergem a visão defeituosa do passado e um intencional obscurecimento dos problemas de hoje.

O ESCRAVO, elemento básico para a compreensão de todo o complexo sócio-econômico colonial e imperial, merece geralmente algumas linhas meramente descritivas sem qualquer estímulo à crítica. Não é explicado o ressurgimento e a expansão do trabalho escravo provocado pela expansão marítima européia. Principalmente, quando a Europa que se expandia não o adotou, exceção feita a algumas áreas bem definidas como a Península Ibérica. O não explicar que a América foi colonizada para completar as necessidades econômicas européias introduz uma nova contradição, qual a da coexistência da escravidão e do capitalismo ascendente, duas noções aparentemente antagônicas. A simples explicação já enunciada por Montesquieu de que a função da colônia é a de enriquecer a metrópole esclarece o problema. O aluno compreenderá que a Europa estava empenhada em *produzir* na América, mas o consumo se realizava fora do Novo Mundo. Assim, o trabalhador escravo interessava como força de trabalho, auxiliar de uma técnica carente de outras fontes de energia mecânica. Portanto, se interessava como máquina, dificilmente poderia ser considerado como consumidor.

Este simples esquema evitaria as explicações que pretendem reduzir a escravidão a um mero problema moral. A compreensão da estrutura das relações de produção situa o problema do escravo nas suas verdadeiras dimensões, inclusive nas de ordem ética. Desta forma, questões como a de tratamento dado aos escravos, as comparações com o regime da escravidão em outras áreas da América, a sensibilidade dos estadistas brasileiros à questão servil e outros aspectos menores ficariam reduzidos, como deve ser, à sua limitada importância. Perderiam seus títulos de validade falsas conceituações tais como aquelas da docilidade do escravo, a concepção racista da inferioridade natural do negro e ainda certas figuras folclóricas de simbologia duvidosa tais como as da Mãe Preta e de Pai João.

O importante é deixar claro que o trabalho escravo era conseqüência de um sistema econômico colonialista, origem de uma série de implicações negativas que vêm até os nossos dias. Assim, a escravidão vista como uma forma pregressa de nossas contradições sociais e econômicas, só pode ser compreendida no contexto de processo histórico brasileiro. Sobre isto é inútil discorrer mais.

Sem o enfoque a que nos referimos acima, tornam-se incompreensíveis as disparidades entre a consciêcia ideológica das sociedades colonial e imperial e as exigências concretas da prática econômica. Assim se entenderia porque o clero católico possuía escravos, a ambigüidade da Igreja no encarar a escravidão indígena e a africana, porque o estatuto da escravidão foi omitido ou contornado nos nossos movimentos liberais e a hipocrisia das leis abolicionistas. Sobretudo em termos de moralidade, o grande mito da família monogâmica cristã absolutamente insustentável diante da poligamia de fato, exercida pelos senhores brancos na senzala.

Deste último equívoco surgiu um outro revestido de nova máscara, onde dois elementos sobressaem. Um, a necessidade de manter a imagem do Brasil como maior país católico do mundo. Outro, o da mestiçagem como dom inerente ao povo português e que se transmitiu aos seus descendentes.

Torna-se difícil conciliar as duas versões. Um país católico digno deste nome teria de observar os canônes do matrimônio cristão. A mestiçagem se fez, em larga medida, fora das normas eclesiásticas. Aceitando o princípio de que o contato inter-racial foi a base sobre a qual repousa a nossa paz racial, é inevitável o admitir-se que a observância dos preconceitos nos levaria ao racismo. A miscigenação não foi, em verdade, um fenômeno contínuo. Na medida em que as classes dominantes tinham condições para se pautarem segundo o preconceito europeu, que consagrava a absoluta superioridade do branco, a mestiçagem se limitou gradativamente à massa do povo. O testemunho literário de Aluízio de Azevedo em *O Cortiço* e em *O Mulato* é bem demonstrativo. Assim, também são falsas as generalizações de casos isolados como o de Chica da Silva, tidos como exemplos da ausência de preconceitos. Em termos ideológicos Chica da Silva é tão "negra" como o foi Henrique Dias ou foi "índio" Dom Antonio Felipe Camarão...

Modernamente, persistem os mitos glorificadores promovidos pelos meios de comunicação de massa. O núcleo da mistificação se situa no ato de valorizar vitórias individuais e isoladas, que são tomadas como prova de ascenção do grupo negro. Espanta que os que aceitam estes processos de massificação não percebam a ausência do negro nas Universidades ou nos campos de alto nível técnico e profissional.

Em verdade, estas generalizações não são mais do que recursos ideológicos mascarando uma liberalidade que no passado a escravidão negava e que no presente o cotidiano desmente. No que tange à escravidão, outra não é a opinião do historiador inglês Charles Boxer quando argumenta que o ato de escravizar nega qualquer pretensão igualitária e hoje não seriam alguns poucos exemplos de afirmação individual de negros que nos autorizariam a falar em ausência de preconceitos.

Voltando ainda ao problema da mestiçagem, podemos observar que a análise crítica de suas contradições mostra bem o caráter ideológico destas explicações cuja função é tudo justificar. Para isso, se isola o relacionamento sexual entre brancos e negros dos necessários componentes da estrutura sócio-econômica. Carece, portanto, de objetividade o atribuir a uma "atração" pela mulher morena o que foi uma forma de domínio de um grupo por outro. Basta que se assinale que no Brasil a mestiçagem partiu da iniciativa do branco e raramente o negro pôde ousá-la.

Uma última afloração espúria desta falsa valoração da mestiçagem é o reduzir-se a mulata à categoria de fêmea sensual por excelência. No preconceito racial que a limita como ser humano se reflete ainda o preconceito contra a mulher, que para muitos ainda deveria estar confinada à pura atividade sexual e reprodutiva. Entre a mestiça idealizada da velha modinha imperial, a mulher da marcha carnavalesca e a realidade cotidiana vai uma grande e áspera distância.

O outro problema ainda carente de classificação é aquele das diversas atitudes do escravo refletindo a própria evolução das sociedades colonial e imperial. Um estudo que se fundasse na análise da evolução das estruturas econômicas com todas as suas articulações superestruturais afastaria a ilusão de que o negro permaneceu impermeável diante das contradições do nosso processo histórico. Proporíamos os seguintes tipos de relação do escravo com a sociedade brasileira. O mais difundido e melhor estudado foi o da fuga de que resultou a formação de quilombos. Este tipo de reação prende-se ainda a uma forma de regressão tribal africana que a relativa incultura do Brasil facilitava. Outra atitude foi a de suportar a escravidão aceitando as poucas formas de ascenção oferecidas, no caso, a alforria, ou o incluir-se em organizações religiosas como as diversas irmandades ligadas aos homens de cor. Finalmente, as reações onde se esboçam elementos de luta de classes como o caso da Conspiração dos Alfaiates ou nas revoltas dos malês. Na primeira temos a ideologia liberal do século XVIII reinterpretadá por elementos da baixa classe média baiana. O caso dos malês é uma interessante convergência de fatores. Os levantes destes grupos são provocados pelas contradições da escravidão urbana. A vida na cidade facilitava uma coesão quase impossível no meio rural. Se o aspecto urbano está mais próximo da realidade brasileira, a ideologia religiosa muçulmana era uma sobrevivência africana. A religião maometana equivalia à superestrutura ideológica diferenciadora e catalisadora da unidade do grupo malê. Servia a um tempo contra o catolicismo do grupo dominante e contra os demais negros que os malês não incluíam nos benefícios de sua *guerra santa*.

Ainda alguns fenômenos da História Brasileira, no que tange ao problema do negro, poderiam ser clarificados. Um deles seria o da solução pacífica do problema da escravidão, analisada muitas vezes sem a necessária explicação sócio-econômica.

Assim é que, quando foi abolido o tráfico de africanos em 1850, a escravidão começou a declinar. A lei Eusébio de Queiroz provocou o encarecimento da mão-de-obra escrava que passou a ser quase um privilégio da lavoura cafeeira da Província do Rio de Janeiro. Aos poucos, configurou-se uma situação cujo processo evolutivo explica as circunstâncias da Abolição. Em termos gerais, o Brasil tornou-se um país de trabalhadores livres com graus diversos de dependência patronal. A fazenda de café, sustentada por uma exportação altamente remuneradora, atraiu e absorveu a maior parte dos escravos de regiões cujas economias, em fase de declínio, obrigava-as a uma série de transformações. Tal é o caso do Nordeste, onde o engenho escravista estava sendo superado pela usina, fundada no trabalho assalariado e que exigia um número relativamente menor de trabalhadores.

Em que pese o fato de que o fazendeiro de café estava mais próximo da situação do empresário capitalista do que o senhor de engenho, nem por isto a lavoura cafeeira se modificara substancialmente no que diz respeito à infra-estrutura. Assim, a aparente prosperidade da Província do Rio de Janeiro mascarava uma base frágil que a partir de 1870 começou a decair. Raízes desta decadência encontramos na ausência de qualquer técnica agrícola racionalizada e no emprego do escravo, tecnicamente desqualificado. O sustento do escravo tornou-se oneroso provocando constantes alforrias além do continuado êxodo, para as cidades ou para a lavoura cafeeira paulista. Nesta, o trabalho remunerado já era bastante difundido, especialmente nas áreas onde era maior a presença do imigrante estrangeiro.

Assim, a desagregação da lavoura escravista, forçando o assalariamento do escravo, aliada à possibilidade de indenizações aos proprietários, explicam muito bem o caráter pacífico da solução abolicionista. Mesmo assim, a Província do Rio de Janeiro sofreu um forte impacto cujas causas jaziam, não na libertação dos escravos, e sim no caráter colonial de sua lavoura. A ruína do Vale do Paraíba explica tanto o fim do trabalho escravo, como a crise da economia fluminense. Como vimos, tratava-se muito mais do processo de exaustão de um sistema do que de sua superação por um novo modo de produção, com a conseqüente mudança das relações de trabalho.

Analisando o contexto geral da nossa economia do fim do século XIX, verifica-se que inexistiam entre nós duas áreas antagônicas e perfeitamente diferenciadas capazes de levar a uma guerra civil. Em outras palavras, a economia brasileira não sofria um processo de industrialização que exigisse a ampliação do mercado interno, ferindo, portanto, as bases da estrutura rural escravista como nos Estados Unidos. Ao contrário, a Abolição no Brasil simplesmente submergiu o ex-escravo na massa de trabalhadores mal pagos, o que era a tônica geral do país.

Daí, por não haver até agora uma disputa acirrada no nosso mercado de trabalho que se transponha para o plano racial, o problema do negro no Brasil parece inexistir. Nada indica melhor a alienação do negro e suas limitadas perspectivas de reação do que o não reagir contra todas as ideologias que, direta ou indiretamente, o inferiorizam. É bem sintomático que em um país, onde a relativa influência africana foi excessivamente ampliada por uma promoção publicitária fundada no exotismo, não tenham tido repercussões profundas fenômenos tão importantes como a descolonização da África, choques raciais nos Estados Unidos e as crises na Rodésia e União Sul-Africana.

*O PERÍODO PRÉ-COLONIZADOR NO BRASIL**

Sugestões para a sua análise

O estudo do período compreendido entre o Descobrimento e a implantação do sistema agro-industrial exportador no Brasil tem repousado quase unicamente na pesquisa de novos acontecimentos. Buscam-se dados concretos a respeito de outras expedições exploradoras, comerciais ou de simples passagem pelo nosso país, além das armadas que se destinavam a combater o tráfico clandestino do pau-brasil. Parte considerável dos estudos tem se orientado para o levantamento de informações a respeito de algumas medidas administrativas relacionadas com o Brasil, com o conhecimento geográfico testemunhado pela copiosa cartografia lusitana ou estrangeira e, em menor grau, com as atividades diplomáticas desenvolvidas em torno dos acontecimentos ligados à disputa colonialista do século XVI. Todos estes elementos concretos têm sido estudados especializadamente e, em geral, com especificidade bastante erudita. Infelizmente estes trabalhos têm carecido da imprescindível análise estrutural, falha metodológica que os retira do campo das conclusões científicas para confiná-los na pobreza do empirismo. Ao contrário, a nosso ver, se eles forem integrados no conjunto de interesses do mercantilismo ibérico e europeu, alcançaremos a real importância teórica de todos estes eventos históricos.

Embora toda esta atividade informativa seja obviamente útil, não nos parece a mais importante nem tampouco a única suscetível de interesse por parte dos historiadores. Concordamos que a fase anterior ao início da produção regular do açúcar possui lacunas factuais. Duvidamos, no entanto, que seja imprescindível o aguardar seu preenchimento para que possamos de-

* Em colaboração com José Luíz Werneck da Silva, publicado na *Revista do Instituto Histórico e Geográfico Brasileiro*, vol. 287.

senvolver a necessária análise crítica daquele momento histórico. Por esta razão nos propomos sugerir algumas interpretações baseando-nos em dados de que dispomos no momento. Não compreendemos porque o estudo e a crítica ao período pré-colonizador se têm resumido no dizer que Portugal atribuiu pequena importância ao feito cabralino. Tal conclusão ou a que se lhe opõe partem de uma atitude antropomorfizante, qual a de individualizar os países e dotá-los de um pensamento único. Tal explicação parte do pressuposto de que o reino ibérico não possuía uma sociedade com classes cujos interesses e objetivos não eram necessariamente iguais. Se levarmos em conta estas diferenças, podemos dispensar, por inúteis, as explicações ideológicas dos que se referem ao *abandono* do Brasil e dos que negam tal assertiva. Evidentemente, num e em outro caso, estamos diante de duas posições correspondentes a atitudes científicas porque desligadas do contexto dedutivo que é a base científica da História. Seus defensores estão apenas engajados num compromisso ideológico com o elogio ou o ataque ao sistema colonial português e não com a problemática histórica.

Como uma e outra atitudes pecam por ausência de metodologia científica, esperam resolver as contradições históricas baseando-se em apoios documentais. Este conceito se baseia na metodologia empirista que supõe ser a História unicamente a explicação do fato e não uma teoria. Os que assim pensam negam o caráter demonstrativo à ciência histórica como a preceitua, hoje, o estruturalismo.

Por isso torna-se difícil explicar convenientemente certos elementos tais como o combate ao contrabando do pau-brasil. Conforme sabemos o patrulhamento do litoral brasileiro exigiu a presença de custosas armadas que, consoante a versão mais divulgada, vinham defender uma terra cujo interesse comercial se reduzia ao extrativismo do pau-de-tinta. O contraste se torna mais impressionante quando o comércio daquele produto fora mercantilistamente cedido a particulares. Também aguardam a respectiva clarificação o porquê a atividade dos entrelopos não levou a uma guerra com a Espanha ou a França, a localização das vilas de Martim Afonso de Sousa em área onde não existia comercialmente o pau-brasil, e sobretudo, o recuo de D. João III no tocante à posse portuguesa do estuário do Prata. Também não nos parece satisfatória a dissociação dos acontecimentos ocorridos no Brasil, entre 1500 e 1534, dos sucessos contemporâneos, americanos ou europeus. Tal procedimento nos sugere uma deformação devida ao conceito ideológico de história nacional. A isto se acrescenta o critério distorcido que omite ou ignora que o achamento do Brasil em 1500 significou a sua integração compulsória na área dos objetivos mercantilistas. Entendidos estes últimos como os de Portugal e demais nações interessadas na busca e na posse exclusiva de produtos e metais preciosos, necessários à Europa Ocidental, então em processo de empolgamento colonial do mundo que se descobria ou explorava.

A Carta de Pero Vaz de Caminha, um Esboço de Programa Colonial

A Carta de Pero Vaz de Caminha, para citar apenas um documento bem conhecido e exaustivamente percorrido, contém no seu quase final um verdadeiro programa de sugestões aplicáveis ao Brasil. É um parágrafo altamente elucidativo, em perfeita consonância com o teor geral, do qual é fecho conclusivo absolutamente harmonioso. A importância se amplifica se observarmos que o Brasil então se descobria. Tal fato confere, assim, à Carta o seu legítimo caráter de documento colonial facilmente observável no seu relato geral e particularmente no trecho que a seguir transcrevemos. Assim é que na missiva do escrivão da futura feitoria de Calecute podemos ler o seguinte, em relação às possibilidades da terra descoberta: "Nela, até agora, não podemos saber que haja ouro, nem prata, nem coisa de metal ou ferro: nem lho vimos. Porém a terra em si é de muito bons ares, assim frios e temperados, como os de Entre Doiro e Minho, porque neste tempo de agora os achávamos como os de lá. Águas são muitas; infindas. E em tal maneira é graciosa que, querendo-a aproveitar, dar-se-á nela tudo, por bem das águas que tem. Porém, o melhor fruto que dela se pode tirar me parece que será salvar esta gente. E esta deve ser a principal semente que Vossa Alteza em ela deve lançar. E que aí não houvesse mais que ter aqui esta pousada para esta navegação de Calecute, isto bastaria. Quanto mais disposição para se nela cumprir e fazer o que Vossa Alteza tanto deseja, a saber, o acrescentamento da nossa santa fé".

Poucas vezes um resumo pode com tanta objetividade expor as diretrizes da expansão portuguesa. Ainda que o econômico, o político e o ideológico pareçam, à primeira vista, autônomos, uma análise mais detida do trecho acima transcrito e a sua respectiva integração na conceituação geral da Carta, a esta conferem sua real importância. É um testemunho impressionante do colonialismo mercantilista dos séculos XV e XVI com todas as suas implicações. Além disto, com a vantagem suplementar de se ligar diretamente ao Brasil. Assim é que, em perfeita coerência com outros parágrafos, Caminha traça um lúcido levantamento das potencialidades da terra descoberta, onde a informação concreta está fortemente ancorada em uma teoria colonizadora. Nesta o absolutismo e a ideologia religiosa, providencialista, antijudia e antimuçulmana cumprem a função de justificar as condicionantes do expansionismo lusitano. Chama atenção, primordialmente, a contradição básica da naturalidade com que o escrivão dispõe do achamento cabralino. As opções, que oferece ao *Venturoso,* são delineadas com a segurança de quem se considera co-proprietário e integrante da mesma empresa. É, aliás, um dos aspectos mais impressionantes da carta o se verificar de que modo, e até que ponto, o antigo funcionário da Casa da Moeda da cidade do Porto se achava imbuído da legitimidade da expansão colonial. Entendida esta última como o apropriamento dos recursos econômicos das terras descobertas, acompanhado da imposição compulsória do domínio político e ideológico de Portugal às gentes que nelas habitavam.

Do trecho que expusemos, pode-se concluir que Pero Vaz de Caminha sugere duas alternativas principais para a valorização colonial do Brasil que ele, já o dissemos antes, considera posse pacífica de Portugal. As duas opções, rigorosamente, não se excluem, apenas guardam entre si certa acronia. Por outro lado, coincidem com as diretrizes básicas dos interesses econômicos do expansionismo europeu e, particularmente, dos que norteavam a burguesia portuguesa. Assim é que, após constatar a aparente ausência de metais preciosos ou mesmo do aproveitamento do ferro, Caminha acena com as possibilidades agrícolas. Assentadas estas empiricamente na observação do clima, da pujança da *mata atlântica* e da boa rede irrigatória dos cursos de água da região da atual baia Cabrália. Sugestão agrícola em verdade, apoiada na anterior experiência já plenamente verificada na implantação da agro-indústria do açúcar nas ilhas portuguesas do oceano Atlântico. Sobretudo quando não escapou a quem escrevia o desconhecimento de metais e a estrutura rudimentar da economia indígena, incapaz, portanto, de sustentar um comércio como o africano e o asiático. Ao relato previdente e objetivo não falta uma terceira solução, imediatista e evidentemente mais modesta qual a de um ponto onde as naus da *carreira da Índia* pudessem fazer aguada. A tudo isto a conversão religiosa do aborígene confere o apoio ideológico, através do qual transparece o profundo etnocentrismo da carta. Não é demais recordar que a catequese já era também um recurso coroado de êxito aplicado na criação do reino do Congo, tão importante para o abastecimento do mercado negreiro. Por todos estes títulos, a leitura crítica da carta de Caminha é imprescindível para que possamos entender até que ponto o colonialismo português tinha diretrizes seguras. Mais ainda, ela nos ajuda a entender o intermezo pré-colonizador e sua subseqüente substituição pela empresa agro-industrial do açúcar. Tudo isto como preparação para o surgimento de uma economia complementar e dependente, criada pelo capital mercantil e sem raízes numa anterior experiência baseada no modo de produção do indígena.

América: Parte da Ásia, Obstáculo para a Ásia ou Novo Mundo?

O conceito finalista da História, profundamente ligado à ideologia do nacionalismo burguês do século XIX, continua a ser um obstáculo para a análise científica. No que tange a boa parte da historiografia luso-brasileira, que de tinta e papel gastos para provar a inexistência dos precursores não lusitanos de Cabral, o providencialismo de Tordesilhas, a intencionalidade no descobrimento de 1500... particularmente, no tocante aos feitos da expansão marítima portuguesa, grande parte dos estudos e pesquisas documentais se dedicam a destacar e divulgar a vocação apostólica de Portugal, a superioridade dos conhecimentos náuticos e geográficos dos portugueses em confronto com os competidores espanhóis, além de outros aspectos menores. Deixaram-se, conseqüentemente, em claro as características da empresa colonial lusitana, cujos objetivos estão longe de gozarem de uniformidade. Correspondendo aquela, como o procurou ser, a soluções diversas das contradições dos interesses econômicos e sociais de Portugal, teria necessariamente que se diferenciar. Este desdobramento dos expedientes colonizadores era estimulado também pela variedade das regiões econômicas com que o expansionismo lusitano se defrontava.

Assim pois, cabe lembrar e esclarecer até que ponto não é válido para Portugal o que se aplica comumente à Espanha. Referimo-nos às sucessivas conceituações geográficas da América a partir do seu descobrimento. Conceituações aliás profundamente ligadas à empresa mercantilista e não a um interesse científico autônomo. Tanto assim, que os espanhóis consideraram inicialmente a América como uma parte da Ásia, depois um obstáculo para alcançá-la. Recorde-se, a propósito, que o expansionismo luso-espanhol do século XVI era marcado por objetivos nítidos: o acesso direto às jazidas minerais ou aos centros produtores de especiarias e drogas. Não se trata, portanto, de um empreendimento científico destinado à revelação geográfica do mundo aos europeus e muito menos de espontaneísmo aventureiro. Assim sendo, as expedições ditas exploradoras destinadas aos litorais brasileiro e sul-americano se acham enquadradas na dupla finalidade de conhecer os recursos prováveis da terra e as possíveis ligações que ela possuía com a realidade asiática. É neste contexto geral que entendemos a fase exploratória que se desenvolve de 1500 a 1516.

Nada nos autoriza a afirmar que até aquela última data os portugueses conhecessem a extensão da América do Sul, sua continentalidade, contorno e, principalmente, a extensão do Pacífico. Este, como sabemos, já fora vislumbrado pelos portugueses na Ásia e pelos espanhóis no Panamá. Porém, sua real extensão aguardaria o feito de Fernando de Magalhães para então se verificar a enorme distância que separava a Ásia da América. Assim sendo, a exploração da costa brasileira, realizada a um tempo em que a Coroa empolgara firmemente a empresa expansionista, atendia a objetivos específicos ligados à realidade comercial afro-asiática da qual se buscavam indícios na América. E, através desta última, se desenhava a perspectiva de encontrar outro caminho para o Oriente, além do já conhecido roteiro do cabo de Boa Esperança. Naturalmente, as buscas portuguesas se faziam em menor escala do que as promovidas pela Espanha, o que é perfeitamente compreensível se admitirmos a posição primacial do seu competidor quanto às especiarias e drogas asiáticas. A chegada às Molucas em 1512 garantiu a Portugal incontestável supremacia comercial enquanto os espanhóis acumulavam decepções na medida em que a América só lhes oferecia populações nos estágios mesolítico e neolítico. Sem condições, portanto, para sustentarem um regular sistema de trocas já que não possuíam uma economia de excedentes. Fato que explica porque a agroindústria do açúcar foi introduzida tão prematuramente nas Antilhas, cujas reservas minerais se reduziam a modestas amostras de ouro de lavagem.

A nosso ver, portanto, se Portugal tinha uma via de acesso que o levava à realidade econômica asiática, nem por isso deixou de buscá-la também através da América. É neste contexto que compreendemos as expedições comumente apresentadas como apenas dirigidas ao Brasil, como se este já representasse uma unidade colonial com interesses singulares no mundo do expansionismo português. Parece-nos mais plausível o entender aquelas expedições como também ligadas aos objetivos de conhecer os recursos econômicos do Brasil e encontrar novas rotas para o Extremo Oriente. Assim sendo, não cabe destacar o contrabando espanhol do pau-brasil como uma violação unilateral do acordo de Tordesilhas, análise que também não se pode estender às diversas expedições castelhanas que visitaram o nosso litoral. Fatos idênticos nós os encontramos em relação a expedicionários lusitanos, inclusive recolhendo pau-brasil em área espanhola. Apenas o fizeram em menor proporção, circunstância que se deve, primordialmente, ao fato de que a coroa portuguesa se achava mais empenhada na empresa afro-asiática. Melhor nos parece, assim, apresentar toda aquela atividade exploradora luso-espanhola dentro do contexto da rivalidade mercantilista ibérica, em digno paralelo com busca mútua de informações sigilosas em ambas as cortes, tudo isto ligado a interesses de grupos partidários ou desfavoráveis a uma eventual união das monarquias ibéricas. Cremos ser esta a maneira mais correta de apresentar o período que antecede a 1516, quando a posição modesta do Brasil adquire características novas.

Sendo a organização estatal lusitana politicamente absolutista, não é de surpreender que o Brasil seja entregue por D. Manuel I à iniciativa de grupos comerciais. Caberiam a estes o ônus de uma empresa colonial duvidosa que em nada podia interessar a um poder firmemente apoiado nos interesses da nobreza e do clero. Por isso, coerente com a conceituação mercantilista, o *Venturoso* fez concessões ligadas ao pau-brasil a grupos comerciantes privilegiados. Além disso protegeu-os da concorrência do similar asiático e doou a Fernando de Noronha a Capitania Hereditária da Ilha de São João, em 1504. Repetiam-se, assim, de maneira incipiente no Brasil as duas formas de exploração colonial a que se ligara o grupo mercantil português: a exploração dos recursos naturais e a doação de terras com vista a uma eventual implantação de um sistema de produção.

No entanto, mesmo estes grupos privilegiados não conseguiram estabelecer uma exploração colonizadora semelhante à que se processava na África ou na Ásia. A prática do escambo encontrava a economia indígena em estágio pré-acumulativo, dificultando o comércio regular através do qual a burguesia portuguesa pudesse acumular lucros que constituiriam a base do seu capital. A implantação da agro-indústria do açúcar, florescente nas ilhas do oceano Atlântico exigia grandes investimentos, além de não interessar um aumento excessivo da produção açucareira comprometendo a daquelas áreas.

Os Deserdados de Adão

O Tratado de Tordesilhas representou a primeira grande quebra da posição exclusivista do *mar fechado,* através da qual o estado português procurou assegurar o monopólio comercial. É verdade que o ajuste de 1494 já fora precedido pela cessão das Canárias a Castela. Agora, no entanto, a partilha do mundo colonial, em processo de descobrimento, se fazia em pé de igualdade jurídica, em que pese o papel pioneiro de Portugal. Também sabemos que a significação daquela partilha foi, em parte, contornada ou corrigida pela emulação descobridora e pela intensa política de alianças luso-espanholas. Assim é que, de D. João II a D. Sebastião, sucedem-se os ajustes matrimoniais, as soluções dinásticas através das quais as duas nações se aproximam da unificação. Somente desta forma poder-se-ia garantir o monopólio ibérico ameaçado por outros países, onde a burguesia também ampliava seu poder econômico e político. É neste contexto que a presença de *entrelopos* franceses no litoral brasileiro deve ser entendida. O monopólio comercial ibérico passava agora a ser contestado pelos *deserdados de Adão,* os excluídos da partilha de 1494, dentre os quais, a França.

Disto não se apercebera, naquela data, Carlos VIII, então preocupado com os assuntos italianos e mediterrâneos. Puderam, assim, os negociadores dos soberanos ibéricos arbitrar a divisão baseada no famoso meridiano. Este último, mercê de várias interpretações que sofreu, terminou por se transformar em multiforme fantasma das relações internacionais, ainda que mencionado em 1529, na Capitulação de Saragoça e em outros documentos diplomáticos.

Na maior parte do século XVI, somente a França teve condições para contestar a partilha assentada em 1494, entre D. João II e os Reis Católicos. Nem sequer a Inglaterra podia fazê-lo, hesitante em sua política internacional. Assim é que se manteve em neutralidade, seja pelo problema escocês, seja pelo fraco potencial demográfico ou, principalmente, pela dependência da sua burguesia. Esta última mantinha relações simbióticas com a Flandres e com os Centros do Baixo Reno. Além disso, ligava-se comercialmente a Portugal e à Espanha, sendo que com esta última existiram fortes interesses dinásticos a ponderarem. Por isto, exceção feita das tentativas de encontrar passagens para o Oriente pelo Noroeste e Nordeste, a Inglaterra somente entrou em firme competição com os países ibéricos a partir do reinado de Isabel I. Isto ocorreu particularmente após o advento da União Ibérica e o desastre da *Invencível Armada.*

A França dos Valois, entretanto, tinha quatorze ou quinze milhões de habitantes, recursos naturais à altura de suas necessidades, dois litorais equivalendo às *duas Franças:* a atlântica e a mediterrânea. Sua burguesia mercantil e financeira estava em plena expansão.

As condições sócio-econômicas da França levaram Carlos VIII e seus sucessores a se preocuparem mais com as questões da Borgonha e da Itália do que com a internacionalização da economia francesa, como o solicitavam alguns influentes *gens d'affaires.* Continentalizando sua política econômica, voltando-se para o Mediterrâneo, os Valois vão concentrar na luta contra os Habsburgos e, por decorrência, nos eixos comerciais da Baixa Idade Média, seus melhores esforços. Atendiam, assim, aos interesses da aristocracia e de burgueses ligados àquelas áreas econômicas. Favoreceram, desta maneira, a França Mediterrânea em detrimento da França Atlântica.

Mas, nem por isso Tordesilhas deixou de ser um grande equívoco. Se Portugal e Espanha mantinham em fins do século XV o monopólio da *captura* dos novos caminhos que levariam a sofrega Europa Ocidental aos mananciais metálicos e de especiarias e drogas, era visível que seus êxitos notáveis seriam rapidamente absorvidos por outros Estados. Especialmente aqueles cuja estrutura sócio-econômica não dependia de uma modesta classe mercantil como os países ibéricos.

Indo mais adiante do que o próprio texto de Tordesilhas permitia, os soberanos signatários estabeleceram para dois terços do mundo o critério da *posse de direito* para as terras e do *mare clausum* para as rotas, exatamente quando a revolução comercial internacionalizava a economia européia, ávida de terras e de rotas.

Portugal e Espanha, sem dúvida, alinham-se entre os primeiros estados modernos a praticarem a diplomacia de contactos diretos como era a tônica na Europa pós-feudal. Não eram, porém, nações onde a burguesia houvesse alcançado o desenvolvimento que ocorria na França e, posteriormente alcançaria na Inglaterra. Isto para não citar áreas quase inteiramente burguesas como as províncias belgas, batavas e as repúblicas italianas.

A diplomacia cristã-ecumênica estava agonizante. A própria cobertura papal às etapas ibérico-ultramarinas não podia constituir mais um dado inquestionável, diante do nacionalismo que se desenvolvia. Os próprios papas aspiram à unificação da Itália sob sua égide. Soberanos temporais e chefes ideológicos, os pontífices entram na disputa geral empregando artifícios e expedientes em tudo assemelhados aos dos reis ou imperadores contemporâneos. Inocêncio VIII recebe em Roma Djem Sultão, irmão e rival de Bajazet, o senhor de Constantinopla. Com este, Alexandre VI mantém excelentes entendimentos diplomáticos, enquanto Júlio II não hesita em transferir a *dízima cruzada* para suas obras suntuárias. São dignos paralelos de Francisco I, *Rei Cristianíssimo e Primogênito de Cristo* que, obcecado pela campanha contra os Habsburgos, alia-se a Solimão, o *Magnífico,* cujas forças cercariam Viena em 1529. A aliança franco-otomana dirige-se contra Carlos V, *Imperador do Santo Império Romano Germânico, Rei Católico e Procurador de Cristo,* o qual tenta por meio de tributos pagos aos muçulmanos prejudicar o comércio francês no Mediterrâneo.

É preciso, portanto, ponderar até que ponto as expedições luso-espanholas merecem ainda a caracterização unilateral e ideológica de *cruzadas no mar.* E também verificar como o Papado se utilizou das conquistas e colonização ultramarinas pelos soberanos ibéricos, para compensarem, fora da Europa, o abalo que as exigências dos reis católicos, representando o nacionalismo que se firmava, a presença dos turcos e as insatisfações aristocráticas e burguesas, notórias na Reforma Protestante, lhe causavam no continente.

A evolução histórica das relações diplomáticas entre Portugal e a França, nas quatro primeiras décadas do século XVI, integra os componentes até aqui arrolados. Constituem, sem dúvida, o primeiro questionamento grave para Portugal no domínio das áreas que, por Tordesilhas, lhe pertenciam. Especialmente na parte ocidental do *mar Oceano,* o questionamento se torna mais grave depois do descobrimento e inclusão do Brasil no império colonial português.

Não se pode desvincular a crescente demanda de pau-brasil, que acelerou a vinda de contrabandistas e corsários ao nosso litoral, da expansão econômica e demográfica da Europa Ocidental nos séculos XV e XVI. Estes contrabandistas estavam ligados aos armadores da França Atlântica, em especial da Bretanha, recentemente (1499) incorporada à soberania dos Valois. Naturalmente, os reis de França não tinham interesse em provocar atritos com as burguesias bretã e normanda, importantes fornecedores de subsídios e de empréstimos. Daí os Valois não atenderem, até às últimas conseqüências, às reclamações portuguesas, comunicadas através das missões a cargo de João da Silveira, Antônio de Ataíde e Rui Fernandes. Todas as medidas práticas que delas resultaram – como as *Linhas de Paz e Amizade* (meridiano dos Açores ou Trópico de Câncer) ou o Tribunal de Presas de Bayonne – jamais extinguiram o tráfico ilícito ou impediram a eventual concessão de *cartas de marca*. Assim, o primarismo em que se encontravam então as convenções marítimas internacionais, o empirismo das soluções para as crises criadas pelo desrespeito a Tordesilhas, além dos interesses dos armadores e comerciantes franceses, tudo isto favorecia e acobertava a dubiedade das atitudes dos Valois.

No entanto, era importante para a política francesa a manutenção da neutralidade de Portugal no conflito com a Casa de Áustria. Lisboa era um centro comercial ponderante e, em que pese a ironia, valia a pena manter boas relações com o Rei da Pimenta ou *Rei Boticário* e com o seu sucessor. Portugal poderia, como ocorreu realmente, ser influente na política de expedientes que incluíam empréstimos e dotes matrimoniais. Explica-se, assim, que a violenta repressão de Cristóvão Jacques ou dos irmãos Sousas, jamais provocasse drástica contrapartida francesa e sim reclamações e intermináveis demandas judiciárias. Os contrabandistas, como ocorre com os espiões, mesmo quando merecem a proteção do Estado, sabem que não devem contar com defesa intransigente e a qualquer preço...

Os Valois só faziam, em política internacional, alguma coisa a qualquer preço quando nela estivessem em jogo os interesses da França Mediterrânea. Assim é que, embora havendo uma Concordata com Roma (1516), Francisco I não titubeou em assinar com os otomanos uma Capitulação de sentido econômico e politicamente anti-Habsburgo. Isto pode explicar, desde que seja associado às demais circunstâncias da política da França, o porquê do arrefecimento do apoio, mesmo oficioso, que os Valois davam aos *entrelopos* ligados ao pau-brasil, depois do Edito de Saint-Germain (1538). Notificava-se "ao som de trombetas e grito público" que ninguém fizesse viagem às ditas terras nem a outras descobertas pelos portugueses, pertencentes ao "caríssimo irmão e confederado" rei de Portugal...

Já então, o "caríssimo irmão" lusitano iniciara a colonização regular do Brasil temeroso de que o contacto comercial entre indígenas e contrabandistas franceses evoluísse para o domínio político. Não fora por acaso que os concorrentes dos portugueses no Brasil haviam sido apelidados de *mair,* isto é, transformador. O vocábulo tupi, evocando um velho herói civilizador, dá a medida das transformações e conseqüente criação de necessidades que se originaram do contacto franco-indígena. Ainda que não houvesse um plano colonizador sistemático atrás do contrabando, já existia a a brecha inicial a comprometer a posse portuguesa do Brasil.

México, Peru, Molucas e Brasil

A estada dos expedicionários de D. Nuno Manuel e de Cristóvão de Haro no Rio da Prata em 1514 ampliou o interesse mercantilista pelo Brasil. Dois anos depois, o português João Dias de Solis esteve na mesma região a serviço da Espanha. Buscava alcançar as Molucas, as ilhas das especiarias, através da América do Sul. Ambas as expedições recolheram no estuário platino a notícia de existência no interior da América do Sul de uma região rica em prata. A existência deste metal interessava grandemente a Portugal que o tinha como elemento de troca plenamente aceito na Ásia. Se a versão resultasse em verdade o mercantilismo europeu receberia um subsídio considerável. O metalismo, que então se desenvolvia, não continuaria limitado apenas às reservas de prata da Alemanha, da Áustria e da Espanha ou às minas africanas de ouro. A notícia interessava também aos espanhóis decepcionados com a avareza de metais preciosos na América, apesar do otimismo que presidira às pesquisas em regiões sonoramente nomeadas de Castilla de Oro e de Costa Rica. O descobrimento do Pacífico por Vasco Nunez de Balboa confirmara que a América era um obstáculo para a Ásia, separados os continentes pelo *Mar del Sur.* Enquanto isso a expansão comercial portuguesa no Oriente alcaçava o zênite, este aliás bem confirmado pelo prestígio comercial de Lisboa. Não era de surpreender que a Santa Sé, em contraste com a anterior política de Alexandre VI, cumulasse o *Venturoso* com excepcionais demonstrações de apreço e de benevolência...

Assim sendo, espanhóis e portugueses passam a considerar a América com certas esperanças metalistas. Em particular, o Brasil começa a merecer maior atenção do Estado português, até esta época mais interessado nos negócios ásio-africanos. Por sua vez, o grupo mercantil português, repetindo o que fizera antes nas ilhas do oceano Atlântico, se limitara à exploração dos recursos naturais, especialmente o pau-brasil. Sendo este uma atividade nômade e predatória somente alcançara a fundação de modestas e precárias feitorias comerciais, em tudo inferiores às que se erguiam, por exemplo, na África.

Entendemos, por tudo isto, que as medidas tomadas por D. Manuel I e por D. João III a partir de 1516 não podem ser atribuídas, com exclusividade, ao perigo da ação dos *entrelopos,* como se repete costumeiramente. Parece-nos que as razões na mudança da política colonial em relação ao Brasil resulta da soma dos seguintes fatores: violação da política do *mare clausum* pelos espanhóis e franceses, com a agravante de que estes intervinham na vida econômica indígena e assaltavam também as embarcações carregadas de especiarias e drogas, além do contrabando de pau-brasil; a necessidade de metais preciosos para as trocas na Ásia; o aumento do consumo de açúcar na Europa, favorecendo a possibilidade de produzi-lo no Brasil, imitando o expediente que os espanhóis já ensaiavam nas Antilhas e que já era uma produção importante nas ilhas portuguesas do Atlântico. A partir do ano de 1516 fundem-se num esboço de ação global, a ação estatal com a criação das *capitanias do mar* e a iniciativa burguesa nas mal conhecidas *capitanias de terra.*. Fusão de resto perfeitamente coerente uma vez que, desde o reinado do *Príncipe Perfeito,* a expansão portuguesa se fazia sob a égide do Estado, mas com larga iniciativa do grupo mercantil, que podia contar com capitais disponíveis, nacionais ou estrangeiros. Há, portanto, que associar a vinda das esquadras de guarda-costas à decisão de D. Manuel I de enviar ao Brasil, recursos para iniciar a agroindústria do açúcar. No mesmo contexto devem ser inseridos acontecimentos posteriores, tais que: o primeiro envio de açúcar brasileiro a Lisboa; os oferecimentos de Cristóvão Jacques e de outros para trazer povoadores para o Brasil; o contrato para a construção do primeiro engenho com que finaliza a missão colonizadora de Martim Afonso de Sousa, da qual a doação de capitanias, entre 1534 e 1536, é corolário natural.

A conquista do México veio conferir à América o interesse que, até então, esta não pudera despertar. São bem conhecidas as implicações econômicas e financeiras daquele acontecimento, para a Europa Ocidental e, em particular, para os domínios de Carlos V da Alemanha e Carlos I da Espanha. O imperador-rei passou a estimular a prática espanhola desenvolvida a partir de 1499, qual a de abrir a exploração americana à iniciativa de vários concessionários, limitando os privilégios das Capitulações de Santa Fé. O mundo colonial americano passa compulsoriamente a contribuir para facilitar soluções à difícil política daquele soberano na Europa. Por uma reação facilmente compreensível, a América e suas presumidas riquezas alcançaram uma projeção que o metalismo vigente estimulava e que a ignorância geográfica e geológica do Novo Mundo justificam. Assim se explica porque ao ceticismo e desânimo anteriores ao feito de Cortês se sucede a credulidade otimista, mal apoiada em dados científicos e que busca alicerces no mundo mítico que se diria delirante, se as necessidades do mercantilismo não fossem bem concretas.

Dois acontecimentos merecem relevo especial neste processo de valorização do Brasil. Referimo-nos, primeiramente, à nebulosa viagem de Aleixo Garcia, acompanhante de Solis e que alcançou as proximidades do Império Incaico. Há indícios de que desta entrada fazia parte Francisco Chaves, o infortunado guia da *entrada* de Cananéia em 1531. Ainda que obscura, a façanha de Aleixo Garcia foi suficiente para impressionar Sebastião Caboto em sua exploração do rio da Prata. Contemporaneamente, Francisco Pizarro e Diego de Almagro, partindo do Panamá, exploravam e reconheciam o litoral sul-americano recolhendo notícias seguras a respeito do Império Incaico.

Em segundo lugar devemos considerar os acontecimentos ocorridos em 1529. Neste ano, D. João III e Carlos V convieram em resolver o problema das Molucas, através da Capitulação de Saragoça. Por este instrumento diplomático, a Espanha desistia de seus alegados direitos àquele arquipélago em troca de uma indenização. Desta maneira, os espanhóis eram habilmente afastados da Ásia, onde apenas conservariam de importante o domínio das Filipinas. Portugal garantia, assim, a exclusividade do comércio das especiarias e das drogas, desalojava um rival perigoso e se assegurava do término da freqüência de expedições espanholas no litoral brasileiro e, conseqüentemente, do fim do contrabando castelhano do pau-brasil. Para Carlos V, o ajuste significava a possibilidade de um financiamento necessário à sua política européia, a saber: a coroar-se na Itália, atender ao problema da luta contra Francisco I, enfrentar a rebeldia dos príncipes alemães a propósito da Reforma e obstar a expansão turca. Esta, como sabemos, neste mesmo ano se concretizou com o cerco de Viena.

O outro acontecimento paralelo é o das capitulações concedidas por Carlos V, ainda em 1529, com Francisco Pizarro autorizando-o à conquista do Peru. Esperava-se deste novo feito compensações análogas, senão superiores, àquelas obtidas no Império Asteca.

Não é portanto de surpreender o paralelismo flagrante entre o início da conquista do Império Incaico e a partida da expedição de Martim Afonso de Sousa. Em nosso entender a expedição que iniciou a colonização regular do Brasil deve ser enquadrada nos objetivos do Mercantilismo. Sua dupla feição pode ser facilmente detectada no envio das duas entradas que investigaram as riquezas minerais e na colocação de marcos no estuário do Rio da Prata.

O interesse metalista, profundamente vinculado à empresa colonial na Ásia e à falta de recursos financeiros em Portugal, é ainda confirmado na localização das vilas de São Vicente e de Piratininga. Em segundo lugar, o contrato para construção de um engenho em São Vicente mostra, claramente, a presença e responsabilidade dos interesses do grupo mercantil português na colonização do Brasil. É neste contexto que entendemos as donatarias instituídas a partir de 1534. Longe de constituirem qualquer forma de regressão feudal, elas se incluem, insofismavelmente, na política econômica do mercantilismo através da qual se expandiam as anteriores experiências de produção açucareira. A implantação do sistema de doações de capitanias hereditárias e de sesmarias atuaram como forma de atração à iniciativa burguesa para a criação de um sistema de produção dependente e complementar da Europa. Ao mesmo tempo, povoando-se o Brasil haveria recursos econômicos e humanos para financiarem as buscas de metais preciosos necessários como apoio monetário à economia portuguesa em expansão.

Assim sendo, não entendemos porque continuar-se a atribuir tanta importância ao perigo representado pelo contrabando francês do pau-brasil, ignorando os demais componentes que antes assinalamos. E, muito menos, para explicar o início do povoamento e valorização do Brasil, quando as fundações de Martim Afonso de Sousa se fizeram em área não produtora da madeira tintorial. A prevalecer tal critério, as primeiras vilas brasileiras deveriam ter surgido no Nordeste, em particular em Pernambuco, onde o próprio Martim Afonso e seu irmão combateram os traficantes do *bois de Pernambuco.*

Por isso, destacamos neste trabalho a necessidade de reexaminar o período pré-colonizador à luz de novas conceituações. Em primeiro lugar, não podemos compreendê-lo sem um conhecimento prévio das características gerais e particulares do mercantilismo europeu na primeira metade do século XVI. Ao fazê-lo, há que não perder de vista os aspectos deste sistema econômico, em que pesem as divergências em assim classificá-lo, em Portugal, e as soluções singulares a que deu lugar.

Isto entendido, clarificam-se os interesses aristocráticos e burgueses e a projeção que os mesmos tiveram nos trinta primeiros anos da evolução histórica do Brasil. Só assim podemos alcançar a que contradições da sociedade portuguesa a colonização brasileira servia de solução. Como o grupo mercantil lusitano não estava isolado dos interesses de outras burguesias, notadamente da flamenga e da italiana, é necessário verificar qual a posição destes elementos estrangeiros em relação ao Brasil. Tal estudo tem que ser acompanhado do necessário cotejo com as relações internacionais contemporâneas. Esta integração econômico-diplomática tem a vantagem de corrigir regionalismos históricos inaceitáveis além de nos ajudar a analisar a disputa colonialista ligada à expansão européia na América. Esta disputa, há que repeti-lo, se associa intimamente à implantação de um sistema produtor dependente e complementar que foi a base econômica da nossa colonização. Esta última não pode ser dissociada da que se processou no resto do continente, em particular, na América Espanhola. Através deste estudo integrado, selecionando similitudes e diferenças podemos analisar e conceituar mais amplamente o nosso próprio desenvolvimento histórico. É assim, por exemplo, que entendemos o porquê do recuo de D. João III ao demarcar as donatarias a partir de 1534. Às razões apresentadas de que o fez devido às reclamações espanholas ou na esperança de que um ajuste do meridiano de Tordesilhas na América o autorizasse a receber de volta a indenização prometida, pelas Molucas, à Espanha acrescentamos a seguinte hipótese. Rigorosamente, em nada se perdia a perspectiva das riquezas peruanas, agora melhor localizadas. Assim sendo, o povoamento ligado aos núcleos a serem fundados pelos donatários seriam diversas pontas de lança em direção a um mesmo alvo. Não sendo bem conhecidas as áreas mineradoras da América do Sul e existindo a crença de que elas poderiam ser alcançadas no próprio Brasil, não há porque admitir no recuo das demarcações qualquer abandono dos interesses metalistas de Portugal. Eles lá estão, bem nítidos, nas recomendações aos donatários e futuros governadores do Estado do Brasil e na correspondência dessas autoridades com a Metrópole. Tanto assim que a primeira fundação de Buenos Aires, fechando o Prata como via de acesso ao Peru, não foi sentida em Lisboa, nem no Brasil, como uma perda irreparável.

*RAZÕES DA INDEPENDÊNCIA**

– *Como pode ser analisada a personalidade de Dom Pedro I?*

– Como uma figura fascinante. Muito inteligente, embora não muito culto, pois foi educado aqui no Brasil, numa época sem recursos. Muita sensibilidade, talentoso, um político hábil. A iniciativa da Independência, por exemplo, é testemunho da sua habilidade na defesa dos interesses que representava.

– *E quais eram esses interesses?*

– É preciso dividir a Independência do Brasil em dois planos: o plano da formação social brasileira e o da formação social portuguesa. Partindo do plano da formação social brasileira, Dom Pedro foi um dos elementos da independência e esteve integrado nela, não como uma figura isolada, mas como um representante de uma série de interesses. Particularmente, os de uma burguesia produtora, cuja expansão o mercantilismo sempre limitara, sobretudo através do pacto colonial; a partir da desagregação desse pacto colonial, isto é, da abertura dos portos, onde em verdade se consagra a sua obsolescência, essa burguesia adquire cada vez maior autonomia. Inclusive, de certa forma, participando do poder, quando a família real portuguesa se transfere para o Brasil, em 1808. Nesse caso, quando em Portugal ocorre uma revolução burguesa, com o projeto de reformular a estrutura econômica, política e mesmo a consciência social do país, a realização plena desse projeto revolucionário conduziria a formação social brasileira a uma nova intervenção política, determinando uma subordinação econômica. Exatamente contra a articulação de uma intervenção política para levar a uma subordinação econômica é que a burguesia produtora se levanta. Cabe a ela, não diria todo o projeto de independência, mas pelo menos a forma através da qual ele se fez prático.

---

* Entrevista concedida à revista *Veja*, publicada no nº 157 de 08 set. 1971, p. 3-5.

– *Quer dizer que sob o ponto de vista da formação social portuguesa dom Pedro I foi tido como traidor?*

– Não. Quando ele abdicou ao trono português (onde seria Pedro IV) em nome da filha, colocou uma cláusula segundo a qual, caso ajustes, como o do casamento de seu irmão dom Miguel, não funcionassem, a abdicação seria nula. Conseqüentemente, não se pode achar absurdo que houvesse também um projeto de futura união das coroas, já que o proclamador da Independência era também herdeiro de Portugal. E foi rei. Por pouco tempo, por poucos dias, mas foi.

– *Qual a importância da transferência da família real portuguesa para o Brasil?*

– Podemos estabelecer certas etapas no processo de tomada do poder e na criação de um Estado soberano pela burguesia produtora. De início, não há nele um projeto nítido de independência, mas de conservação da Unidade do Império Português, centrado no Brasil. Isto é, de que o centro hegemônico do Império Português fosse aquele que também já era o centro econômico. Nesse caso, a transferência da família real portuguesa para o Brasil seria o início de um processo que continuaria normalmente. Entretanto, devido ao processo revolucionário da burguesia portuguesa, era impossível que o centro hegemônico continuasse no Brasil, quando se desejava reestruturar toda a formação social portuguesa como centro hegemônico. Daí a exigência da volta da família real. O próprio dom João VI não foi estranho a esse projeto. A segunda etapa do processo seria aquela de manter-se a união com o mesmo soberano. A formação social brasileira não seria mais o centro político e hegemônico, mas o centro autônomo, o "reino unido" em pé de igualdade com a antiga metrópole, com o mesmo soberano. Como na realidade as contradições que haviam prejudicado esse projeto não permitiram então uma ruptura, em 1822 veio a independência política que consagrou politicamente uma independência econômica já alcançada em 1808.

– *E quais as circunstâncias da Proclamação da Independência propriamente dita?*

– Dom Pedro vinha de Santos para São Paulo e recebeu cartas da Regência, que estava no Rio, e documentos oficiais recém-chegados de Portugal. Esse documentos anulavam os atos de independência política, proclamada de fato desde o episódio do "Fico", a 9 de janeiro de 1822. A partir desse dia, o processo de cisão entre a formação social brasileira e a portuguesa tornou-se tão agudo, que era impossível uma conciliação. Várias medidas tomadas no período de 9 de janeiro a 7 de setembro indicavam a existência de um Estado soberano. Um exemplo disso foi a convocação dos procuradores gerais das províncias para uma Assembléia Constituinte, e documentos como o "Manifesto às Nações", espécie de sondagem do corpo diplomático, para testar a reação à independência. Depois do "Fico" ocorrido no Rio de Janeiro, capital política, dom Pedro foi a Minas e depois a São Paulo. O que indica que essas três províncias foram o móvel da independência. Nelas havia a chamada burguesia do sudeste. A independência, como se realizou, foi determinada pelo sudeste. O extremo norte só aderiu a ela em 1824 e nesse mesmo ano Pernambuco revoltou-se com a Confederação do Equador. Eu diria que dom Pedro representou melhor os interesses hegemônicos de uma burguesia do sudeste, sem contudo deixar de expressar também uma hegemonia burguesa geral.

– *Há alguma razão especial para a independência ter sido proclamada às margens do Ipiranga?*

– O que se chama Proclamação da Independência foi na verdade a comunicação das notícias, feita muito emotivamente por dom Pedro à sua comitiva e à sua guarda. Mas os verdadeiros motivos que o levaram a parar às margens do Ipiranga foram muito subjetivos e parecem-me difíceis de ser trazidos à luz, pois há uma censura consciente. Como Freud ainda não tinha nascido, é difícil saber exatamente.

– *E por que abdicou ao trono brasileiro?*

– Sua abdicação é o ponto em que culmina uma série de transformações ocorridas na formação social brasileira. A mais importante delas foram as pressões externas inglesas. Vivíamos um período de depressão e os produtos brasileiros eram sucessivamente desvalorizados no mercado externo. A própria unidade nacional, em termos de dominação das províncias do sudeste sobre as demais regiões, era muito contestada. E também influíram as preocupações e o descontentamento de dom Pedro com os negócios portugueses, pois seu irmão dom Miguel usurpara o trono de sua filha dona Maria. Quando renunciou à coroa portuguesa, dom Pedro dispôs que ela seria rainha, o irmão seria co-rei e ambos se casariam. Tanto que houve até os primeiros passos para as dispensas eclesiásticas do impedimento. Além desses fatores, deve-se levar em conta ainda a perda do Uruguai, fato que o desgastou diante da consciência política da época. A oposição dirigia-se especialmente contra a pessoa do soberano. Por isso, ele se retirou, isto é, afastou o objeto real sobre o qual caía uma oposição que ameaçava inclusive o próprio regime monárquico. E a oposição ficou desnorteada.

– *Para onde foi essa oposição desnorteada?*

– Os chamados moderados que sobem ao poder após a abdicação do imperador tentam garantir não só a estrutura da unidade política, a dominação do sudeste, mas também a própria estrutura monárquica do poder. Contra eles havia os que pretendiam a volta de dom Pedro, nunca autorizada por ele com um gesto mais evidente, e os que achavam necessárias algumas reformas políticas, concedendo, sobretudo, maior autonomia às regiões periféricas. São os que de certa forma conseguem uma vitória no Ato Adicional.

– *Depois que abdicou, o que pensava ele do Brasil?*

– Dom Pedro recusou a possibilidade de uma volta ao Brasil e reprovou todas as iniciativas nesse sentido. Mas, do ponto de vista biográfico, as menções que fez ao Brasil foram sempre carinhosas, como carinhosa e emotiva foi sua correspondência com a família. Nessas cartas, inclusive, ele não influía nas resoluções políticas. Há uma correspondência ativa, por exemplo, entre ele e José Bonifácio, tutor de seu filho, o futuro imperador dom Pedro II. Diante das agitações ocorridas no período em que o Brasil esperou por seu filho, politicamente regencial, uma intervenção ostensiva do soberano que tinha abdicado somente acirraria a oposição.

– *O ato da independência não lhe teria criado ao menos problemas em família?*

– Suponho que sim. Há uma correspondência com dom João VI onde ele faz questão de homenagear o pai soberano. Mas, de qualquer maneira, a sua jogada de ficar aqui foi um golpe político. Dom João percebeu claramente que a independência era uma questão de tempo e oportunidade. Deixando no Brasil o futuro herdeiro de Portugal, parecia ter uma esperança remota de uma futura reunião de coroas. Mas, no fundo, no fundo, alguns probleminhas devem ter surgido.

– *Não lhe parece que em torno da figura de dom Pedro há traços excessivos de romantismo?*

– É evidente que sim. E isso se deve em grande parte não só à sua figura física, extremamente romântica, mas também ao próprio anedotário que se teceu em torno dele. Dom Pedro ficou como o "Imperador Cavaleiro", porque se integrou muito dentro do espírito da época. Outras razões foram a sua ligação com a marquesa de Santos, desafiando todos os tabus, e o profundo carinho pelos filhos, sem distinguir legítimos de ilegítimos. A mesma atenção que dedicava aos filhos de dona Leopoldina e aos de sua segunda esposa, dona Maria Amélia, dava aos que tivera com a marquesa de Santos ou com a baronesa de Sorocaba. Essas facetas de sua figura romântica fascinaram muitas pessoas. Maria Graham, uma inglesa que foi preceptora de sua filha Maria da Glória, ficou tão encantada com ele, que escreveu um esboço biográfico, ressaltando-lhe a simplicidade. A corte portuguesa, por exemplo, transmitira à brasileira a etiqueta do beija-mão, ainda de ranço muito absolutista. Maria Graham conta que uma vez ela fez menção de beijar-lhe a mão e ele a repeliu, preferindo apertá-la e dizendo que "os ingleses fazem assim".

– *Como todos os bons românticos, ele era também um artista?*

– Um artista não trabalhado. Não diria que ele dominava o processo de produção estética. Tinha talento, mas não o domínio da técnica. De qualquer forma, era dono de uma grande sensibilidade. Chegou a compor, esculpir e escrever, inclusive trovas, com certa graça. Era quase um autodidata. Atribui-se a ele uma intervenção no "Hino da Independência" e o desenho da coroa de madeira que está sobre o túmulo da imperatriz Leopoldina, no monumento do Ipiranga. Parece também que esculpiu um auto-retrato em madeira. Deixou algumas trovas bastante fortes, amorosas, uma linguagem muito livre, não só ao gosto da época como ao de hoje. Apesar de todo esse "prafrentex", as trovas continuam pesadas e impublicáveis. Muitas delas foram escritas para a marquesa de Santos. Acho que ele estaria perfeitamente integrado numa linguagem de libertação sexual.

– *Que dizer que se ele vivesse hoje seria um homem atual?*

– Em certos pontos, sim. Pelo menos se o analisarmos à luz de todas as repressões da época, apesar de todo o respeito que devemos ter pela contribuição de José Bonifácio. Já foi feita uma análise de seu temperamento, mostrando-o muito aguerrido. Ele sempre respondeu aos seus detratores com uma linguagem que não fazia inveja à deles. Não tinha muita finura, mas a oposição também não tinha. Foi moderno, pelo menos no aspecto do diálogo político.

– *Havia em suas facetas pitorescas algum aspecto também atual?*

– Se a honestidade é uma virtude que se deve preservar, há um episódio para lembrarmos, ao menos como exemplo. Conta-se que uma vez dom Pedro resolveu verificar se os pesos e medidas usados no comércio estavam de acordo com os preceitos legais. Verificando a fraude em vários estabelecimentos, acabou levando para casa uma quantidade enorme de varas falsificadoras de medir tecidos. Esse fato, lamentavelmente, está esquecido, como outros um tanto ingênuos porém engraçados. Dizem, por exemplo, que ele gostava não só de montar a cavalo, como de guiar carruagens, embora fosse péssimo cocheiro. Chegou a sofrer um acidente e quebrar as costelas, machucando a filha e sua segunda esposa. Cerva vez escalou o Corcovado a cavalo, acompanhado de dona Leopoldina.

– *E os encontros furtivos com as escravas?*

– Na verdade, nem sempre tem havido escrúpulo documental no estudo da vida de dom Pedro. Após o centenário da independência, apareceram varias obras pseudo-históricas sobre ele. Biografias feitas nem sempre com muito cuidado, mas anedóticas no mau sentido. Nesse caso também se incluem alguns romances de gosto histórico, mas carentes de profundidade, como os de Paulo Setúbal. A biografia mais responsável de quantas existem é a de Otávio Tarquínio de Sousa, em três volumes. Entre as histórias narradas a seu respeito as lendas de encontros furtivos com escravas pareciam ter uma preferência especial. É verdade que em sua vida sentimental alguns episódios realmente acontecidos foram sugestão para tudo isso.

– *E quais foram esses episódios?*

– A vida sentimental de dom Pedro foi bem estudada por Rangel em "Dom Pedro e a Marquesa de Santos". É um livro extremamente erudito, muito bem informado; analisa, à luz da biografia, suas aventuras amorosas, especialmente as mais conhecidas. Segundo consta, ele não era homem de muitos pudores para ocultar sua vida íntima. Sua favorita, a marquesa de Santos, era a primeira dama da imperatriz. As outras aventuras foram passageiras. Mas é preciso que se diga: apesar delas, ele foi uma figura simpática, do agrado público. Sabia explorar muito bem as situações ao nível emocional. Apesar de no fim já ser bastante impopular, permaneceu ultimamente como um ídolo. Incontestavelmente, em termos de propaganda, ele foi o líder da independência, dentro de cujo projeto pode ser considerado "o grande ideólogo de uma independência dentro de um quadro de idéias liberais".

– *E qual a sua apreciação de dom Pedro como estadista?*

– Parece-me que dentro de um projeto onde existiam muitos compromissos com a formação social portuguesa é claro que a atuação política do soberano teria que ferir uma série de interesses, pois pretendia-se conciliar o inconciliável. E só poderia levantar, como levantou, a terrível oposição a ele. Se houve uma relativa união em torno da independência, contra medidas recolonizadoras, existiam, em compensação, assimetrias que explodiram, como foi o caso da Confederação do Equador. Não foi fácil ao sudeste, promotor da independência, manter sem resistências uma hegemonia que feria os interesses do nordeste. O nordeste era muito poderoso. Pernambuco alcançava o norte de Minas, era sua toda a margem esquerda do São Francisco, que só perdeu, como castigo, por causa da Confederação do Equador. Precisamos entender dom Pedro como o executor difícil de projetos que representavam contradições muito fortes.

*A INDEPENDÊNCIA DO BRASIL**

– De que maneira a historiografia tradicional descreve o processo de independência do Brasil?

– Nesta perspectiva, ela se baseia, essencialmente, numa independência realizada por personalidades: José Bonifácio, D. Pedro I, e, em posição secundária, Gonçalves Ledo, o Cônego Januário da Cunha Barbosa, em suma, as chamadas figuras da Independência. E, sobretudo, num mito de uma independência feita com relativa facilidade, na medida em que teria sido realizada, dentro desta maneira de ver, por estadistas realmente muito bem dotados, que a teriam conduzido num caminho de segurança, de relativa harmonia e com um mínimo de desgaste.

– *Que forças sociais participaram deste processo de emancipação? Qual delas deteve a hegemonia na sua condução?*

– Essencialmente, a classe dominante escravista como um todo, e, se nós quisermos analisar o bloco de classes no poder, eu diria, a classe dominante escravista e setores da burguesia comercial (em particular, a portuguesa, que era a dominante). Agora, nesta classe hegemônica escravista, essencialmente, os grupos que controlavam o aparelho do Estado no Sudeste. Em verdade, a independência foi realizada pelo Sudeste e ele impôs o seu modelo às demais regiões brasileiras. Uma independência realizada pelo Rio de Janeiro, São Paulo e Minas Gerais, que não era exatamente o projeto de libertação política, por exemplo, de Pernambuco, onde existia uma resistência à própria dominação do Rio de Janeiro. Ao lado da luta contra a dominação colonial portuguesa havia também outra, mais profunda, contra a supremacia do Rio de Janeiro.

– *Como se dava, realmente, essa relação de colonialismo interno, entre o Sudeste e o resto das províncias?*

* Entrevista concedida a Sergio Pechman. *Opinião,* Rio de Janeiro, nº 200, 03 set. 1976, p. 4-5.

– Sobretudo, no tocante à cobrança de impostos, quer dizer, numa má distribuição da divisão de rendas, onde havia uma acumulação de capital exatamente no sudeste. Daí, inclusive, a declaração dos confederados do Equador, em 1824, dizendo, que, tanto valia a pena ser colônia de Lisboa, como do Rio de Janeiro.

– *Pode-se dizer que a política adotada por D. João VI, desde a Abertura dos Portos, nunca assumiu um caráter eminentemente liberal, pois ela partia de uma perspectiva mercantilista?*

– Não. Eu tenho até um certo escrúpulo em falar em Estado Português no Brasil, porque eu parto do princípio de que o Estado que aqui se instala não era mais um Estado Português. E muito menos um Estado Absolutista típico. Na Formação Social Portuguesa, sob o efeito do *Reformismo Esclarecido* de Pombal, adotou-se uma política reformista, que pretendia evitar o pior, ou seja, a revolução. Pombal diminuiu muito os privilégios da classe feudal. Essa classe enquanto tal foi quase alijada, em termos gerais, do poder. E a burguesia, embora de maneira limitada, teve, evidentemente, acesso a parcelas do poder.

No reinado de D. Maria I, apesar de ainda muito restritas, as reformas prosseguiram, porque elas estavam, inclusive, digamos, articuladas a toda uma transformação revolucionária que ocorria na Europa Ocidental. Por exemplo, no reinado de D. Maria I, suprimiram-se, por lei, todas as isenções, todos os privilégios que a classe feudal ainda tinha em relação à jurisdição de suas terras. Os donatários em Portugal, quer dizer, os donos de senhorios (não de capitanias hereditárias) perderam totalmente as funções que tinham antes. Essas terras feudais passaram a ser, todas elas, subordinadas à jurisdição geral do Reino.

Com a pressão da Revolução Francesa, houve reformas, inclusive, algumas que até contrariavam o próprio monopólio colonial, como, por exemplo, permitir que navios ingleses tivessem acesso ao Brasil e o caso da autorização de comércio direto entre Londres e o Rio de Janeiro, em 1801. Claro, era um efeito, evidentemente, de uma conjuntura de luta, mas de qualquer forma, este Estado Absolutista estava se negando aos poucos.

E no Brasil, então, esta negação se acentuou. Negou-se o exclusivismo da religião oficial, quando se permitiu o livre culto aos ingleses. Houve o compromisso de que não se implantaria a Inquisição no Brasil, um tribunal ligado ao aparelho ideológico do Estado. Autorizou-se a entrada de estrangeiros, que eles tivessem direito à propriedade, organizou-se a imprensa, enfim, embora o Estado continuasse sendo uma estrutura que oficialmente se reconhecia como absolutista, nela houve uma série de efeitos pertinentes à presença de uma ideologia burguesa.

Quer dizer, é o que se chama de Estado Transicional: um Estado que, formalmente, ainda mantém elementos jurídico-políticos absolutistas, mas, em verdade, já se assenta numa estrutura que não é mais feudal e sim escravista, onde há uma penetração de elementos capitalistas muito fortes, sobretudo a partir da Abertura dos Portos. Nesse caso, essa superestrutura jurídico-política cada vez menos se adequava ao projeto absolutista deste Estado.

A Formação Social Brasileira recebeu, assim, o estatuto de um Estado soberano, com um aparelho de Estado a isso conseqüente. Havia no Rio uma representação de corpo diplomático e outros elementos que caracterizam o que acabamos de afirmar. Ora, para D. João VI, os elementos que temiam a independência e o bloco dominante no poder, o ideal seria evitar o rompimento da unidade do Reino Unido. Para isso, as Cortes Constituintes deveriam se localizar no Rio. Ou, então, que fossem elaboradas duas constituições, onde seriam respeitadas as peculiaridades de cada um dos Estados, que permaneceriam unidos por União Real, sob essas duas constituições, como dois reinos autonômos articulados pela autoridade do mesmo soberano, ou seja, D. João VI.

– *Como se explica que D. Pedro tenha feito a Independência, considerando-se que ele estava ligado a interesses portugueses aqui no Brasil, e a interesses recolonizadores em Portugal? Que papel teria ele desempenhado na realização da Independência?*

– Na minha opinião, a Independência se realizou muito mais contra as Cortes, quer dizer, contra os projetos de recolonização das Cortes, onde eles, inclusive, significavam a própria destruição de um patrimônio de família. A perspectiva de D. Pedro I, em termos de uma ideologia monárquica, eu acho muito coerente. Aliás, ele não fez mais do que seguir, de certa maneira, o conselho do pai. Quando D. João deixou o Brasil e o indicou como Príncipe Regente do Reino do Brasil, recomendando inclusive que no caso de uma separação antes fosse para ele que o respeitaria, significava apenas o seguinte: que se conservava do Mundo Português a sua parte mais importante.

Entendendo que D. Pedro seria o futuro Rei de Portugal, depois da morte de D. João VI, é bem coerente que ele tivesse conservado a parte mais importante da sua herança. E você sabe que, em 1826, quando D. João VI morreu, D. Pedro foi aclamado rei de Portugal por um curto período, como D. Pedro IV. E, quando ele abdicou em nome de sua filha, o fez de maneira estranha, porque a abdicação contém a cláusula de que, modificando-se aquilo que estava estabelecido, inclusive o casamento dela com o tio D. Miguel, essa abdicação seria anulada. Quer dizer, D. Pedro nunca deixou de ser, de fato, também um Rei de Portugal. Apenas que, para evitar maiores conflitos no Brasil e mesmo em Portugal, nos setores absolutistas que a ele se opunham, usou deste artifício na abdicação em nome de uma filha menor, mas que, na realidade, seria evidentemente representada por ele.

Tanto assim foi, que ele até retomou o trono ao irmão, para entregá-lo à filha, depois, D. Maria II de Portugal. Quanto ao papel desempenhado por D. Pedro, me parece muito coerente, dentro da perspectiva de um príncipe. Quer dizer, perfeitamente lúcido em relação à sua herança dinástica. Mesmo porque havia a América espanhola, para mostrar exatamente, o resultado de uma atitude demasiado intransigente. A grande virtude de D. Pedro e daqueles que o assessoravam foi a de saber o momento oportuno em que era necessário romper com uma ligação política que ameaçava todo um patrimônio dinástico.

– Como se explica que a classe dos senhores de terra e escravos tenha concordado com a centralização política que se seguiu à Independência, sabendo-se que todos os seus privilégios haviam sido adquiridos numa ordem política descentralizadora?

– Quanto à descentralização, acho um pouco duvidoso, porque, em verdade a partir do século XIII, o que existe é um processo gradual de centralização. As capitanias hereditárias foram suprimidas, o próprio Estado do Grão-Pará e Maranhão também, quer dizer, passou a haver apenas o Estado do Brasil. A autoridade dos vice-reis do Rio de Janeiro era muito mais eficaz do que o fora, antes, na Bahia, e, sobretudo, a perspectiva do reformismo de Pombal é toda ela de centralização. O Sudeste, que já era, realmente, o centro político, a partir de 1763, só se reforçou, quando também se tornou a sede da Monarquia Portuguesa.

Me parece, ao contrário, que a presença atuante de um Estado, com uma estrutura muito mais complexa, dotada de organismos de alto nível para exercer suas práticas coatoras, exatamente, diminuiu muito aquele direito costumeiro, isto é, aquelas práticas, digamos assim, que o Estado não reconhecia legalmente, mas aceitava. Tal é o caso da autonomia dos grandes proprietários, que vai aos poucos sendo mais ou menos limitada. Acho que esse aparelho do Estado no Rio de Janeiro diminuiu esse processo de descentralização oficial e o que, às vezes ocorria, sobretudo, quando havia proprietários de terras suficientemente poderosos para desafiarem – como no século XVII e mesmo no século XVIII – as autoridades constituídas, os representantes do rei de Portugal. Mas somente nos séculos XVII e XVIII, e não mais. O que eles fazem, isso sim, é se associar ao poder. Eles podem agir de uma maneira discricionária, mas, agora, já dentro do aparelho do Estado, que a legitima.

– E a burocracia imperial, qual o grau de autonomia que ela tem em relação ao aparelho do Estado?

– Bem, autonomia em relação ao bloco de classes no poder, na medida em que o aparelho do Estado tem uma autonomia. Ele, em verdade, é autônomo, na medida em que, os interesses que contrariem a perspectiva geral do bloco no poder, esses podem ser, evidentemente, limitados. Agora, eles já não eram tão contraditórios com os da grande classe proprietária, que D. João tinha associado, de certa maneira, ao poder, e até intitulado. Além disso, há um detalhe: a centralização visava, exatamente, reforçar o setor poderoso, que a partir da Independência teve apenas que prosseguir uma luta para submeter esses últimos resquícios de autonomia das áreas provinciais, de maneira a se formar o setor mais importante da classe mais importante. Quer dizer, de 1824 (Confederação do Equador) a 1848 (Praieira), o que existe é uma luta do centro contra as veleidades autonomistas da periferia, que acabam sendo dominadas.

– *De que maneira as condições estruturais da época explicariam o paradoxo da posição de José Bonifácio, portador de idéias avançadas em termos econômicos e de idéias conservadoras em termos políticos?*

– Bem, quanto às idéias muito avançadas em termos econômicos, eu não sei, porque, me parece que o José Bonifácio tinha uma perspectiva até bastante moderada neste sentido. Eu não conheço nenhum projeto mais audacioso que se pudesse dizer que fosse um rompimento...

– *Mas ele não era contra a escravidão?*

– Ele era contra a escravidão sim, como qualquer bom intelectual de formação iluminista, inclusive chegou até a fazer projetos neste sentido. Mas daí a romper com a ordem estabelecida, não. Essa é uma posição, evidentemente, ideológica, muito coerente com a época. Mas uma escravidão que seria abolida aos poucos. Ele próprio possuía escravos. A abolição para ele, ficava situada em um critério, que, repousaria, de um lado, sobre a própria iniciativa particular, digamos, conquistada à justiça da causa, e do outro lado, de um Estado, que, coerente com esta posição, então, legitimaria esta abolição. Porque devia, inicialmente, como primeiro passo, abolir o tráfico. Não se esquecendo nunca, que, atrás disso, existia, também, o capitalismo inglês pressionado.

– *De que maneira os fatores externos que influíram no processo de Independência se entrelaçam com os internos, configurando um único processo histórico de transformação?*

Bem, em verdade, a Independência do Brasil se articula a toda uma crise de uma ideologia reacionária, que começa, realmente, a ser contestada claramente, em termos europeus, na reação contra a Santa Aliança, e, na América, pelos movimentos de independência. Me parece, que, existe realmente, um triunfo das práticas organizadas sob a dominância de uma ideologia nacionalista-liberal, que não somente se firmam nas áreas já desenvolvidas capitalisticamente, como naquelas que a elas estão subordinadas, como é o caso da América. Assim, não se pode dissociar, por exemplo, o processo de independência de uma articulação cada vez maior desta economia escravista, que também já começa a ser permeada por elementos capitalistas, aos grandes centros capitalistas, onde existia uma reação violenta da burguesia contra a restauração aristocrática promovida pelo Congresso de Viena e pela Santa Aliança. Veja você, que a Independência do Brasil é contemporânea de movimentos liberais em Portugal, na Espanha, da Independência grega, e da consolidação da Independência da América espanhola. Quando a Família Real Portuguesa chegou ao Brasil havia somente dois países soberanos na América, Estados Unidos e Haiti.

– *A historiografia tradicional afirma que o processo de Independência do Brasil, ao contrário do ocorrido no resto da América Latina, transcorreu pacificamente. Como se deu, na verdade, a Independência nas principais províncias do país?*

– Me parece que isso, inclusive, é objeto de estudos do professor José Honório Rodrigues, que procurou, exatamente, criticar e colocar no seu lugar essa versão tradicional. Em verdade, em termos militares, a guerra de independência foi relativamente curta. Mas há que entender que, se havia uma luta contra os remanescentes da dominação militar portuguesa, na Bahia, havia também uma luta para impor um modelo de independência que mantivesse a própria unidade, que tinha como principal fiel a própria hegemonia do Sudeste. Então, são duas lutas. E neste caso, militarmente, não se pode dizer que tenha sido uma independência incruenta, mesmo se considerarmos o aspecto puramente da Guerra da Independência, onde houve baixas, houve sangue, para dizer mais claramente. E, além disso, a consolidação dessa Independência, nos termos do modelo em que ela se impunha, também não foi tão pacífica assim.

– *Em que medida o processo de Independência no Nordeste, ao contrário do ocorrido no Rio de Janeiro, assumiu um caráter predominantemente social, e não apenas político? O problema da escravidão é questionado por algumas das conjurações pela Independência?*

– Em verdade, não houve conjurações pela Independência no Nordeste neste período. Houve a Revolução de 1817 e uma segunda revolução em 1824, a Confederação do Equador. Na de 17, fica muito claro que, tal como José Bonifácio, os revolucionários eram contrários, em termos ideológicos, à escravidão. Em 1824, Manuel de Carvalho Paes de Andrade, em Pernambuco, exatamente, para ver se conseguia o apoio externo, proibiu o tráfico negreiro. Mas, não conheço nenhum projeto do governo revolucionário de Pernambuco – que aliás foi muito curto – para eliminar a escravidão. O problema de escravidão era tido como uma questão a ser resolvida, todos concordavam, mas discordavam, apenas, da oportunidade e da maneira de.

REFORMAS NA AMÉRICA LATINA*

A grande Depressão de 1929 determinou mudanças que reestruturaram, na conjuntura, as práticas capitalistas nas formações sociais que se organizavam sob a sua dominância. Ao contrário dos prognósticos dos que as julgavam próximas do fim, baseados em uma análise econômico-mecanicista, elas emergiram mais fortes, na medida em que a crise fortalecera os grandes monopólios que absorveram os seus competidores mais débeis. Tanto assim que o sistema capitalista pôde se reproduzir apelando para soluções próprias, geralmente resumidas em uma mudança ostensiva do papel interventor do Estado. Esta transformação pode ser realizada na medida em que os setores burgueses, ameaçados na sua sobrevivência, foram forçados a minimizar suas oposições de interesses para garantirem a hegemonia de que desfrutavam. Assim postulado, o reformismo pós-depressão adquire uma configuração mais compreensível, mesmo naquilo que aparentemente representava concessões revolucionárias, a saber maior participação do proletariado urbano ou rural ao nível das decisões políticas.

Essas reformas, destinadas a enfrentar a crise, efetuaram-se sob a dominância de uma ideologia nacionalista a que não escaparam as formações sociais soviéticas, conforme o têm demonstrado estudos recentes sobre as práticas stalinistas. Naturalmente, a presença de componentes do universo ideológico pequeno-burguês, notadamente nas práticas fascistas, não significa que esse nacionalismo não servisse perfeitamente à burguesia que reinterpretou a perspectiva dos que o produziram para colocá-lo em execução a serviço dos seus interesses.

Nos Estados Unidos, onde o New Deal do presidente Roosevelt chegou a merecer de alguns opositores, equivocados ou de má-fé, a acusação de constituir um ensaio socializante, as normas e práticas do nacionalismo

* Publicado em *Ensaios de Opinião*, Getúlio Vargas, Rio de Janeiro, 1975, p. 32-5.

estatal mantiveram a hegemonia dos grandes grupos econômicos e financeiros. O fato de esses mesmos grupos haverem terminado por impor limites ao intervencionismo significou um ajuste final a um projeto que havia cumprido a sua função prioritária de fazer sobreviver o sistema capitalista.

No plano das relações exteriores, o isolacionismo foi a prática coerente que assumiu o nacionalismo norte-americano. Ao não assumir compromissos com a Europa, debilitada e em processo de dependência por efeito das mudanças do pós-guerra, os Estados Unidos favoreciam o declínio de eventuais competidores e concentravam suas forças na reestruturação interna e naquelas áreas articuladas aos seus interesses e cuja manutenção e aumento de sua hegemonia constituíam-se como meta prioritária. Estas áreas eram o Extremo Oriente e, sobretudo, a América Latina.

Nesta última, a posição norte-americana se fortaleceu devido à retração do centro consumidor europeu e pela não-repatriação dos investimentos ou por uma cobrança das dívidas externas. Ao contrário, os fornecimentos de crédito não sofreram diminuição sensível e os investimentos ianques puderam se articular aos da burguesia local sem dificuldades mais profundas, exceção feita ao México na etapa que antecedeu à Segunda Guerra Mundial. Esse conflito, maiormente depois de que nele participaram os Estados Unidos, fortaleceu a posição desses últimos, então valorizados como clientes principais e quase absolutos para os mercados latino-americanos.

As transformações que se verificaram na América Latina entre as duas crises do mundo capitalista e que se manifestaram na Grande Depressão de 1929 e na Segunda Guerra Mundial (1939-45) também se puseram em prática sob a dominância da ideologia nacionalista na organização de seus programas de ação. Também nas formações sociais latino-americanas o fortalecimento das práticas dirigistas do Estado, a serviço da emancipação econômica em moldes capitalistas, teve particular importância. No entanto, há que se considerar que, mesmo quando organizados dentro dos princípios liberais burgueses, aqueles Estados as haviam posto em prática, sob pressões diversas, sob a forma de autoritarismo nem sempre apenas conjuntural. A marginalização econômica e política da maior parte dos produtores diretos reduzia as oposições aos setores burgueses ou pequeno-burgueses, com os quais não existiam contradições de monta, mas apenas formas de conflitos de interesses que não alcançavam uma profundidade estrutural.

De uma forma geral, o Estado na América Latina interveio para fortalecer as formas de capitalismo nacional cujo êxito relativo, na etapa em que as estudamos, dependeu também da conjuntura internacional. Basicamente, pode-se afirmar que o dirigismo estatal nunca teve como tarefa prioritária o desaparecimento da propriedade e da iniciativa privadas. Portanto, em que pesem as violências particulares aos processos reformistas e às resistências que provocou, os seus projetos se inscreviam na perspectiva das transformações dentro da perspectiva do capitalismo de Estado, o quanto o podiam aspirar estruturas econômicas subordinadas aos centros capitalistas dominantes.

Na tarefa de proporcionar maior participação nas riquezas produzidas, nas formações sociais latino-americanas, o Estado buscou fortalecer a burguesia nacional e garantir um suporte populista que representassem um respaldo suficientemente seguro para enfrentar as mudanças no esquema subordinação-dominância que constituía a forma fundamental de articulação dessas estruturas sociais com o capitalismo monopolista. Mesmo a opção da abertura de relações comerciais com a União Soviética e a tolerância eventual de que gozaram os PCs ou dos que se filiavam aos princípios do trotskismo, nunca foram suficientemente fortes para conduzir as práticas reformistas ao socialismo. A análise dos programas dos PCs latino-americanos revela claramente como o projeto stalinista do socialismo em um só país tivera como efeito a subordinação local ao nacionalismo que, em última instância, fortalecia o capitalismo, em geral e particularmente.

O Estado capitalista na América Latina modificou a correlação das forças que o controlavam na medida em que os imperativos das novas exigências nacionalistas impunham o rompimento com as velhas estruturas, notadamente as agrárias e que os projetos de industrialização forçavam o Estado a fortalecer os setores burgueses com eles identificados. Porém, onde a posição do novo Estado se manifestou com maior evidência foi no assumir a tarefa de empreender o controle das atividades de produção de bens de capital e de regulamentar a entrada de investimentos externos e as remessas de capital para o exterior. Isso impôs a concessão de maior presença política popular, quase sempre organizada em sindicatos onde as formas de organização previam o controle governamental eficiente. À manipulação dessas forças arregimentadas cumpria também a tarefa de conter as demasias da oposição representada pelos grandes setores latifundiários ou pelos industriais fortemente vinculados aos interesses capitalistas externos, com os quais pretendiam um entendimento direto sem a ingerência do Estado onde também se representavam os defensores do capitalismo nacional.

Dentro das suas novas funções, o Estado desenvolveu as práticas do intervencionismo que o levaram a ampliar os organismos executivos, sobretudo as autarquias, e a organizar os planejamentos econômicos e financeiros em escala nacional e regional. Estreitamente articuladas a essas práticas, executaram-se outras de politização que variaram desde a formação de partidos, com maior ou menor ideologia personalista, à inexistência dos mesmos. No México, em que pese a importância de Lázaro Cárdenas

(1934-40), as práticas ideológicas do Partido Revolucionário Institucional, que substituíra o antigo Partido Nacional Revolucionário, mantiveram a tônica populista fortemente dominada pelos princípios de oposição ao capital estrangeiro. Na Argentina, os princípios da ideologia justicialista se impuseram em estreita vinculação com a interpretação carismática da liderança peronista, em particular o representativismo de Perón como líder do proletariado e o assistencialismo de Eva Perón. No caso do Brasil, os princípios ideológicos do Estado Novo prescindiram da organização partidária, tendo mesmo como diretriz decretado a supressão das agremiações político-partidárias. Em verdade, tratando-se de uma ideologia em formação, anticomunista essencialmente, mas hesitante em se filiar abertamente ao fascismo, como o pretendia a ação integralista, teve que adotar práticas de valorização de Vargas, em termos pessoais. Somente quando da queda deste último em 1945 é que já se haviam definido as linhas da ideologia trabalhista que então foram capacitadas a organizar suas práticas no então fundado Partido Trabalhista Brasileiro.

Na Revolução Mexicana, em cuja produção agiram antecedentes populares e populistas, os segundos terminaram por se impor ao espontaneísmo dos primeiros, conferindo-lhes uma gradual subordinação aos princípios burgueses que terminaram por dominar e conduzir as práticas reformistas. A luta contra os monopólios estrangeiros teve como efeito uma radicalização que sucedeu àquela que investiu na etapa inicial da revolução contra a burguesia latifundiária.

Essa radicalização condensou os elementos heterogêneos que se articulavam em grupos portadores de programas de profundidade desigual tanto na sua perspectiva das formas de propriedade da terra, como na exploração das riquezas minerais ou no desenvolvimento das unidades de produção industriais. A pressão do capitalismo monopolista, sobretudo o dos grupos econômicos e financeiros norte-americanos e ingleses, conferiu certa unidade de forças aos setores mexicanos em luta, sobretudo quando, para efeitos de propaganda, a Revolução Mexicana era simplificada como uma manobra comunista.

Mesmo líderes agraristas, como Zapata e Villa não questionaram o sistema capitalista como estrutura total, mas sim a exploração de que eram vítimas os representantes da massa camponesa. Ambos apoiaram o reformismo burguês de Madero, na medida em que este se propunha resolver capitalisticamente o problema da terra.

O primeiro, em seu projeto de reforma agrária, pretendia revigorar a propriedade comunal, o ejido, que se havia mantido apesar das modificações determinadas pela sua subordinação ao mercantilismo colonialista espanhol e, posteriormente, ao capitalismo liberal e depois ao monopolista. Quanto a

Villa, as práticas que pretendia em relação à propriedade da terra se inscriviam na concepção burguesa da reforma agrária com a individualização do uso pleno da terra. Dessa forma, sob a dominância de uma perspectiva ideológica de um capitalismo nacional, as reformas efetuadas no México puderam ser contidas naquele modelo. Assim se explicam as diversas repartições de terras e mesmo a manutenção formal do ejido, na medida em que não perturbavam o crescimento das relações de produção capitalistas.

A nacionalização do solo e do subsolo, das ferrovias e dos recursos naturais serviu de suporte a um desenvolvimento capitalista no México e do qual o saldo mais promissor é a implantação de indústrias. No entanto, passada a fase de radicalismo nacionalista, fortaleceram-se gradualmente as articulações da estrutura produtiva mexicana com os centros capitalistas mundiais, principalmente com os Estados Unidos. Os investimentos, a tecnologia, os créditos externos voltaram a ser bem acolhidos pela burguesia mexicana, cujos propósitos se expressam no programa do Partido Revolucionário Institucional.

A presidência de Lázaro Cárdenas representou a institucionalização da Revolução Mexicana e o recuo conjuntural dos grupos de pressão externos e dos que os representavam internamente. Devido à oposição norte-americana, o problema das nacionalizações no México repercutiu ao nível das relações entre os dois governos. No entanto, a conjuntura internacional favoreceu a mudança da posição intransigente de Washington, inclusive pelo temor de que uma pressão violenta sobre o México viesse a favorecer o radicalismo de esquerda, ainda que o Partido Comunista Mexicano não representasse um perigo tão real e que, entre 1930 e 1942, o México e a União Soviética não mantivessem relações diplomáticas. Atitudes de independência, tais como a de receber os revolucionários espanhóis, se eram um sintoma de autonomia diante do fascismo, não caracterizavam uma tendência para a esquerda em termos de práticas estatais dominantes. O mesmo se pode dizer quanto à concessão de asilo político a Trotsky.

O reconhecimento das nacionalizações mexicanas e a abertura comercial determinada pela Segunda Guerra Mundial favoreceram a normalização dos entendimentos entre os governos mexicano e dos Estados Unidos. Como efeito disso o México apoiou decisivamente os norte-americanos em luta contra o eixo, inclusive também declarando guerra às potências nazi-fascistas.

Na Argentina, a ideologia justicialista cumpriu a tarefa de arregimentar, sob a dominância do nacionalismo, as novas forças contra a dominância dos proprietários da terra e controladores da carne e do trigo. Diferente do que ocorrera no México, a vitória de Perón não teve a antecedê-la lideranças populares do porte de Emiliano Zapata ou de Pancho Villa. Além disso, em que pese o agrarismo da sua estrutura econômica, a concentração do proletariado urbano em Buenos Aires facilitou a mobilização do operariado já afeito às práticas agremiacionistas desde os fins do século passado. Como dirigente da Secretaria de Estado do Trabalho e da Previdência Social, Perón pôde entrar em contato com os operários, cujas necessidades procurou satisfazer. Posteriormente, ele buscou estender a sua influência aos trabalhadores do campo, embora com menor êxito do que obteve junto ao proletariado urbano, que se constituiu no suporte mais estável do peronismo.

Dentro da sua concepção do papel intervencionista do Estado, os peronistas preconizavam o desenvolvimento da industrialização com base no capital nacional e a participação política e econômica do proletariado sob a direção da CGT. Um capitalismo de Estado, portanto, cuja ação se executava através de planos qüinqüenais, da concessão de créditos à empresa privada, a instalação e o favorecimento da indústria pesada, a nacionalização de empresas estrangeiras, do Banco Central, além da instalação do Instituto Argentino de Promoção do Intercâmbio. O Estado buscou a transferência de capitais dos setores agrários para o industrial, não somente para atender ao seu programa econômico de autonomia argentina, como também porque o aumento do operariado representava o alargamento da sua base de manobras políticas.

No entanto, em que pesem as ostensivas práticas populistas, o peronismo não podia prescindir de outros suportes que buscou entre os militares e na Igreja, além, naturalmente, dos setores industriais e pequeno-burgueses.

Diferente da Revolução Mexicana, o nacionalismo peronista se beneficiou dos resultados da neutralidade mantida até quase o fim da Segunda Guerra Mundial e de reservas que se acumularam devido aos bons preços da carne e do trigo. Na etapa que sucedeu imediatamente ao término da luta, as necessidades mundiais daqueles gêneros argentinos mantiveram o clima de euforia fortemente explorado pelos órgãos de comunicação, sobretudo a mudança da Argentina de se haver transformado em nação credora e fornecedora de recursos financeiros.

A orientação nacionalista que o peronismo desejava imprimir às práticas capitalistas na Argentina também produziu, no âmbito da sua representação ao nível das relações exteriores, um projeto de neutralismo, este último entendido como o efeito do fortalecimento da pretendida autonomia. Os conflitos com os Estados Unidos, que o acusavam de favorecer o eixo, tiveram como resultado, através de uma hábil manipulação da ideologia nacional, o aumento da popularidade de Perón. Em sua primeira fase de governo deu-se realce às posições ostensivamente anti-ianques, inclusive nas reuniões pan-americanas. Além disso, para marcar a sua independência, o governo argentino recebeu uma delegação soviética e celebrou com a Espanha um acordo ambicioso que aparentemente vinha em socorro do regime franquista, bastante desprestigiado pela recente derrota do eixo. Em termos de América Latina, Perón idealizou a formação de um bloco latino que não alcançou êxito na medida em que a liderança argentina não tinha para suportá-la as condições de centro dominante econômico regional. Também não teve maior repercussão a tentativa de explorar e prestigiar o seu neutralismo na conjuntura das tensões produzidas pela guerra fria.

As quedas das exportações argentinas e o rápido esgotamento das reservas – ouro e das divisas – produziram as primeiras brechas na aparente unidade peronista, de resto obtida às expensas de uma custosa política assistencial e salarial de nítido paternalismo articulada às medidas de repressão contra os oposicionistas dentro e fora do partido. O nacionalismo, que fora a ideologia justificadora das práticas peronistas, começou a recuar diante da pressão dos setores de consumo externo, sobretudo dos Estados Unidos, e da reorganização dos que as combatiam. Os investimentos e empréstimos estrangeiros passaram a ser novamente solicitados, descaracterizando um regime que havia calcado a sua legitimidade no desenvolvimento de uma perspectiva de autonomia autárquica. A política salarial, que fora também uma das tônicas, começou a ser limitada em nome do combate à inflação. O afastamento de Perón em 1955 iniciou o recuo do projeto nacionalista mas deixou na organização sindical um elemento de resistência capaz de explorar a ideologia do retorno e mesmo de produzir uma conscientização expressa no chamado peronismo sem Perón.

No Brasil, a Grande Depressão de 1929 e a Revolução de 30 da qual foi um dos efeitos articulado a outros dominados pela problemática interna, resultaram também em uma mudança na estrutura do Estado, então controlado hegemonicamente pelo setor agrário, em particular o do café. A vitória da Revolução de 30 representou uma quebra na continuidade dominante da burguesia rural, ainda que não significasse de imediato que os interesses industriais se tornassem os dominantes.

No entanto, a instalação do Ministério do Trabalho, Indústria e Comércio e o início da legislação trabalhista já foram efeitos pertinentes à presença da burguesia industrial e financeira, além do proletariado urbano como novas forças emergentes em termos de importância econômica e política. Ao assumir as funções de organismo intervencionista, o Estado buscou minimizar os efeitos da crise limitando a produção do café, destruindo os estoques excedentes, fazendo concessões aos produtores, mas também favorecendo a dinâmica das transferências de capital para a produção de bens de consumo industriais cujas importações haviam sido severamente diminuídas. Essas mudanças nas práticas estatais tinham como suporte uma conjuntura de exceção no modelo político liberal burguês do governo republicano brasileiro.

O fortalecimento do Poder Executivo, em particular através das práticas de nomeação de interventores, que o representavam nos estados, limitava o campo de ação política das oligarquias regionais, sobretudo a que tinha como centro os interesses da burguesia paulista. A tentativa de retorno à dominância dos setores agrários foi contida militarmente pela derrota dos revolucionários constitucionalistas em 1932, mas determinou que o Segundo Governo Provisório buscasse compor politicamente com a burguesia cafeeira, sobretudo reduzindo de forma substancial o endividamento dos grupos produtores, além de oferecer créditos para o financiamento das empresas industriais ameaçadas em São Paulo.

A Constituição de 1934 não apenas legitimou as pretensões da burguesia industrial, como também conferiu ao Estado os meios legais para exercer o intervencionismo. Esse último foi o instrumento de que necessitavam aqueles setores para se constituírem como os hegemônicos na condução das práticas econômicas e financeiras. A separação da propriedade do solo e do subsolo, regulamentações como o Código das Minas, o das Águas, o fortalecimento de organismos estatais para o controle e o planejamento da produção assinalaram os rumos do dirigismo. A incorporação da Legislação Trabalhista, o voto feminino, ampliaram as bases de apoio político. A desvalorização da moeda através de práticas inflacionárias, embora se destinasse ostensivamente ao financiamento do excedente do café, também dificultava a importação de bens de consumo e, portanto, favorecia a sua realização no Brasil. No setor agrário houve a preocupação de que se diversificasse através de estímulos, que beneficiaram, sobretudo, os produtores de algodão. A abertura de novos mercados determinou uma aproximação gradual com a Alemanha, a Itália e o Japão, ainda que se evitassem cuidadosamente quaisquer ameaças à posição hegemônica dos Estados Unidos.

A implantação do Estado Novo definiu melhor os objetivos e práticas do nacionalismo como ideologia capaz de conferir certa coerência a um intervencionismo que buscava não hostilizar violentamente os setores agrários mais conservadores, satisfazer o desenvolvimento da industrialização e mobilizar as massas operárias com uma legislação trabalhista controlada em que o direito à greve era proscrito.

O capitalismo de Estado que então se praticou pretendeu transformar o Estado em uma entidade deliberadamente acima dos conflitos sociais que nele encontrariam a solução satisfatória. Nessa imagem ideológica é que se reconhecem com maior nitidez os elementos da ideologia fascista.

O posicionamento contra a esquerda se realizou de forma mais ostensiva após o malogro do levante da Aliança Nacional Libertadora, em cujo programa, em que pese o radicalismo à época, estava dominado por uma ideologia nacionalista. Quanto ao integralismo, apesar da incontestável presença daqueles elementos fascistas na estrutura do Estado Novo, foi afastado depois da tentativa de tomada do poder em 1938. Como complemento a esse ostensivo descompromissamento com o fascismo internacional, o Estado brasileiro buscou reprimir as organizações nazistas que se desenvolviam nas áreas de colonização alemã do Sul do Brasil. Essas medidas coercitivas provocaram atritos e incidentes com a representação diplomática do Terceiro Reich numa conjuntura em que as trocas comerciais através de marcos compensados começavam a se esgotar.

Torna-se, assim, difícil definir teoricamente a proposta nacionalista do Estado Novo, cujo anticomunismo atuante também não o levou a assumir a postura do modelo fascista típico, inclusive pela ausência de arregimentação das massas proletárias em um partido, como ocorreu na Europa. Assim, a ideologia nacionalista do Estado Novo compunha-se de elementos antigos e novos que ela buscou conciliar para facilitar o exercício das práticas autoritárias que as novas opções impunham, recompondo as forças burguesas sob a dominância dos interesses industriais e financeiro e garantindo, ao mesmo tempo, o apoio do operariado e da pequena-burguesia.

Como ocorreu na Argentina e no México, o Estado dirigiu o intervencionismo com respeito fundamental à iniciativa privada e, no caso brasileiro, sem a agressividade ostensiva ao capital estrangeiro. Naturalmente, a ocorrência da Segunda Guerra Mundial favoreceu esse propósito na medida em que garantiu saldos comerciais ponderáveis, facilitou o financiamento à indústria pesada e as nacionalizações que se seguiram imediatamente ao conflito. A conjugação de fatores favoráveis teve como resultado o desdobramento da atividade dirigista, que se representou nos ensaios de planejamento econômico e no desenvolvimento dos organismos estatais de controle da economia, das finanças, dos serviços e das práticas de assistencialismo social.

O fim do Estado Novo interrompeu essa etapa de nacionalismo mais atuante que retornou com a volta de Vargas ao poder de maneira mais agressiva. O seu suicídio, o afastamento de Perón e a deposição de Arbenz marcaram o fim dessa fase da história das transformações das estruturas latino-americanas sob a dominância do capitalismo de Estado.

A HISTÓRIA SEMPRE TEM UM LADO CÔMICO*

Tudo começou com Pedro Álvares Cabral, naquele ano de 1500. Segundo o quadro de Vitor Meireles, a primeira missa transcorreu pacífica e os índios se aquietaram nas árvores altas para assistir ao bonito cerimonial dos homens brancos. O Professor Manoel Maurício de Albuquerque, por exemplo, promete uma versão mais próxima do real para a primeira missa, desde que consiga pesquisar relatos menos entusiasmados que o do repórter Pero Vaz de Caminha. Pois a paixão maior desse historiador é justamente descobrir o que há por trás dos fatos consagrados (e muitas vezes deturpados) da História do Brasil...

O que era a casa-da-mãe-joana?

... "Eu tenho horror à moralidade burguesa. Por isso, sempre que posso, encaixo nas minhas aulas pequenas fofocas sobre os grandes homens da História, para mostrar que não foram tão grandes nem tão perfeitos. Eram, simplesmente, seres humanos como eu e você. Bom, lá vai a primeira: – sabe de onde vem a expressão *casa-da-mãe-joana?* Tudo começou na casa do antigo mordomo-mor da Quinta da Boa Vista, Paulo Barbosa. No século XVIII ali morava Dona Joana de Carvalho. Em sua casa se realizavam reuniões com políticos influentes e D. Joana, sempre preocupada em bem receber, convidava senhoras ilustres para animar os enfadonhos saraus, que acabavam ficando animados até demais! Daí surgiu a expressão *casa-da-mãe-joana*. A mansão existe até hoje – é só passar pela Rua Ibituruna, na Praça da Bandeira, e olhar. Pena que já não se fazem festas como antigamente."

Maneco, como é chamado pelos alunos, acende um cigarro e continua recordando o que ele chama de *lixo* histórico:

"Poucos sabem a origem do Mangue, um dos locais mais conhecidos e malfalados do Rio. Durante muitos anos, aquilo foi um alagado, temido por

* Entrevista concedida a *Fatos & Fotos Gente*, publ. no nº 796, em 21 nov. 1976.

Dom Pedro II. Mais tarde, o Barão de Mauá construiu no lugar a chamada Cidade Nova, bairro para os operários que trabalhavam na sua fábrica. Quando Mauá faliu, alguns testas-de-ferro expulsaram os moradores e transformaram o Mangue em zona de meretrício, usando mulheres trazidas da Europa Oriental. Eram como escravas-brancas. A Europa atravessava uma séria crise econômica, o que facilitava a saída dessas jovens, que aqui chegavam esperançosas de conseguir trabalho e dinheiro fácil. Foi por essa época que nasceu uma palavra muito usada até hoje no Brasil todo. Como muitas dessas mulheres (as chamadas *francesas*) falavam o alemão, quando a polícia se aproximava para uma *blitz,* a primeira a avistar qualquer movimento saía gritando pela rua a seguinte senha: *ein kranke.* Que quer dizer *um doente.* Com o passar do tempo, a palavra abrasileirou. Virou *encrenca....*"

No plano sentimental, o professor destaca a figura de D. Pedro I, o grande amante da História:

"Muita coisa se sabe graças às cartas que ele mandou para a Marquesa de Santos, Dona Domitila de Castro. Foi ela quem guardou essa correspondência amorosa, que revela um D. Pedro, em certos momentos, tão ingênuo quanto um colegial (ao reclamar, por exemplo, da amada não ter usado o código do leque, durante a ópera, como haviam combinado), outras vezes era impetuoso, sem repressões (*Depois da ópera* – diz o trecho de um bilhete – *deixes a porta aberta. Hoje faremos aquilo que tanto gostastes de fazer em Santa Cruz*). Também há uma interessante missiva em que D. Pedro reclama ter Domitila se esquecido de abrir a janela do banheiro, enquanto se banhava, para que ele pudesse observá-la com uma luneta. Mas a carta mais ousada é aquela em que nosso Primeiro Imperador exige: *Mande-me alguns cabelos de que tanto gosto.* Fora em seus amores, D. Pedro I era um homem muito simples e que assumia seu temperamento apaixonado. Uma vez, descoberto por um marido traído (e que não sabia tratar-se do imperador), foi surrado impiedosamente. Ao recorrer aos serviços do médico da corte, este procurou ser o mais discreto possível: – Caiu do cavalo, majestade? E Pedro, sem nenhum escrúpulo, respondeu: – Deixa de histórias. Bem sabes que levei uma surra. Mas, se assim era o pai, o filho saiu bem diferente."

D. Pedro II era mais dedicado aos estudos que aos amores. Mas já se sabe de pelo menos um casinho do imperador.

"Foi com uma culta e requintada senhora das cortes européias, a Condessa de Barral. Além do amor, sente-se, em função da análise da correspondência, que os dois se identificavam por serem duas pessoas muito cultas, cercadas de uma corte tupiniquim por todos os lados. Só me recordo de uma passagem cômica com D. Pedro II. Aconteceu quando ele tinha 16 anos e foi apresentado à sua futura esposa. Mas era tão feia D. Tereza Cristina que D. Pedro se agarrou na saia da ama de criação e chorou a bandeiras despregadas."...

"Me lembrei de algumas fugas históricas, e porque não dizer, histéricas. A primeira foi a de Gonçalves Ledo, político rival de José Bonifácio. Quando o ministro mandou prendê-lo, ele fugiu vestido de baiana. Foi o primeiro *travesti* carioca. Seguindo a tradição do primeiro, o segundo foi Estácio Coimbra, governador de Pernambuco nos idos 1830. Este vestiu-se de freira para fugir. Pegou um trem e sentou-se ao lado de outra freira. Duas freiras viajando – pensou – um disfarce perfeito. Mas, a certa altura da viagem, ele encostou a perna na da outra freira, que de imediato se virou, dizendo: – Largue de ser besta, irmã Estácia, não vê que também *tô* fugindo. Era um outro político em fuga, usando o mesmo disfarce."

E as precursoras do movimento feminista? Existe algum exemplo na nossa História?

"É difícil me lembrar. A História do Brasil teve poucas. O brasileiro é muito machão e durante toda essa evolução cortou as iniciativas femininas que apareceram. As que me lembro são: Maria Quitéria, heroína na batalha de Pirajá, na Bahia, durante as guerras da Independência. Era muito bonita e gostava de curtir seu cigarrinho de palha depois do jantar. Mas a figura feminina de maior destaque é, sem dúvida, Nair de Tefé, esposa do Presidente Hermes da Fonseca. Ela era bastante emancipada para os limites da época. Caricaturista de muito bom gosto, adorava dançar música popular, para escândalo dos conservadores. Além de conferencista de mão cheia. Em contraposição, seu marido não foi, apesar de presidente da República, muito brilhante. Conta-se que ao receber dois patos de presente, Hermes foi à biblioteca procurar um livro de Patologia, para melhor entender os bichinhos. Depois, numa conversa, ouviu dizer que os cisnes eram aves aquáticas. O presidente continuou a observá-los. Ao vê-los bicarem a grama, no sol, comentou cheio de si: Devem ser *gramáticos* também!"

Manoel Maurício fala do filme *Xica da Silva,* ele que já escreveu o roteiro do filme *Getúlio, imagens de um mito,* dirigido por Ana Carolina.

"Não achei *Xica da Silva* das realizações mais felizes de Cacá Diegues, que na minha opinião fez uma das melhores coisas do cinema nacional: *Os Herdeiros.* Não falo do relato histórico. O diretor tem toda liberdade de reinterpretar como quiser. O filme é equívoco, não é drama, não é sátira. Dá a idéia falha de que tudo pode ser resolvido na cama. Ou ainda de que a escrava de hoje é a Xica da Silva de amanhã. Nós sabemos que isso nunca ocorria, principalmente nas Minas Gerais. Lá, o período de vida útil do escravo variava entre dois e sete anos. As suas condições de vida eram subumanas. O Distrito Diamantino, onde a história do filme se passa, era um verdadeiro campo de concentração. Matar o escravo de fome era mais econômico, tão cara era a comida. A ração alimentar do escravo era de uma espiga de milho por dia. E tome purgante para ver onde se escondiam os diamantes e o ouro. Com escravidão, não se brinca."

*RECORDANDO O ESTADO NOVO**

Há quarenta anos implantava-se no Brasil o *Estado Novo*. A mudança representava principalmente o resultado da aliança da grande propriedade agrária com uma burguesia industrial historicamente frágil. O desenvolvimento dessa última era recente e resultara sobretudo das transformações determinadas pela Primeira Guerra Mundial e pela Grande Depressão. Quando do Golpe de Estado de 1937, estava em curso o surto industrial designado como *substituição de importações*.

Coube ao Estado Novo acentuar e dirigir o processo de expansão do capitalismo no campo, para que nele não ocorressem alterações radicais na estrutura da grande propriedade agrária. Tratava-se de acelerar as transformações capitalistas a partir de uma iniciativa *de cima* e sujeita às pressões de uma conjuntura onde ainda remanesciam os efeitos da Grande Depressão. Esta experiência brasileira oferece certa semelhança com o processo de passagem do feudalismo para o capitalismo nas formações sociais prussiana e japonesa no século XIX. Embora exista uma tendência a aproximar o Estado Novo das práticas fascistas contemporâneas, a verdade é que as condições da Formação Social Brasileira distavam bastante das que organizavam as estruturas sociais alemã e italiana.

Através de uma mudança dominantemente autoritária, o Estado Novo fortaleceu a transformação de grande parte da antiga classe proprietária em empresariado mais atuante. Nesta recomposição de forças políticas continuaram as práticas de financiamento e de destruição de estoques de café, procedimento economicamente irracional, mas que garantia ao Estado o suporte político da burguesia cafeicultora.

O dirigismo do Estado também fortaleceu o controle da classe proprietária sobre o camponês produtor direto. Esse controle tornava-se mais eficiente na medida em que os donos da terra descompromissavam-se das

---

* Publicado na *Folha de S. Paulo*, em 23 de junho de 1977, p. 3.

práticas econômicas pré-capitalistas. É sintomático que o Estado Novo não haja estendido ao trabalhador rural a legislação que impôs ao proletariado urbano.

Desta forma, ele propiciou ao grande proprietário as condições para acumular e transferir capitais de maneira a tornar-se, muitas vezes, um empresário industrial e financeiro. Nesta nova conjuntura, a reorganização do aparelho de Estado diminuiu consideravelmente a autonomia da antiga burguesia rural. Em compensação, o centralismo do poder a ela assegurou uma proteção mais eficiente, não apenas contra as crises econômicas, mas sobretudo contra qualquer modificação radical nas relações sociais no campo. O Estado Novo representou um programa político capaz de prevenir mudanças estruturais. Aos proprietários rurais ele transmitiu o significado mais profundo da importância que teriam os conflitos sociais latentes se conseguissem mobilizar revolucionariamente a parcela quantitativa mais importante da população brasileira.

A aparente exclusão do campesinato do controle do trabalhismo estatal, não significava que o seu potencial de revolta fosse ignorado. Ao contrário, foi a solução empregada para impedir a aliança das massas rurais com o proletariado urbano, este já enquadrado pela política governamental. Os dirigentes do Estado Novo sabiam que o banditismo, os levantes *messiânicos* e outras formas de espontaneísmo podiam ainda ser contidos pelo fortalecimento do patronato rural. O recente fracasso da *Coluna Prestes* em sensibilizar o campesinato, a exclusão desse último das práticas efetivas do Partido Comunista e a reduzida penetração da propaganda integralista, permitiram ao Estado Novo dedicar as suas práticas inventivas de controle sobre o proletariado urbano.

Em relação a este último, a intermediação da burguesia era menos segura do que a que se executava no campo. O empresário industrial não possuía a mesma experiência no exercício do poder e, conseqüentemente estava menos habilitado para exercer as práticas de repressão e de controle sobre o operariado. O desenvolvimento do setor industrial burguês, que se acelerou depois de 1930, fora determinado essencialmente pelo intervencionismo estatal e pelo nacionalismo pragmático de que ele se revestiu. Faltava à burguesia industrial a tradição de uma luta dominada por uma ideologia anti-imperialista. O programa político do Estado Novo forneceu ao empresariado industrial o protecionismo de que carecia, a abertura do mercado interno, aliviou-lhe o ônus dos investimentos na indústria pesada e garantiu-o contra os conflitos sociais.

Assim, estas práticas asseguraram ao Estado o apoio da burguesia industrial, nela isolando os protestos dos defensores de uma *via americana*, baseada no fortalecimento da iniciativa privada e no recurso ao capital estrangeiro como diretriz oficial.

Na década de 30, a burguesia industrial não tinha ainda as condições de força para dispensar o protecionismo do Estado e nem mesmo as de controlá-lo como setor social hegemônico. Não podia, portanto, imprimir uma diretriz autônoma à política trabalhista.

O operariado urbano já era portador de uma consciência política mais coerente com os seus interesses, ainda que dispersa como perspectiva histórica. Sua importância como agente social crescera com o desenvolvimento industrial e com a concentração das unidades produtoras no Centro-Sul, que também era o pólo dominante das decisões políticas.

Desse potencial político do proletariado cogitaram expressamente os programas do Partido Comunista Brasileiro e da Ação Integralista Brasileira. Esta última teve a seu favor a tolerância governamental até o Levante de 1938, além de explorar em sua propaganda os valores burgueses que ainda subordinavam a massa operária. A conjuntura internacional também contribuiu com a exploração dos efeitos da luta de classes na União Soviética, contrastando-os com as realizações *pacíficas* dos regimes de direita na Alemanha, na Itália e em Portugal. Desta forma, na medida em que o seu programa não parecia contradizer o interesse trabalhista estatal, a Ação Integralista pôde ser usada contra os comunistas e como reforço suplementar na arregimentação de parte do proletariado urbano.

Já o programa da Aliança Nacional Libertadora, que tinha o suporte do Partido Comunista, estava duplamente dominado pela ideologia nacionalista burguesa. Esta última, não era apenas o recurso tático de que se valiam os opositores ao Estado. Também correspondia à direção do Partido Comunista, então totalmente subordinado ao centralismo cominteriano. Essa orientação privilegiava a defesa do Estado Soviético como tarefa prioritária, a par com um profundo desconhecimento da realidade brasileira. Basta que nos recordemos da fantasiosa divisão do Brasil *Feudal* e *Capitalismo* proposta como diretriz à tentativa revolucionária de 1935. O desvio economicista, dominante no Partido Comunista Soviético, ao recalcar a importância política da luta de classes em benefício do desenvolvimento das forças produtivas produziu efeitos desastrosos. Contrastando com a declaração otimista de Stalin, em 1936, de que as classes sociais haviam desaparecido da União Soviética, o peso desta trágica inverdade foi acrescido pelo fracasso das tentativas revolucionárias na China, na Espanha e no Brasil. A repressão que se seguiu ao ato falhado de 1935 propiciou as práticas de exceção que contaram com a cobertura interessada dos integralistas. Foi relativamente fácil aos promotores do Estado Novo vencer a débil resistência liberal burguesa implantando a ditadura.

Portanto, os equívocos da ação do Partido Comunista e as ambigüidades da Ação Integralista, ambos a reboque do Estado, permitiram a esse último transformar o operariado, como um todo, em suporte político eficiente do Estado de exceção e posteriormente do trabalhismo. A legislação trabalhista, na qual era negado o recurso à greve e a ação repressiva estatais, assegurara a dominância dos interesses representados pelas diretrizes do Estado Novo sobre a massa operária. O enquadramento do proletariado urbano pela política oficial cumpriu a tarefa de afastar a possibilidade de uma aliança operário-camponesa e mesmo da articulação do proletariado com a burguesia capaz de ameaçar a grande propriedade e o Estado. Com isso se impedia o desenvolvimento de uma via democrática como solução ao crescimento do capitalismo no Brasil.

A PROPÓSITO DE REBELIÃO E TRABALHO ESCRAVO*

Durante toda a Etapa Escravista que organizou a estrutura econômica da Formação Social Brasileira, desde a instalação da agromanufatura do açúcar, na primeira metade do século XVI, até o declínio da produção de café realizada em grandes unidades pré-capitalistas no fim do século XIX, foram numerosas e variadas as práticas de resistência dos trabalhadores diretos escravos.

Isto se verificou tanto no período em que as relações de produção dominantemente escravistas estiveram subordinadas às diretrizes mercantilistas de acumulação de capital comercial, através do acionamento do sistema restritivo do chamado *Pacto Colonial,* como também na conjuntura seguinte. A subordinação direta da economia brasileira aos pólos hegemônicos do capitalismo mundial (1808), verificada em uma fase de crise econômica e financeira, que se prolongou até 1850, determinou maior exploração sobre o trabalhador escravo, agravando o estado latente de contradição entre este último e os representantes da classe proprietária escravista. Também no contexto da transição do escravismo para o capitalismo, quando o desenvolvimento de novas forças produtivas já privilegiavam a adoção da força de trabalho assalariada, nem por isso a tensão diminuiu. Multiplicam-se contemporaneamente as denúncias sobre as fugas individuais, depredações e conjuras levadas a cabo por escravos. São também vários os requerimentos que solicitam a intervenção dos organismos repressores do Estado e as propostas de organização de entidades com igual objetivo nos quadros da Sociedade Civil. Um dos exemplos mais curiosos deste último recurso ocorreu em Campinas quando da *Questão Christie* (1862/65). Os fazendeiros locais propuseram-se a financiar não apenas a Guarda Nacional como também a instituir um policiamento municipal, sob o pretexto de uma improvável

* Publicado em *Encontros com a Civilização Brasileira,* v. 5, 1978.

invasão inglesa que, em verdade, recobria o perigo mais concreto e imediato, qual o de um levante de escravos.

O estatuto jurídico-político do escravo não abrangia toda a complexidade das tarefas econômicas e esta generalização tem conduzido a muitas imprecisões na análise da importância das manifestações da força de trabalho escrava, e não apenas ao nível de sua participação econômica. Há, portanto, que distinguir o trabalhador *produtivo,* diretamente vinculado à realização de valores em geral destinados prioritariamente ao consumo no mercado externo, daquele que prestava serviços. Dentre estes últimos encontravam-se os que constituíam os numerosos serviçais domésticos, além dos chamados *pretos de ganho,* cuja participação social cresceu com o desenvolvimento das atividades urbanas, e vários outros trabalhadores não ligados diretamente à produção de bens materiais.

Naturalmente, no estudo das formas de resistência à exploração adotadas pelo produtor escravo, cabe prioridade quase exclusiva ao trabalhador direto. Devido à sua intervenção fundamental no sistema econômico, este agente social, totalmente despossuído de propriedade, suportava processos repressivos e de vigilância no realizar as atividades que lhe estavam afetas. Além disso, ele não usufruía nenhum benefício do produto resultante da exploração de sua força de trabalho. Para isso intervinha a ação coatora legitimada pela autoridade do Estado, bem como pela que se exercia através dos organismos repressivos manipulados pela Sociedade Civil. E estes últimos eram, quase sempre, uma realidade muito mais próxima do quotidiano do escravo do que os procedimentos punitivos codificados pelo poder estatal. Basta que nos recordemos da eficiência dos regulamentos disciplinares organizados pelos representantes da classe produtora escravista para uso e orientação dos feitores. Destes documentos, um dos mais antigos e esclarecedores, verdadeiro "código doméstico", foi o *Regimento* redigido em 1663 por João Fernandes Vieira para ser posto em execução em suas propriedades agromanufatureiras de açúcar. De acordo com o texto, aquele que foi um dos principais promotores da Insurreição Pernambucana, autoriza que o escravo "depois de bem açoitado, o mandará picar com navalha ou faca que corte bem e dar-lhe-á com sal, sumo de limão, e urina..." Pode-se afirmar, portanto, que nas condições específicas da estrutura em que se processava a exploração do escravo, a violência e o castigo exerciam a função de práticas asseguradoras da rentabilidade, sendo excepcionais outras motivações.

Uma das omissões mais freqüentes e intencionais no ensino das transformações ocorridas na Formação Social Brasileira é a da constância dos conflitos que opuseram os produtores diretos explorados – não apenas aqueles juridicamente tidos como escravos –, e o bloco de classes dominantes, em particular aquele setor que detinha a propriedade dos elementos fundamentais necessários à produção. A lacuna em relação ao escravo de procedência africana tem sido diminuída ao nível das pesquisas especializadas, levadas a cabo por investigadores nacionais e "brasilianistas", principalmente a partir da década de sessenta, quando se intensificaram os estudos sobre os conflitos sociais no Brasil. No entanto, este esforço está longe de merecer a adequada divulgação que o torne acessível a um público menos familiarizado com a reinterpretação teórica da História, como, por exemplo, os alunos de ensino médio e a massa consumidora em geral.

A tentativa feita pelos organizadores da *História Nova* foi reprimida e as condições políticas determinadas pelo Movimento de 64 impediram que aquela iniciativa pioneira frutificasse e se reproduzisse. A experiência nem pode mesmo se beneficiar de uma necessária revisão crítica que eliminasse de seu discurso os equívocos teóricos e as demasias inevitáveis em uma obra que se assumia num contexto político contestatório. Restaram as produções de vanguardistas como Caio Prado Júnior, Nélson Werneck Sodré e Leôncio Basbaum que tentaram estabelecer uma continuidade entre a pesquisa erudita e as obras de informação. O isolamento desses autores limitou, no entanto, a amplitude do seu projeto. As críticas que receberam raramente se ativeram à análise teórica do seu discurso, propondo-lhe mudanças que não eram embasadas por um conhecimento dos princípios do Materialismo Histórico.

A imagem-representação social do trabalhador escravo submisso e conformado no quotidiano e apenas excepcionalmente rebelde, continuou a ser consumida na literatura histórica informativa e idealista, reproduzindo-se explicitamente pela ausência de menções ao inconformismo daquele trabalhador que, na verdade, sempre reagiu individual e coletivamente à exploração organizada pelo sistema. É evidente que esta construção ideológica carece de veracidade, tendo contra si o testemunho dos contemporâneos e o próprio conhecimento científico da História. Se assim fora, não havia porque o Estado e a Sociedade Civil recrutarem seus instrumentos e práticas repressivos para conter a massa dos trabalhadores escravos, garantindo pela submissão destes últimos a necessária renovação das relações de produção que sustentavam e asseguravam a reprodução da estrutura econômica dominante. Nem tampouco teria cabimento a produção de uma ideologia que, não apenas identificasse a classe proprietária como tal mas também exercesse igual função de reconhecimento sobre os produtores diretos que as sucessivas legislações identificavam, contraditoriamente, como propriedade para efeito de exploração econômica e como agente social responsável quando se tratava de ajustá-lo no quadro das penalidades judiciárias.

Não poucos analistas compromissados com os princípios teóricos da Ciência da História têm deixado de levar em conta que, na dinâmica social, as ideologias e as práticas por ela sistematizadas não apresentam um caráter unilateral que as limite ao âmbito dos seus produtores, mesmo quando se trate dos que são detentores do poder econômico ou político.

É incontestável que estes últimos, enquanto socialmente dominantes, dispõem de uma notória superioridade de recursos que lhes permite impor ao nível da estrutura ideológica a defesa dos seus interesses. No entanto, a organicidade lógica que reveste a argumentação ideológica também deve cumprir previamente um efeito de auto-reconhecimento para alcançar os necessários foros de segurança e de convicção. Não é outra a finalidade prática das instituições ideológicas, como as que se destinam à difusão do ensino, por exemplo.

Da mesma forma, os setores sociais dominados, na medida em que se movimentam em uma realidade diversa, são por ela estimulados concretamente a contestar a aparente coerência da explicação ideológica. Não apenas submetem a ideologia dominante à uma reinterpretação embasada na sua experiência pessoal, como nela e nas suas práticas introduzem modificações. Isto não significa uma completa autonomia em termos da produção de uma nova consciência social, mas elimina a noção de que os agentes sociais explorados incorporam, sem maiores alterações, aquilo que lhes é imposto. De qualquer forma, os *efeitos pertinentes* transformadores em apreço determinam que os setores sociais ameaçados repensem o seu discurso e práticas ideológicas adequando-os às novas conjunturas.

Não levar em conta esse processo dialético é empobrecer e limitar a importância dos elementos constitutivos do universo ideológico no contexto da análise das contradições e das oposições que se desenvolvem em todas as formações sociais já estruturadas em uma divisão em classes e grupos sociais.

A este respeito, as críticas de Rancière aos trabalhos teóricos de Althusser e que este releitor de Marx acatou amplamente, constituíram uma contribuição objetiva e oportuna ao desenvolvimento do repensar autônomo das inovações do autor de *O Capital* e, por extensão, dos seus efeitos revolucionários no campo das Ciências Sociais.

Um bom exemplo é o chamado sincretismo religioso, conjunto de práticas ideológicas afro-católicas que se constituiu num recurso de preservação de identidade social, inicialmente limitado aos escravos e depois aos seus descendentes, inclusive aos que eram juridicamente livres. A dominação do catolicismo que se impunha à população escrava, foi por ela reinterpretada, protegida por uma aparente conversão através da qual puderam ser conservados valores e comportamentos originalmente africanos. Neste sentido, as práticas rituais afro-brasileiras foram um aspecto particular da luta social, muitas vezes negligenciado pelos estudiosos, ou esmaecido por discursos descritivos que lhes enfraquece o significado contestatório.

A dominação do trabalhador escravo, legitimada pelo estatuto jurídico elaborado pelo Estado e pela sociedade civil, o impedia de produzir condições de resistência legal aos níveis econômico e político. A reação concentrada nas práticas dominadas por valores ideológicos religiosos adquiriu, portanto, enorme importância na medida em que o sistema de idéias-representações sociais passou a se constituir e a produzir os elementos quase exclusivos de uma coesão social possível. A dominância do pensamento religioso reproduzida pelas práticas associacionistas facilitava a manutenção de uma individualidade grupal, como ocorreu entre os escravos muçulmanos e mesmo, em certa medida, ajudava a superar as rivalidades que dividiam a população escrava, função notoriamente desempenhada pelas cerimônias rituais genericamente conhecidas pela designação jejê-nagô de *candomblés.*

Por ser uma forma de resistência limitada e, portanto, menos perigosa para a classe proprietária, as reuniões de escravos sofreram perseguições menos ostensivas, sem deixar por isso de se desenvolverem em semiclandestinidade. Em particular, porque o desconhecimento dos valores ideológicos africanos fortalecia o critério de julgamento preconceituoso que, por sua vez, favorecia a identificação daquelas cerimônias como recursos para atingir os setores escravistas através de práticas de feitiçaria, conforme insinua Antonial em 1711.

Assim sendo, o Estado apoiou a Igreja Católica na repressão a essas práticas e estimulou a formação de irmandades que incorporavam a população de cor, escrava ou livre, aos quadros sociais controlados oficialmente. Nestas irmandades, não somente se mantinham as separações por critério de cor (negros e mulatos), como por situação jurídica (trabalhadores livres e escravos) e mesmo por lugar de origem na África.

Aliás, este último recurso foi largamente empregado pelas autoridades para impedir sublevações de escravos. A propósito, o testemunho de Luís dos Santos Vilhena na sua *Recopilação de Notícias Soteropolinas e Brasílicas,* datada de 1802, é bastante eloqüente:

> Por outro princípio não parece ser muito acerto em política, o tolerar que pelas ruas e terreiros da Cidade (do Salvador) façam multidões de negros de um e outro sexo, os seus batuques bárbaros e toques de muitos e horrorosos atabaques, dançando desonestamente e cantando canções gentílicas, falando línguas diversas e isto, com alaridos tão horrendos e dissonantes que causam medo e estranheza, ainda aos mais afoitos, na ponderação de conseqüências que dali podem provir, atendendo ao já referido número de escravos que há na Bahia, corporação temível e digna de bastante atenção, a não intervir a rivalidade entre as diversas nações de que se compõe a escravatura vinda das costas da África.

A advertência e o temor de Vilhena, onde há ecos da recentemente punida Conspiração Baiana de 1798 e do levante dos escravos na atual República do Haiti, foram posteriormente respondidos pela comunicação do oitavo Conde dos Arcos, o último Vice-Rei do Estado do Brasil e depois Governador e Capitão-General da Bahia, este último cargo assumido três anos depois de haver sido sufocado o levante de escravos hauçás, a *Insurreição de Corpus Christi* e outra que se lhe seguiu em 1808.

Neste documento, o repressor do movimento revolucionário de Pernambuco contesta os que lhe censuravam o liberalismo ao permitir que os negros se reunissem em batuques semanais. É interessante observar como Vilhena e o Governador da Bahia que representavam o poder coator da Sociedade Civil e do Estado, respectivamente, interpretavam a mesma prática de maneira diversa, sem que por isso deixassem de, empiricamente, ter certa razão. A ideologia religiosa, como ocorreu em diversas formações sociais, pode desempenhar a função de elemento aglutinador ou não, de acordo com circunstâncias conjunturais específicas. Desta forma, a comunicação do Conde dos Arcos oferece um contraponto digno de análise ao que foi redigido anteriormente por aquele professor de grego da Cidade do Salvador:

> O Governo... olha para os batuques como para um ato que obriga os negros, insensível e maquinalmente, de oito em oito dias, a renovar as idéias de aversão recíproca que lhes eram naturais e que todavia se vão apagando pouco a pouco com a desgraça comum; idéias que se podem considerar como o garante mais poderoso das cidades do Brasil, pois que se uma vez diferentes nações da África se esquecerem totalmente da raiva com que a natureza os desuniu e então os agomés vieram a ser irmãos com os nagôs, os gegês com os aussás, os tapas com os sentis, e assim os demais, grandíssimo e inevitável perigo então assombrará e desolará o Brasil. E quem haverá que duvide que a desgraça tem poder de fraternizar os desgraçados? Ora, pois, proibir o único ato de desunião entre os negros vem a ser o mesmo que promover o Governo indiretamente a união entre eles, de que não posso ver senão terríveis conseqüências.

Um aspecto da luta de classes manifestada nas práticas ideológico-religiosas, cujos limites foram tão bem traçados por estes documentos formalmente antagônicos em sua apreciação, foi o da resistência oposta pelos freqüentadores dos candomblés em assimilarem aos seus orixás os santos de origem africana que a Igreja Católica valorizou no devocionário destinado aos escravos e aos seus descendentes. Referindo-se a São Benedito de Palermo, Luís Câmara Cascudo considera: "Curioso é que o processo de sincretismo haja convertido São Jorge, alvo, louro, olhos azuis, em Odê, Oxóssi, Ogum; Santo Antônio em Exu; São Jerônimo em Xangô e haja esquecido um santo preto com tradição de culto amplo e velho". Justificando a exclusão de São Benedito do panteão jejê-nagô, este estudioso do folclore brasileiro sugere que assim fazendo, os setores sociais dominados preservavam a sua identidade ideológica excluindo o que lhes parecia um *orixá católico* produzido pelos seus opressores. O mesmo ocorreu com Santo Antônio Noto ou de Caltagirone, também franciscano da Sicília como São Benedito, São Baltasar, um dos Reis Magos – arbitrariamente identificado como africano pela reinterpretação renascentista do relato do Novo Testamento – com Santa Efigênia, princesa lendária da Bíblia, com Santo Elesbão, o *Caleb Négus* da Etiópia e com tantos outros. Esta apropriação dos valores próprios ao bloco de classes dominantes pelos agentes sociais a ela subordinados representa uma das formas bastante freqüentes que assumem os conflitos sociais. Se por um lado ela representa a óbvia hegemonia dos detentores do poder, nem por isso é menos importante a sua incorporação pelas classes exploradas. Sirvam como exemplos as reinterpretações do cristianismo reformado pelos camponeses da Alemanha ao reagirem à opressão feudal, o levante de populações rurais católicas no Japão, a Revolta dos Taiping na China e, no Brasil, os movimentos ditos messiânicos, desde as Santidades tupis até os Beatos do Caldeirão.

Outra reflexão a respeito das práticas contestatórias do trabalhador escravo, geralmente ilaqueada por uma postura ideológica tecnicista, é a de não valorizar as formas de resistência passiva que se podem até admitir ignoradas em sua extensão pelos seus próprios agentes. Esse desconhecimento pode ser facilmente explicado como um mecanismo de defesa que recalcava o potencial agressivo ao nível do consciente. Neste sentido, a leitura atenta da documentação remanescente conferiria valor mais rigoroso e esclarecedor às queixas constantes dos proprietários escravistas em relação às deficiências *técnicas* dos seus trabalhadores. São contínuas as referências à preguiça dos escravos, ao desleixo com que tratavam os instrumentos de trabalho, quando não os destruíam voluntariamente, ao desinteresse e passividade destes produtores e outras críticas análogas. Naturalmente, todos estes comportamentos eram superficialmente atribuídos a determinantes étnicos, à rusticidade dos africanos e dos seus descendentes crioulos, quando não se identificavam com características psicológicas individuais.

Não obstante a rigidez e a severidade com as quais o Estado punia as agressões dos escravos aos seus proprietários ou aos que os representam, nem por isso deixaram de ocorrer assassínios de fazendeiros, de senhores de engenhos, de mineradores e de feitores. Nestes casos, quando não se realizava o castigo imediato do responsável, a justiça estatal se encarregava de puni-lo. As *Ordenações Filipinas,* por exemplo, previam as penas de morte ou de mutilação ao escravo que atacasse seu proprietário e autorizavam o emprego do açoite como recurso para obter informações sobre o paradeiro dos escravos fugidos.

As fugas individuais eram também freqüentes, embora quase sempre malogradas em seu propósito principal. De qualquer maneira, este recurso assumiu importância como ameaça, determinando que o Estado Absolutista Português regulamentasse a atividade dos *capitães-de-mato* em 1724. Naturalmente, em épocas de crise, as evasões de escravos assumiam maiores proporções, conferindo-lhes um caráter de manifestação coletiva, como ocorreu durante a Segunda Invasão Holandesa no Nordeste (1630-34). Outro exemplo mais recente, localizado na conjuntura do declínio do sistema escravista determinou o famoso *Manifesto* de oficiais do Exército à Princesa Imperial-Regente D. Isabel.

Todas essas manifestações singulares, como é fácil de entender, ofereciam inúmeras dificuldades de êxito, não por último, devido ao próprio processo que interiorizava a repressão desenvolvido pelo trabalhador escravo. O perigo da delação era sempre constante e a sobrevivência fora do organismo social escravista exigia a elaboração de soluções que escapavam ao âmbito da possibilidade de controle de indivíduos isolados.

Quando Capistrano de Abreu afirmou que as fazendas de gado constituíam a retaguarda dos engenhos, ele poderia ter ampliado a sua reflexão. A classe escravagista açucareira, mineradora e, mais tarde, a cafeicultora estava articulada ao poder feudal pecuarista na defesa de interesses análogos, enquanto classe proprietária dos meios de produção. Como efeito disso, a exploração escravista e a de tipo feudal podiam reproduzir-se com segurança. O escravo fugido não encontrava asilo nas fazendas de gado, não somente porque sua presença era desnecessária ao nível das relações de produção dominantes, mas também porque o setor proprietário não tinha nenhum interesse em hostilizar seu mercado consumidor, representado pelos senhores de engenho e outros. De forma semelhante, estes últimos não podiam estimular os deslocamentos de vaqueiros, cuja situação ao nível do processo produtivo pecuarista era muito superior à do escravo. Desenvolveu-se mesmo, nas áreas de criação de gado, uma concepção ideológica na qual o vaqueiro se auto-reconhecia como superior ao escravo e, por extensão, ao negro.

Todas estas reflexões foram determinadas pela leitura de duas obras de divulgação histórica, às quais não falta a necessária correção documental e teórica. Queremos nos referir a *Rebeliões da Senzala* de Clóvis Moura e a *Insurreições Escravas* de Décio Freitas, que antes já contribuíra inovadoramente no estudo da formação do Estado de Palmares. Agora, ele nos promete oferecer a sua análise crítica, na qual discute com objetividade as implicações *restauradoras* da guerra dos Cabanos ou Cabanada, ocorrida em Pernambuco durante a transição regencial. Com justificada expectativa, aguardamos a chegada dos seus *Guerrilheiros do Imperador.*

O tratamento dado por Clóvis Moura é mais abrangente, na medida em que estuda as reações dos escravos realizadas coletivamente sob a forma de organizações de *quilombos,* práticas de guerrilhas rurais, insurreições urbanas e mesmo a participação servil em contestações dominadas por um projeto revolucionário de tipo liberal-burguês, como ocorreu na Conspiração Bahiana de 1798 e na Revolução Pernambucana de 1817. A primeira, francamente radical, expressando a dominância da ideologia pequeno-burguesa da etapa da Convenção Revolucionária Francesa e, possivelmente, dos levantes de escravos na atual República do Haiti em contraste com os compromissos dos republicanos de Pernambuco com o sistema escravista dominante.

Décio Freitas deteve-se mais nos movimentos urbanos, ocorridos na Bahia entre 1807 e 1835. Em particular, há que ressaltar não apenas a objetividade do estudo, onde a leitura das fontes primárias se manifesta em novas achegas, judiciosamente tratadas, como também na análise das formas de repressão que desmentem a apregoada brandura que miticamente se afirma haver caracterizado as relações entre proprietários e escravos na formação social brasileira. Bem ao contrário, o Autor, no capítulo intitulado de "A Justiça dos Senhores", mostra como o Legislativo Imperial modificou o Código de Processo Criminal, quanto à pena de morte a ser aplicada a réus juridicamente cativos.

Neste sentido, tanto Clóvis Moura, como Décio Freitas, corajosamente procuram desfazer a construção ideológica que, retrospectivamente, cumpre a função muito objetiva de insensibilizar os setores sociais contemporâneos para as práticas exploratórias que se desenvolvem diante dos seus olhos, ou que os vitima. E é este, a nosso ver, o maior compromisso que o estudioso de História tem para com a ciência que divulga.

Os estudos das práticas contestatórias dos escravos estão longe de haver alcançado um equacionamento científico, malgrado as pesquisas realizadas pelos Autores antes citados e por outros igualmente respeitáveis como José Alípio Goulart, Édison Carneiro e mais recentemente Jacob Gorender. Isto para mencionar, com involuntária injustiça, apenas alguns nomes. Também há de encarecer a necessidade de se proceder à reinterpretação teórica das contribuições de Perdigão Malheiros, Nina Rodrigues e Artur Ramos, cujas obras pioneiras se ressentem de uma imprescindível releitura.

Quando isto ocorrer, outro mito também mantido indebitamente sofrerá imperiosa e severa reformulação. Referimo-nos à afirmativa de que a sociedade brasileira resultou de um processo integratório, quase sempre pacífico e harmonioso do qual resultaria, por exemplo, a solução não-violenta dos conflitos sociais. A partir desta perspectiva ideológica, que seleciona as informações divulgadas pela História escrita *ad usum Delphini,* não sabemos como justificar exclusão dos setores populares que domina este discurso flagrantemente unilateral.

O que de fato ocorreu, foi um processo de dominação acionado pela prática contínua de autoritarismo que se reproduzia e legitimava aos níveis dos organismos estatais e dos que se incorporavam ao âmbito da sociedade civil. Sirvam de exemplo os casos das comunidades *primitivas,* cujos remanescentes atuais ainda não foram "integrados" e o Estado de Palmares.

No primeiro exemplo, as organizações sociais estruturadas em sociedades sem classe somente se têm mantido como entidades autônomas enquanto permanecem *isoladas,* para adotar a classificação de Darcy Ribeiro em seu trabalho *Línguas e Culturas Indígenas do Brasil.* Quando esta situação se modifica, sobretudo pelo avanço das frentes pioneiras a serviço da expansão capitalista, as comunidades *primitivas* tendem a se desagregar enquanto formações sociais singulares e seus representantes são compulsoriamente obrigados a se incorporar à massa das populações rurais. O conhecimento das condições atuais do campesinato retira a esta *integração* qualquer base para que se apresente esta mudança como uma prática a ser estimulada em benefício da "civilização" das populações indígenas.

No passado, a coação abertamente violenta realizada através de práticas escravistas e da expulsão das terras ocupadas por estas comunidades, levou à rápida destruição de contingentes populacionais. A esse respeito são numerosos os depoimentos contemporâneos, dos quais os mais notórios foram os redigidos pelos representantes da Companhia de Jesus. A título de exemplo, vale a pena transcrever o depoimento do Pe. Fernão Cardim, datado de 1584:

> No que diz respeito à justiça que era usada com os índios, o Rei nosso Senhor tem que compreender que, se bem que Sua Majestade, como todos os Reis seus antecessores, recomende sempre este assunto dos índios aos Governadores acima de tudo como seu dever principal com muitas palavras eficazes, mesmo assim a justiça que até agora tem existido no Brasil em relação a eles foi nenhuma ou muito pouca, como se vê facilmente pelos assaltos, roubos, cativeiros e outros vexames que sempre lhes foram feitos e que ainda agora o são. Houve sempre uma justiça rigorosa contra os índios: já foram enforcados, cortados aos pedaços, esquartejados, já lhes foram decepadas as mãos, já foram queimados com tenazes quentes e colocados na boca dos canhões...

Boxer, o historiador inglês cuja bibliografia de estudos sobre a colonização portuguesa é de consulta obrigatória, sobretudo no que diz respeito ao

Brasil, encarregou-se de demolir este alicerce ideológico sobre o qual se construiu o mito da integração pacífica. Constantemente, organizações diversas denunciam as violências que atingem os remanescentes indígenas na atualidade. No entanto, a maioria da literatura histórica de divulgação, inclusive a didática, contra todas as evidências, continua a repetir a versão da cordialidade e pacifismo nas relações entre a formação social brasileira e as comunidades indígenas, além de reduzir informações preconceituosas sobre aquelas populações.

O problema das formações sociais que se organizavam em *quilombos* oferece maiores dificuldades, na medida em que este vocábulo e o anterior de *mocambo* eram aplicados indistintamente a quaisquer agrupamentos de escravos foragidos. O que vale dizer, em nada esclarecem as relações de produção dominantes nestas organizações.

Os estudos melhor informados somente permitem avançar hipóteses a respeito do Estado de Palmares. Se, como parece, a sua estrutura era de tipo *asiático,* embora existissem subordinadamente práticas de escravidão complementar e elementos do modo de produção patriarcal, ela foi suficientemente forte para se conservar durante quase um século, sem a proteção do isolamento que preservou temporariamente as comunidades indígenas. A existência de relações de intercâmbio com as vilas da área açucareira escravista de Pernambuco e Alagoas atuais não chegou a configurar uma dominação capaz de desorganizar o Estado de Palmares. A rigidez da sua estrutura jurídico-política de tipo autoritário e teocrático, acentuada pelos choques constantes com as forças escravistas, agiu como fator de coesão social que articulava africanos e descendentes seus e eventuais aliados indígenas. Esta última circunstância deve ter atuado para fortalecer e retardar a destruição daquele Estado com o qual os representantes da dominação colonial portuguesa tiveram que tratar em nível de entidade quase soberana.

Embora na economia de Palmares já ocorresse a produção de excendentes, estes últimos eram dominantemente valores de uso e não mercadorias. Portanto, as trocas mercantis simples na base do *escambo* não constituíam a base fundamental da produção das relações de produção.

Todos sabemos como terminou esta tentativa de organização de uma estrutura social autônoma empreendida pelas populações reduzidas à escravidão. Que não foi tarefa fácil, basta lembrar que, apesar do concurso de bandeirantes vicentinos especialmente contratados como técnicos em guerras sertanejas, o último Zâmbi pôs em xeque os seus adversários. Ainda mais, depois da destruição formal dos seus principais redutos, aquele chefe organizou uma retirada estratégica que lhe permitiu ainda resistir por mais algum tempo. Não o vitimou o desespero, buscando uma solução no suicídio teatral conforme a versão divulgada por Rocha Pita. Venceu-o a traição financiada pelas forças escravistas e sua cabeça salgada foi exibida para desencorajar outras reações semelhantes. Que a esperança dos que assim agiram foi frustrada, provam sobejamente as novas práticas de insubmissão reunidas por Clóvis Moura e Décio Freitas. Portanto, por que continuar a equiparar o engano ideológico à verdade científica?

TRANSFORMAÇÕES CULTURAIS NA FORMAÇÃO SOCIAL BRASILEIRA

Em toda Formação Social existe uma estrutura que organiza o universo simbólico e na qual podemos distinguir as seguintes *esferas* ou *campos* de produção. Embora seja uma instância autônoma, identificável pela especificidade da sua área de atuação, a *Estrutura Cultural* articula-se às demais estruturas sociais (a Econômica e a Jurídico-Política) com elas estabelecendo relações de transformações recíprocas. Da mesma forma, as *esferas* ou *campos* que singularizam as realizações culturais também se interrelacionam mutuamente.

De acordo com o objetivo sobre o qual vai se exercer a sua atividade *transformadora* ou *produtiva*, a Estrutura Cultural pode ser dividida nas seguintes *esferas* ou *campos:*

a. a *esfera ideológica* abrange o sistema de idéias-representações sociais que dominam as atitudes-comportamentos coletivos;

b. a *esfera do conhecimento* diz respeito ao conjunto de conceitos produtores e produzidos por agentes sociais dedicados a esta tarefa específica.

c. a *esfera artística* compreende o sistema organizado que serve de meio de comunicação pela apropriação sensível do real;

d. a *esfera técnica* estrutura os diversos modos de proceder que organizam as práticas econômicas, jurídico-políticas e culturais. Estas práticas se desenvolvem em contextos dominados por relações sociais perfeitamente determinadas.

A Esfera Ideológica

Até o século XVIII, a ideologia religiosa era a dominante na Formação Social Brasileira, isto é, os seus valores constitutivos forneciam a imagem do mundo e buscavam manter a coesão social. No entanto, como se tratava de uma estrutura dividida em classes cujos interesses não eram homogêneos, a ideologia religiosa era reinterpretada de acordo com a localização dos agentes coletivos a ela submetidos.

Somente a Igreja Católica pôde organizar um aparelho ideológico-religioso cujo funcionamento era garantido pela dupla articulação com dois centros dominantes principais: Lisboa e Roma. Esta dupla subordinação acionou divergências contínuas. Embora o Estado Absolutista Português necessitasse do concurso da Igreja Católica para legitimar a sua autoridade e o seu expansionismo colonial, a vinculação desta última a uma autoridade estrangeira era uma fonte contínua de conflitos de interesses. Por isso, o Estado Português apoiou econômica, financeira, jurídica e politicamente a Igreja Católica sempre que esta última se limitasse ao papel de um organismo ideológico subordinado ao controle estatal.

Desta maneira, os valores sociais católicos se impuseram aos diversos agentes sociais, na medida em que eles convinham à reprodução de uma estrutura social classista, baseada dominantemente na exploração do trabalhador direto escravo e subordinada colonialmente à Formação Social Portuguesa. Esta identificação do Catolicismo com os interesses estatais determinou que outras práticas religiosas servissem de veículos da insatisfação social. Disto são exemplos os numerosos processos da Inquisição, onde procedimentos não autorizados pela Igreja e pelo Estado eram praticados individual ou coletivamente pelas diversas camadas sociais. Em particular, os que se filiavam ao universo ideológico judaico, africano ou indígena. Os representantes destes últimos, em particular, devido à sua condição de marginalização econômica e política, buscaram preservar a sua identidade assimilando superficialmente valores católicos e transformando-os em práticas de resistência à dominação econômica e política. Tal é o caso das santidades indígenas e dos levantes promovidos por escravos muçulmanos, sem contar as práticas contestatórias menos agressivas, mas que possuíam um alto grau de potencial associacionista como a *pajelança* ou o *candomblé*.

Embora a ideologia religiosa católica constituísse um dos suportes políticos do Estado Absolutista, este último também se apoiava numa doutrina nacionalista. A partir da União Ibérica (1580-1640) o declínio econômico e político de Portugal e da Espanha acentuou a disputa colonialista e teve como efeito, no tocante ao Brasil, uma acentuada política de isolamento, proibindo-se ou limitando ao máximo os contactos com estrangeiros. Somente em 1808, quando o Estado Português transferiu-se para o Brasil é que se levantaram estas restrições.

No tocante ao pensamento econômico, duas correntes organizaram as práticas mercantilistas que se mantiveram até o advento do Liberalismo

Econômico em 1808: a *metalista* e a *colbertista.* Ambas privilegiavam a acumulação de capital comercial realizada através de uma política de dirigismo econômico estatal. Em relação ao Brasil, esta orientação se manifestava pela imposição do chamado *Pacto Colonial,* isto é, a reprodução de uma estrutura produtiva especializada em alguns gêneros de exportação e consumidora de artigos fornecidos pela Metrópole. Esta última detinha o controle absoluto deste intercâmbio através do acionamento do *Monopólio Comercial.*

É neste contexto que deve ser inserida a utilização prioritária da exploração do trabalho escravo como recurso à acumulação de riquezas nos setores dominantes subordinados colonialmente. É este o sentido mais profundo dos discursos favoráveis à manutenção do trabalho escravo elaborados pelo jesuíta Antônio Vieira e pelo Bispo Azeredo Coutinho, respectivamente.

A partir do século XVIII, novas doutrinas vieram modificar o universo ideológico colonial. A dependência econômica de Portugal em relação aos recursos brasileiros acentuou as formas repressivas de subordinação colonial, em particular na etapa dominada pelo extrativismo mineral. O desenvolvimento da rede urbana, de um mercado interno e a diversificação das atividades sociais promoveram um processo de identificação da Formação Social Brasileira com interesses próprios que já não correspondiam aos da Metrópole.

Estas transformações também se articulavam às que se verificavam na Europa e mais restritamente na América Espanhola e nos Estados Unidos. Os princípios liberais burgueses difundidos pelos grandes pensadores como John Locke, Adam Smith, Montesquieu, Voltaire e Rousseau foram acolhidos pelos elementos mais expressivos da intelectualidade colonial. O acesso a estas obras realizava-se pela entrada de estudantes brasileiros nas universidades européias ou através de recursos clandestinos que burlavam a censura. Neste sentido, a filiação à maçonaria facilitava o conhecimento da literatura revolucionária cuja importância é notória nos movimentos que antecederam a Independência.

A Ideologia Liberal permitiu aos setores sociais dominantes no Brasil conferirem maior objetividade na luta contra a dominação colonial. Combatendo pela livre produção e o livre comércio, advogando a constituição de um Estado Nacional Independente e adotando outros princípios que representavam os interesses da burguesia capitalista em ascensão, os representantes da classe produtora escravista, da pequena burguesia e do grupo mercantil enfrentavam revolucionariamente o Sistema Colonial. No entanto, os princípios liberais não eram incorporados sem uma adaptação à realidade social brasileira. Assim é que o trabalho escravo, embora condenado moralmente, não foi objeto de nenhuma cogitação abolicionista, exceção feita à Conspiração Baiana (1798). Deste projeto revolucionário participaram elementos populares, entre eles escravos, o que explica em parte o propósito desta mudança radical nas relações de trabalho.

É nesta etapa que começa a produção de uma literatura política contestatória, embora nem sempre original. Dois bons exemplos são as *Cartas Chilenas* de autoria ainda duvidoda e o *Tratado do Direito Natural* de Tomás Antônio Gonzaga, jurista e um dos participantes da Conspiração Mineira de 1798.

Em 1808, o Brasil tornou-se sede da Monarquia Portuguesa. Assim, encerrava-se com a Etapa Colonial a eliminação de uma série de entraves maiores à livre circulação de idéias. Embora se mantivesse a censura, a permissão da existência da imprensa, o estabelecimento da Biblioteca Real e de cursos superiores e o maior contacto com estrangeiros alargaram os horizontes do pensamento liberal. José da Silva Lisboa, mais tarde Barão e Visconde de Cairu, traduziu e divulgou a obra de Adam Smith, enquanto José Bonifácio de Andrada e Silva se revelava o principal ideólogo político do movimento da Independência.

O sistema político monárquico que se manteve da Independência à Proclamação da República (1822-1889) procurava conciliar os princípios de um liberalismo limitado com a manutenção de práticas autoritárias legadas pelo Absolutismo. A Constituição Imperial, outorgada em 1824, assegurava a manutenção da estrutura social vigente na qual o setor proprietário escravista continuava a ser hegemônico. Pela exigência de um exercício do direito de voto baseado em rendas muito altas e pela manutenção do trabalho escravo, a maioria da população brasileira ficava excluída de qualquer participação ao nível das decisões políticas.

Até 1870, quando as relações de tipo capitalista tornaram-se as dominantes, as ideologias políticas contestatórias não alcançaram um nível revolucionário mais profundo. Os defensores do federalismo e do republicanismo não atingiram uma repercussão nacional, o mesmo se podendo afirmar dos adeptos do Socialismo Utópico. Quanto aos movimentos de caráter mais popular, não chegaram a produzir ideologias autônomas, como ocorreu nos diversos levantes de escravos, de colonos estrangeiros, de camponeses ou em greves de trabalhadores urbanos.

Com o declínio econômico das atividades escravistas e o conseqüente desenvolvimento de uma burguesia capitalista e de setores assalariados urbanos e rurais, a contestação ao sistema político monárquico começou a se fortalecer.

De início, buscou-se conciliar o estatuto monárquico com a descentralização política que atendesse às transformações que se verificavam na Formação Social Brasileira. Um notável jurista, Rui Barbosa, chefiou a corrente federalista que mais tarde se confundiu com o programa do Partido

Republicano fundado em 1870. Outra linha antimonárquica foi a dos adeptos do Positivismo, favoráveis à adoção de uma ditadura republicana e da qual os principais ideólogos foram Benjamin Constant, Miguel Lemos e Teixeira Mendes.

A Campanha Abolicionista, vitoriosa em 1888, retirou à Monarquia o último suporte econômico e político representado pelos grandes proprietários escravistas. A Proclamação da República, no ano seguinte, estabeleceu uma forma de organização jurídico-política de tipo capitalista. A Constituição promulgada em 1891 era fortemente inspirada no modelo norte-americano, em particular no tocante à adoção do federalismo e do presidencialismo. Instituía-se o voto direto masculino, com exclusão dos analfabetos, a separação dos poderes e as funções eletivas vitalícias.

A dominância dos princípios liberais se manteve bastante presente até a Revolução de 1930. A partir de então, observou-se um crescimento progressivo do intervencionismo do Estado no controle das diversas atividades sociais. Este intervencionismo legitimou-se através das Constituições de 1937 e de 1967, embora já se faça sentir de maneira mais moderada já em 1934 e 1945.

A partir de 1922, os princípios marxistas tiveram sua representação política no Partido Comunista Brasileiro cuja atuação tem decorrido na ilegalidade, exceção feita a um curto período após 1945. Em 1932, foi fundada a Ação Integralista, depois transformada em partido, que se filiava à corrente fascista então ascendente na Itália, na Alemanha e em Portugal. Com a proibição dos partidos políticos determinada pelo Estado Novo (1937/45) esta organização foi extinta.

A Esfera do Conhecimento

Até 1808, a instrução superior somente podia ser obtida em Coimbra ou em qualquer outro estabelecimento universitário europeu. O ensino primário e de segundo grau estavam praticamente nas mãos da Igreja, em particular dos representantes da Companhia de Jesus. A imprensa era proibida, a divulgação dos conhecimentos sujeita à censura exercida pela Inquisição e depois pela Real Mesa Censória. As poucas bibliotecas resumiam-se às dos estabelecimentos religiosos, seminários, mosteiros e conventos ou às de particulares.

No século XVIII, o Marquês de Pombal, Secretário de Estado do Rei D. José I (1750-1777), reformou a Universidade de Coimbra, eliminando a influência jesuítica e introduzindo inovações determinadas pela corrente *Ilu-*

minista. A transmissão do conhecimento, aos níveis primário e secundário, também foi modificada de maneira a torná-la mais dependente do Estado e não da Igreja. Embora dentro desta nova diretriz fossem privilegiados os campos das matérias exatas e experimental, na Universidade de Coimbra continuavam excluídas as obras de Spinoza, de Hobbes e dos enciclopedistas franceses. Em relação ao Brasil, foram instituídas as *escolas régias,* formadas por professores leigos e subvencionadas pelo Estado e, mais tarde, o Bispo Azeredo Coutinho fundou o Seminário de Olinda regido por normas então consideradas "modernas". Este estabelecimento, embora a tal não se propusesse, terminou por se tornar um centro de renovação do pensamento político do qual saíram diversos intelectuais articulados à luta pela Independência.

De qualquer maneira, somente um número muito restrito de representantes da sociedade colonial tinha acesso ao ensino universitário. Por este motivo, entre os projetos dos conspiradores de Minas Gerais (1789) estava o do estabelecimento de uma universidade em Vila Rica, hoje Ouro Preto.

Embora a maioria dos que estudavam na Europa se destinasse à atividade jurídica, alguns brasileiros alcançaram certo destaque no campo do conhecimento científico. Um sacerdote, Bartolomeu de Gusmão, realizou ensaios experimentais de navegação aérea empregando balões cheios de ar quente, o naturalista Alexandre Rodrigues Ferreira, autor da *Viagem Filosófica,* recolheu dados para o levantamento dos recursos naturais e humanos da Amazônia, enquanto José Bonifácio pesquisava mineralogia e José da Silva Lisboa se familiarizava com os princípios do Liberalismo Econômico.

Com a instalação do Estado Absolutista Português no Brasil, as limitações mais ostensivas ao desenvolvimento das atividades culturais foram eliminadas ou sensivelmente abrandadas. A partir daquele ano, foi lançado o primeiro jornal, a *Gazeta do Rio de Janeiro*, impressos livros e instalados os primeiros cursos superiores, principalmente aqueles que se destinavam à formação de quadros militares.

Em 1822, quando o Brasil se tornou independente, a população alcançava cerca de três milhões e meio de habitantes, dos quais quase dois milhões eram compostos de escravos. A manutenção deste tipo de trabalhador a serviço de uma economia primário-exportadora não era de molde a promover o desenvolvimento de uma instrução mais difundida, nem tampouco a pesquisa técnica e científica.

Assim, embora a Constituição Imperial de 1824 determinasse que a instrução primária seria gratuita e obrigatória, a verdade é que ao terminar o Império, oitenta por cento dos brasileiros era composta de analfabetos. Para isto concorria o fato de que a maioria da população se localizava no campo, onde as atividades produtivas, exceção feita ao açúcar, exigiam do trabalhador quase unicamente a sua força muscular.

Nos centros urbanos, a situação variava um pouco devido à maior diversificação profissional. Apesar disso, as escolas primárias não eram numerosas e não existiam estabelecimentos próprios para formar professores. Eram aproveitados os que quisessem lecionar, por vocação ou por necessidade.

A maioria dos mestres se limitava a exigir que os alunos decorassem a matéria. Como os livros eram caros, a maior parte do que se aprendia tinha que ser memorizado. Quando isto não ocorria, os alunos eram castigados com a aplicação principalmente de *bolos,* aplicados com o auxílio de palmatória. Em cada fim de semana, realizavam-se verificações de conhecimento através das chamadas *sabatinas* que constituíam sempre oportunidade para a imposição de sanções disciplinares. O escritor Coelho Neto deixou uma página literária muito expressiva em que ele evoca o caráter repressivo desses estabelecimentos escolares.

Se o número de escolas primárias era insuficiente, a sua quantidade diminuía muito em relação aos ensinos secundário e superior. No primeiro caso, a unidade padrão era o Imperial Colégio D. Pedro II, fundado em 1837. Nele estudaram vários brasileiros ilustres, como o futuro diplomata e abolicionista Joaquim Nabuco e Rodrigues Alves, que mais tarde foi Presidente da República. Entre os professores, os mais notáveis foram o romancista Joaquim Manuel de Macedo, o poeta Gonçalves Dias e o historiador Capistrano de Abreu.

Entre os colégios particulares, adquiriu fama o Colégio Abílio, dirigido pelo Barão de Macaúbas e que se organizava em moldes renovadores, eliminando os castigos corporais e valorizando as competições intelectuais e esportivas. Raul Pompéia, em seu romance de reminiscência, *O Ateneu,* deixou uma descrição bastante viva e irônica da sua passagem por este internato.

As meninas e as moças, mesmo as pertencentes a famílias mais ricas, estudavam muito pouco. Eram raras as profissões femininas, de forma que era bastante comum as mulheres que ignoravam as primeiras letras. Muitos pais encaravam a instrução como algo dispensável ou mesmo perigoso para a formação moral das futuras mães de família.

Aquelas que conseguiam alguma instrução recebiam-nas de colégios de religiosas, principalmente os dirigidos por freiras francesas. Foram esses estabelecimentos que popularizaram, no Brasil, diversas *canções de roda* infantis. Inicialmente eram cantadas em francês e depois se foram popularizando recebendo modificações que as integraram no folclore brasileiro.

O ensino superior, iniciado durante a Regência e o Reinado de D. João VI, alcançou certo progresso. Entre os mais antigos estabelecimentos podemos mencionar as Faculdades de Direito de São Paulo e Olinda e a Escola de Medicina do Rio de Janeiro. Os que dispunham de maiores recursos financeiros, completavam a sua educação na Europa, preferentemente na Inglaterra, Alemanha, França e Itália.

A difusão do conhecimento fora das unidades dedicadas ao ensino era muito restrita. As bibliotecas públicas eram raras, a não ser em cidades mais importantes como o Rio de Janeiro que era o centro cultural mais expressivo da Etapa Imperial.

As livrarias também não eram numerosas e os livros eram importados ou impressos na Europa. A imprensa estava reduzida à dos estabelecimentos do Governo, como a Imprensa Nacional, ou à dos jornais. Estes últimos e as revistas eram também dominantemente estrangeiros. Os periódicos brasileiros tinham tiragem limitada e publicação comumente irregular. Somente alguns sobreviveram alcançando os nossos dias, como o *Diário de Pernambuco,* fundado em 1825, e o *Jornal do Comércio,* do Rio de Janeiro, datando de 1827.

Antes mesmo da Independência, com o levantamento das restrições opostas à entrada de estrangeiros no Brasil, intelectuais foram autorizados a percorrer o país. Entre os mais notáveis, ressalta a produção científica dos alemães – Martius e do Barão von Eschwege e a do francês Saint-Hilaire.

Martius deixou numerosos trabalhos sobre o Brasil, o mais importante dos quais foi a *Flora Brasiliensis,* publicada sob os auspícios do Imperador D. Pedro II. Foi também o primeiro a ensaiar um esboço de classificação dos grupos indígenas e dos escravos africanos, tendo como base critérios lingüísticos. O Barão von Eschwege realizou um levantamento dos recursos minerais do Brasil, apresentado na sua obra o *Pluto Brasiliense.* Eschwege, estimulado pelo Governo de D. João VI, fundou uma empresa particular e construiu próximo a Congonhas do Campo, em Minas Gerais, a Fábrica Patriota destinada à produção siderúrgica. Quanto a Saint-Hilaire, deixou excelentes relatos de viagens ao interior do Brasil, descrições quase sempre acompanhadas por observações críticas muito oportunas como, por exemplo, as que dirige ao baixo índice técnico dos procedimentos agrícolas e à excessiva concentração da propriedade da terra nas mãos de um número reduzido de donos.

Outras missões científicas e intelectuais isoladas continuaram a visitar o Brasil, onde encontravam facilidades para realizar os seus estudos e pesquisas sob o estímulo de D. Pedro II. Um desses passageiros ilustres foi Darwin.

Em 1856, o segundo Imperador favoreceu a organização de uma comissão científica composta por pesquisadores brasileiros. Entre eles se encontravam o botânico Freire Alemão e o poeta e etnólogo Gonçalves Dias.

Entre as instituições científicas mais antigas que até hoje se encontram em atividade, estão o Jardim Botânico, o Museu Nacional, hoje instalado no antigo Palácio Imperial de São Cristóvão. Nele estão abrigadas coleções preciosas referentes à etnologia, paleontologia, mineralogia e antigüidades em geral. Em particular, são notáveis os exemplares da cerâmica indígena e os objetos de artesanato popular. Outro estabelecimento fundado nos últimos tempos da Monarquia foi o Museu Emílio Goeldi, em Belém do Pará, particularmente especializado nos estudos da Amazônia.

Com o desenvolvimento de relações capitalistas, sobretudo a partir da abolição do tráfico negreiro em 1850, o universo dos conhecimentos até então limitado às escolas de Direito adquiriu maior diversificação. Para isto contribuiu bastante a ideologia do Positivismo, que valorizava as ciências naturais e exatas e o desenvolvimento técnico. Neste novo contexto, foi fundada a Escola Politécnica, em 1874, e dois anos depois se instalava a Escola de Minas, dirigida pelo francês Gorceix. A Escola de Engenharia de São Paulo somente surgiria já na Etapa Republicana, em 1893.

Com a diversificação das atividades produtivas no Brasil, em particular as do ramo industrial, as exigências de trabalhadores melhor qualificados estimularam a difusão do ensino primário, sobretudo nos grandes centros urbanos. Embora os progressos neste sentido sejam animadores, a verdade é que grande parte da população rural ainda permanece iletrada. Isto é bastante evidente nas Regiões Norte, Nordeste e Centro-Oeste, diminuindo no Sul e no Sudeste.

Em matéria de instrução popular, verifica-se em nosso país a existência de uma pirâmide formada pelos diversos níveis de ensino. Na base estão os que têm acesso ao curso primário. À medida em que se avança para o ensino superior, a pirâmide vai se tornando cada vez mais aguda na proporção em que o êxodo escolar determinado pela necessidade de ingresso no mercado de trabalho, torna-se mais freqüente.

Depois da Proclamação da República, o Primeiro Governo Provisório instalou o Ministério da Instrução Pública, Correios e Telégrafos cujo primeiro titular foi Benjamin Constant, professor-militar e ideólogo republicano adepto dos princípios positivistas. Nessa ocasião, elaborou-se também uma reforma do ensino dominada pelos parâmetros difundidos por Augusto Comte. Embora a atividade educacional fosse também atribuída prioritariamente aos poderes públicos, a participação da iniciativa privada neste campo social continuou a ser considerável através de estabelecimentos leigos e de filiação religiosa. Neste particular, cabe menção aos intelectuais, adeptos das confissões evangélicas, no tocante à renovação dos métodos pedagógicos, em São Paulo, no Instituto Mackenzie, e em Juiz de Fora, no Colégio Granbery.

Em 1930, foi criado o Ministério da Educação e Saúde, posteriormente dividido em Ministério da Educação e Cultura e Ministério da Saúde. Muito embora o ensino primário continuasse a ser de iniciativa e responsabilidade estaduais, este organismo elaborou diversas Campanhas de Alfabetização de Adultos, iniciou uma política de coordenação do ensino médio e superior, além de promover diversas reformas do ensino e planos nacionais de educação. A nova política educacional determinou a fundação de novos organismos entre eles o Instituto Nacional de Estudos Pedagógicos, o Instituto Nacional do Livro, o Instituto Nacional do Cinema Educativo, o Departamento Nacional da Criança e vários outros. Pedagogos extremamente competentes foram solicitados a colaborar, entre eles Lourenço Filho e Anísio Teixeira.

Outro campo que avançou de forma bastante promissora foi o da formação profissional. Em 1942, o Presidente Getúlio Vargas fundou o Serviço Nacional de Aprendizado Industrial (SENAI) e posteriormente o Serviço de Aprendizado Comercial (SENAC).

A formação de professores, que por muito tempo se restringira às Escolas Normais e ao Instituto de Educação, ambos destinados ao ensino primário, adquiriu novo impulso com a criação das faculdades de filosofia. A primeira a ser organizada foi a Sede Sapientiae, em São Paulo, no ano de 1933. A segunda, a da Universidade de São Paulo, data do ano seguinte. Em 1939, foi instalada a Faculdade Nacional de Filosofia que, em 1967, foi desmembrada em diversos Institutos. Uma velha aspiração que datava da Conjuração Mineira de 1789 era a da criação de uma Universidade, isto é, de uma instituição que englobasse um conjunto de escolas superiores, abolindo o monopólio do saber detido pela Universidade de Coimbra. Este projeto, várias vezes retomado durante o Império, somente foi concretizado na República. Em 1927, foi fundada a Universidade Estadual de Minas Gerais, sete anos depois, a de São Paulo e em 1937 a Universidade do Brasil. Experiência universitária importante, embora de curta duração, foi a Universidade do Distrito Federal, instalada em 1935. Mais recente e que constituiu uma unidade modelar em sua primeira fase foi a Universidade de Brasília.

O ensino militar está a cargo de colégios e academias onde se preparam os que se destinam ao Exército, à Marinha ou à Aeronáutica. Outros estabelecimentos de ensino, destinados a uma atividade dirigida para corrigir deficiências físicas, têm também recebido adequada expansão. Entre eles, o Instituto Benjamim Constant, o dos Surdos e Mudos e o Pestallozzi, este último dedicado especialmente à readaptação de crianças excepcionais.

No campo da produção científica, o das ciências sociais adquiriu excepcional importância principalmente a partir da Independência. A fundação do Instituto Histórico e Geográfico Brasileiro, localizado no Rio de Janeiro, tornou-o um centro valioso de estudo e de pesquisa. Tanto D. Pedro II, como os diversos Governos Provinciais, subvencionaram intelectuais para percorrerem os arquivos europeus, além de atribuírem aos representantes diplomáticos brasileiros a tarefa de levantar dados informativos que interessassem ao conhecimento da Formação Social Brasileira.

Francisco Adolfo Varnhagen, diplomata e historiador, escreveu a *História Geral do Brasil,* em grande parte baseada na consulta de documentos inéditos, embora aproveitados dentro de uma perspectiva bastante conservadora. O economista e político José da Silva Lisboa deixou incompleta a *História dos Principais Sucessos do Império do Brasil,* muitos dos quais o tiveram como testemunho e participante ativo como jornalista e depois como deputado na primeira Assembléia Constituinte, reunida em 1823.

O problema da consolidação e da legitimação do espaço nacional determinou que diversas pesquisas históricas tivessem como objetivo embasar a argumentação comprobatória dos direitos do Brasil nos litígios de fronteira. Um destes trabalhos, modelar no gênero, é *O Oiapoque e o Amazonas* elaborado pelo dipolomata Joaquim Caetano da Silva e que foi integralmente aproveitado pelo Barão do Rio Branco quando atuou como advogado do Brasil na Questão do Amapá em 1900.

Outro historiador, Capistrano de Abreu, renovou os estudos históricos a partir da defesa de tese como professor catedrático para o Colégio Pedro II. Já na República, publicou numerosos trabalhos, entre eles, uma síntese extremamente erudita: *Capítulos da História Colonial.* Superando as limitações contemporâneas, Capistrano de Abreu advogava o estudo dos grupamentos e classes sociais como principais protagonistas das transformações históricas. Quanto a João Ribeiro, a sua *História do Brasil* é inovadora, principalmente no tocante à metodologia, em grande parte assimilada das correntes historiográficas alemães.

A partir de então, os historiadores brasileiros têm aberto diretrizes novas na análise realizada, individual ou coletivamente, do nosso passado. Afonso Tunay dedicou-se em particular à divulgação documental do expansionismo bandeirantista, enquanto Otávio Tarquínio de Sousa realizou trabalho semelhante no estudo do Império Brasileiro. As mesmas qualidades apresentam os livros de Edgard Carone sobre as diversas etapas da História Republicana, enquanto Caio Prado Júnior e Néson Werneck Sodré têm orientado os seus estudos e pesquisas dentro da perspectiva do materialismo histórico. Sob este mesmo ângulo, Jacob Gorender publicou recentemente um levantamento exaustivo sobre a importância do trabalhador escravo.

Quanto às obras de equipe, há que mencionar a *História Geral da Civilização Brasileira* coordenada inicialmente pelo historiador Sérgio Buarque de Holanda e depois continuada com igual competência por Bóris Fausto.

A antropologia[6] e a sociologia adquiriam grande expressão principalmente sob o estímulo do movimento renovador iniciado em 1922. Aos trabalhos pioneiros de Nina Rodrigues, valorizando a contribuição cultural africana, seguiram-se as obras de Artur Ramos, particularmente a *Introdução à Antropologia Brasileira.*

Quanto aos sociólogos, há que lembrar os primeiros estudos de Gilberto Freyre, analisando dentro de um contexto fortemente influenciado pelos estudiosos norte-americanos e franceses a estrutura social do Nordeste açucareiro. Os trabalhos de Freyre, de Florestan Fernandes, de Luís da Costa Pinto e de Tales de Azevedo têm contribuído para esclarecer as peculiaridades da Formação Social Brasileira, sem os pressupostos racistas que se encontram na obra de Oliveira Viana. Mais recentemente, Maria Isaura de Queiroz e Maurício Vinhas de Queiroz têm concentrado a sua atenção na análise dos movimentos contestatórios rurais.

Outros ramos do saber científico também apresentam produtores expressivos. O sanitarista Osvaldo Cruz elaborou e executou o plano de erradicação da febre amarela e da peste bubônica no Rio de Janeiro e em Santos. O Instituto que tem o seu nome, no Rio de Janeiro, é ainda hoje um centro de pesquisas médicas muito importante. Muitos outros estudiosos têm colaborado para a melhoria das condições de saúde da população brasileira, entre eles, Miguel Couto, Vital Brasil, descobridor do soro antiofídico e, sobretudo Carlos Chagas, cujas pesquisas sobre a doença que tem seu nome alcançaram uma autêntica dimensão científica.

Não sendo um cientista, no tocante à produção de novos conceitos teóricos, Santos Dumont realizou experiências que o colocam a justo título entre os pioneiros da navegação aérea. Mais recentemente, no campo da pesquisa física, destacam-se os trabalhos de Mário Schemberg, César Lattes, Leite Lopes, Jacques Dannon e Jaime Tiomno.

Esfera Artística

Embora as populações indígenas e africanas fossem portadoras de uma produção estética, a sua valorização somente se realizou a partir do desenvolvimento dos estudos de antropologia e de sociologia e da renovação dos padrões de arte promovida a partir da Semana de Arte Moderna em 1922. Neste sentido, foram revolucionárias as contribuições pioneiras de Nina Rodrigues, Manuel Querino e Artur Ramos para citar apenas alguns que se esforçaram por demolir os mitos baseados na ideologia da superioridade racial. A identificação do africano e de seus descendentes com o trabalho escravo e a destruição das comunidades primitivas indígenas contribuiu não pouco para que as suas manifestações culturais fossem relegadas a um segundo plano e ignoradas pelos cultores do europocentrismo estético, como "manifestações populares" sem maior interesse.

Atualmente, esta perspectiva já foi em grande parte modificada e não poucos intelectuais têm se esforçado para analisar e preservar esses elementos constitutivos do patrimônio geral do povo brasileiro.

Durante a Etapa Escravista-Colonial, os padrões de bom gosto eram transmitidos através dos modelos vigentes em Portugal. No tocante às artes plásticas os princípios estéticos do Barroco[7] tiveram larga difusão, sobretudo no que diz respeito às soluções destinadas aos edifícios religiosos. Se, em geral, estas construções guardavam relativa fidelidade de conjunto aos modelos europeus, não tardou que nelas se insinuassem contribuições locais que nos permitem distinguir o Barroco Brasileiro em geral e, dentro dele, certos padrões diferenciadores regionais, como ocorre em Minas Gerais. A dominância da ideologia religiosa católica e o próprio isolamento que preservava a dominação colonial contribuíram para limitar as práticas inovadoras dos artistas locais. Há que também acrescentar que, até o século XX, as produções artísticas barrocas eram pouco estimadas e careciam de estudos mais profundos como atualmente se realizam. Nesse sentido foi fundamental a instalação do Serviço do Patrimônio Histórico e Artístico Nacional com a finalidade de preservar, restaurar e promover as pesquisas para a avaliação do acervo colonial.

Dois artistas plásticos, entre vários outros cuja obra está sendo identificada, possuem um conjunto de produções de excepcional qualidade. São eles, Valentim da Fonseca e Silva, o *Mestre Valentim*, e Antônio Francisco Lisboa, o *Aleijadinho*. O primeiro trabalhou principalmente no Rio de Janeiro, onde o Passeio Público, o Jardim Botânico e diversas igrejas guardam obras suas. Tanto quanto o *Aleijadinho*, o Mestre Valentim foi arquiteto, entalhador, escultor e cinzelador.

Quanto a Antônio Francisco Lisboa, sua atividade se presentifica nas numerosas igrejas erguidas principalmente sob o estímulo da atividade extrativa do ouro e do diamante em Minas Gerais. Numerosos estudos lhe têm sido dedicados, inclusive os de Germain Bazin, Conservador do Museu do Louvre. Bazin realizou um levantamento completo da produção artística do *Aleijadinho*, além de identificar as influências estéticas por ele sofridas e a reinterpretação que seu talento lhes imprimiu. Sua obra dispersa por diversas igrejas e museus de Minas Gerais pode ser principalmente admirada no conjunto escultórico que produziu para Congonhas do Campo: os Passos da Paixão de Cristo e os profetas que ornamentam o adro da Igreja do Bom Jesus de Matosinho.

Embora as atenções tenham sido dominantemente orientadas para a produção do barroco religioso, nem por isso as construções civis e militares são menos importantes. Disto são exemplos os edifícios públicos e residências rurais e urbanas que ainda remanescem e os diversos fortes erguidos para defender o patrimônio colonial português no Brasil.

O legado musical barroco é talvez a mais recente contribuição ao estudo e conhecimento do passado artístico brasileiro. A pesquisa pioneira de Kurt Lange, para isto comissionado pela UNESCO, revelou os Mestres do Barroco Musical Mineiro, em particular a obra de José Joaquim Emérico Lobo de Mesquita onde existe originalidade a par de um conhecimento técnico dos mestres europeus, notadamente dos sinfonistas italianos.

Quanto à literatura colonial, em sua grande maioria, ela tem sido englobada numa generalização histórica, quase sempre não orientada por um suporte crítico estético. Há que distinguir os relatórios descritivos, como a *Notícia do Brasil,* de Gabriel Soares de Sousa das produções dominadas por um projeto artístico como ocorre, por exemplo, entre os poetas da *Arcádia.*[8] O primeiro é apenas um rico repositório de informações sobre o Brasil em 1587, enquanto os árcades redefiniam a realidade brasileira através da sua sensibilidade e dentro de princípios estéticos determinados. A esta escola literária pertencem a maioria dos intelectuais envolvidos na Conspiração Mineira de 1789 e na do Rio de Janeiro de 1794.

A partir da Independência, a orientação formal que já se observava em algumas obras arcádicas, qual a de buscar inspiração em temas brasileiros, tornou-se mais forte. O nacionalismo temático defendido pelos cultores da solução romântica, produziu no Brasil a corrente *indianista* da qual foram principais representantes José de Alencar[9] e o poeta Gonçalves Dias. Embora haja sido a valorização literária do índio o que lhes conferiu maior notoriedade, tanto Alencar como Gonçalves Dias produziram outras obras versando sobre outros motivos. José de Alencar esforçou-se por realizar uma obra literária que abrangesse os outros representantes da sociedade brasileira. Assim, se *O Guarani, Iracema* e *Ubirajara* pertencem à prosa indianista, fortemente influenciada por Chateaubriand e Fennimore Cooper, *Senhora* exemplifica o romance urbano, enquanto *O Gaúcho* e *O Tronco do Ipê* se localizam no ambiente rural.

Manuel Antônio de Almeida evocou o Rio de Janeiro da etapa anterior à Independência no livro *Memórias de um Sargento de Milícias.* Nele desfilam os tipos populares, os costumes e tradições ainda muito coloniais e os mil e um incidentes da vida quotidiana da então capital do Reino Unido.

O poeta Castro Alves[10] trouxe um elemento novo à produção literária brasileira: a preocupação com a justiça social. Impressionado com o problema da escravidão, atacou-o em seus versos cujas imagens foram classificadas como *condoreiras* pelo seu alto vôo poético.

As modificações por que passava a Formação Social Brasileira na Etapa de Transição do Escravismo para o Capitalismo encontraram o seu observador mais arguto em Aluísio de Azevedo.[11] No seu romance *O Mulato,* ele tomou como base o problema do preconceito racial na sociedade maranhense. Além de ser um bom estudo crítico de uma sociedade provinciana do Império, limitada e pretensiosa, era a transformação da linguagem literária em arma para desmistificar a afirmação da inexistência de barreiras raciais no Brasil.

Em *O Cortiço,* Aluísio de Azevedo estuda diversos elementos da sociedade carioca. Impressionou-o a luta pela sobrevivência em que se empenhavam escravos, proletários e comerciantes, tendo como cenário espacial as habitações coletivas ou as mansões supostamente aristocráticas.

Ainda dentro dos quadros dos valores estéticos do Naturalismo, Raul Pompéia produziu o romance autobiográfico intitulado *O Ateneu.* São lembranças da sua vida escolar, do tempo em que foi aluno do famoso Colégio Abílio, um dos ginásios mais importantes do Rio de Janeiro imperial, como já dissemos. Pompéia também nos deixou uma descrição admirável, uma página vasada em excelente linguagem jornalística sobre a partida de D. Pedro II para o exílio. Como documento literário e testemunho pessoal, *Uma Noite Histórica* é de leitura sempre oportuna.

Diferente de todos estes escritores, Machado de Assis foi romancista, contista, poeta e crítico de arte. Sua produção literária situa-se no fim do Império e na Primeira República. O extremo domínio com que manejava o idioma e a análise profunda dos personagens, conferiram à sua obra um trânsito além das fronteiras, e vários de seus romances já foram traduzidos em diversos idiomas. Ainda em vida já era um nome consagrado e, com justiça, ocupou a direção da Academia Brasileira de Letras por ele fundada.

Alguns literatos também se interessaram pela produção teatral. Gonçalves Dias escreveu o drama *Leonor de Mendonça* de inspiração histórica e ambientado em Portugal no século XVI. O conhecimento que possuía do idioma português e que já utilizara para compor versos de sabor arcaico, foi novamente solicitado com pleno êxito para conferir certo verismo a este drama romântico.

Martins Pena dedicou a sua obra inteiramente ao teatro. Suas comédias de costumes fizeram as delícias das platéias no século passado e ainda se representam com êxito, atualmente. Uma das mais populares é *O Noviço,* através da qual acompanhamos as aventuras de um rapaz inteligente às voltas com um tutor desonesto que o queria meter à força em um convento.

Quanto aos jornalistas, Evaristo da Veiga dirigiu o jornal *Aurora Fluminense* transformando-a em um núcleo de resistência em favor das práticas liberais. Justiniano José da Rocha foi também ensaísta e intérprete das transformações políticas verificadas no Primeiro Reinado e no Período Regencial. Luís Gama, José do Patrocínio e Rui Barbosa atuaram especialmente nas campanhas abolicionistas e republicanas.

Em 1816, chegou ao Rio de Janeiro uma Missão Artística formada por pintores, escultores, arquitetos e gravadores contratados na França pelo Governo Português. Apesar das dificuldades, os mestres franceses fundaram um estabelecimento, mais tarde intitulado Imperial Academia de Belas-Artes. Através do ensino, da organização de exposições e da sua própria produção individual, Debret, Taunay, Grandjean de Montigny difundiram os princípios estéticos do Neoclassicismo.

Sob o estímulo do Imperador D. Pedro II, diversos artistas brasileiros foram se aperfeiçoar na Europa, em particular em Paris. Pedro Américo, Vitor Meireles e Almeida Júnior filiaram-se às práticas ecléticas do chamado Academismo, deixando telas em que evocam temas históricos, religiosos ou cenas típicas tratadas de forma brilhante, porém superficial. O mesmo se pode dizer dos escultores, estes, aliás, pouco representativos.

Não somente as artes plásticas se desenvolveram durante o império. A música também foi cultivada, aliás dentro da boa tradição legada por Portugal. Já no século XVIII, ao lado da produção erudita, quase sempre destinada a embelezar as festas religiosas, começaram a se desenvolver formas populares como a *modinha*.

Um compositor extremamente talentoso foi o Padre José Maurício Nunes Garcia, autor de obras sacras e profanas e que mereceu a proteção do Rei D. João VI. A maior parte das suas obras perdeu-se, mas o que restou atesta excelente qualidade, como a *Missa de Réquiem* escrita para as exéquias da Rainha D. Maria I.

A mesma proteção foi também conferida por D. Pedro II a diversos outros músicos nacionais e estrangeiros. Numa época em que as composições de Wagner eram recebidas com hostilidade, o soberano convidou-o para vir ao Brasil.

O grande centro de formação musical era o Conservatório Nacional de Música, cujo primeiro diretor foi Francisco Manuel da Silva, autor do Hino Nacional. Nele iniciou seus estudos o compositor paulista Antônio Carlos Gomes, que foi a maior figura musical do Império. Depois de aperfeiçoar os seus conhecimentos em Milão, Carlos Gomes estreou nesta cidade a sua ópera mais famosa, *O Guarani,* inspirada pelo conhecido e popular romance de José de Alencar.

Carlos Gomes elaborou diversos outros dramas líricos, entre eles, *O Escravo,* destinado a comemorar a aprovação da Lei Áurea de 1888. Uma de suas últimas composições foi o oratório *Colombo,* escrito em 1892, quando então era celebrado o quarto centenário do Descobrimento da América.

No período anterior à *Semana de Arte Moderna* de 1922, a construção de uma identidade artística brasileira não havia ultrapassado senão os aspectos formais. Embora os assuntos escolhidos fossem nossos, o tratamento que recebiam limitavam a proposta e a realização desta identidade nacionalista apenas a uma superficialidade pitoresca. É o que se observa desde os primeiros ensaios arcádicos, até as produções romântica e naturalista.

O impasse alcançou o fim do século passado e se manteve na poesia de Olavo Bilac, de Raimundo Correia, de Vicente de Carvalho ou de Alberto de Oliveira. Todos eles filiaram-se aos padrões rígidos do modelo parnasiano que buscava a perfeição da forma pela utilização de uma linguagem extremamente correta dentro de padrões gramaticais e, de tal maneira contida no seu emocionalismo, que resvala para a frieza. Também não foram melhor sucedidos os cultores da Escola Simbolista, embora se regessem por parâmetros totalmente diversos e que valorizavam o emocionalismo e a musicalidade da forma.

Foi na prosa literária que surgiram os primeiros sintomas do que se chamou depois o Movimento Revolucionário Modernista. Euclides da Cunha, na sua obra máxima, *Os Sertões,* recriou literária e criticamente a luta de populações camponesas revoltadas contra a ignorância, a miséria, em suma, contra uma vida sem perspectivas. Esse movimento ocorrido no interior da Bahia, em fins do século XIX, teve a chefia de um líder religioso e foi esmagado depois de haver vencido três expedições organizadas para combatê-lo. Ainda que faltassem a Euclides da Cunha os conhecimentos científicos para melhor equacionar a problemática social dessas populações exploradas, ele fez de *Os Sertões* um libelo contra a indiferença e a ignorância que separavam o Brasil urbano e o rural.

Outro literato extremamente vigoroso e crítico foi Lima Barreto. Em seu romance *O Triste Fim de Policarpo Quaresma,* o herói é um modesto funcionário que termina por ser vítima do seu entusiasmo ingênuo e acrítico em relação à realidade brasileira.

Também foi esta linha irônica e bastante amarga, a seguida por Monteiro Lobato. Pouco antes da Guerra de 1914/18, ele já era conhecido como jornalista, mas a sua notoriedade lhe adveio principalmente da produção de contos e da criação de uma literatura infantil brasileira. Colocou o seu talento também a serviço de grandes temas de debates nacionais, em particular o que se travou em relação à pesquisa de petróleo no Brasil.

Nesta fase de transição que antecedeu ao advento do Modernismo, também encontramos outros ramos da produção cultural hesitando entre um engajamento na realidade brasileira e o temor de desafiar os princípios impostos pela Europa. Os pintores, os escultores, arquitetos e músicos se mantinham, na maior parte, na adoção quase literal das soluções consagradas pelos grandes mestres e que lhes eram ensinadas em Paris ou em Roma.

Eliseu Visconti destacou-se pela variedade de estilos e pela pesquisa constante, notadamente do problema da cor. De trabalhos da juventude, marcados ainda por uma forte tradição acadêmica, ele enveredou pelas diretrizes estéticas do Pré-Rafaelismo inglês e pelo estudo dos grandes mestres do primeiro Renascimento italiano.

A sua fase de maturidade, ele a encontrou no Impressionismo, trazendo para as suas telas a luz tropical, ao mesmo tempo em que se firmava como excelente retratista e decorador. Neste último campo, produziu o conjunto que ornamenta o Teatro Municipal do Rio de Janeiro.

Em 1922, abriu-se a Semana de Arte Moderna, que propunha uma atitude nova diante da ambiência brasileira. Atacavam-se os padrões acadêmicos das poesias parnasiana e simbolista e os da prosa pós-naturalista.

Os intelectuais que a organizaram buscavam uma redescoberta do cenário nacional, a integração do folclore à arte, a valorização da linguagem popular e também novas formas de apreensão do mundo que a produção artística de vanguarda européia, especialmente a corrente futurista, havia criado. Assim, os conflitos sociais, os problemas humanos produzidos pela civilização industrial, as conquistas científicas e outros elementos revolucionários recentes passavam a se integrar e a fecundar o campo da produção intelectual. O artista, enquanto produtor, passava a ter também uma responsabilidade social.

Mário de Andrade, Oswald de Andrade,[12] Manuel Bandeira[13] e outros organizaram e realizaram uma semana de conferências, apoiadas pelo acadêmico Graça Aranha,[14] no Teatro Municipal de São Paulo. Amostras diversas expunham as tendências mais radicais da produção artística na pintura (Anita Malfatti), na música (Villa-Lobos), na escultura (Brecheret) e na poesia (Manuel Bandeira, Oswald de Andrade, Menotti del Picchia). A polêmica que então se levantou foi extremamente fecunda para romper os limites do provincialismo cultural em que se mantinham as produções intelectuais brasileiras.

Um conjunto de determinantes explica a insatisfação que produziu e se manifestou na realização da Semana de Arte Moderna. A transformação que os modernistas propunham era uma representação, no campo da produção artística, das transformações mais profundas que se verificavam na Formação Social Brasileira e no mundo.

Até 1914, o Brasil fora uma nação de economia basicamente agrícola, exportadora de matérias-primas e compradora de produtos industriais estrangeiros. As poucas indústrias então existentes não bastavam para atender às necessidades de um mercado interno em expansão de consumo, nem o que se produzia, em quantidade ou em qualidade, tinha condições que o capacitassem a concorrer tecnicamente com os produtos de países mais industrializados. A Primeira Guerra Mundial veio provocar o primeiro surto industrial realmente importante, conhecido como o da *substituição de importações*. As economias às quais antes se recorria para satisfazer ao consumo de produtos beneficiados, estavam com as suas capacidades concentradas no esforço de guerra, sobretudo os centros produtores da Europa. Houve, portanto, a necessidade de diversificar a economia brasileira e de transferir recursos financeiros substanciais do setor agrícola para o industrial. O resultado de todas essas mudanças foi o surgimento, entre 1914 e 1918, de mais de quatro mil unidades fabris, além do desenvolvimento dos setores sociais proletário, burguês industrial e pequeno-burguês.

Outra modificação importante foi a de maior articulação do Brasil com os Estados Unidos que então emergiam como a maior potência do mundo capitalista. Até então, as maiores ligações se haviam verificado com os países europeus, aos quais o Brasil se subordinava em termos de relações econômicas, financeiras, comerciais e culturais. O modelo norte-americano representava uma opção mais moderna, em particular, no tocante à tecnologia.

A Europa do pós-guerra estava convulsionada por conflitos sociais que derrubavam os padrões de comportamento anteriores e que não haviam ainda se fixado em diretrizes que pudessem ser exportadas, como ocorria na época em que era incontestável o primado europeu no mundo.

Também no tocante às práticas políticas brasileiras existia uma profunda insatisfação. A Primeira República fora dominada pelos interesses agrários representados principalmente pelos produtores de café. A sucessão presidencial era quase um privilégio exclusivo dos Estados de Minas Gerais e, principalmente, de São Paulo.

As transformações determinadas pela Guerra fortaleceram os setores oposicionistas que, ao adotarem soluções diversas, realizaram movimentos de revolta que se manifestaram principalmente entre 1922 e 1930.

O grande vulto intelectual do Modernismo, especialmente na sua fase pioneira, foi Mário de Andrade.[15] Mário de Andrade batia-se por uma arte nacional, com raízes mergulhadas no folclore, e se esforçou por introduzir os modismos do linguajar brasileiro nas suas obras literárias. Ridicularizou os que escreviam à maneira portuguesa ou os que afetavam uma linguagem já caída em desuso ou demasiado erudita, e, portanto, incompreensível para o grande público. Esta preocupação nacionalista o levou a esboçar uma "linguagem brasileira" que reunia os elementos mais comuns do falar popular.

Outro campo que muito o interessou foi o das manifestações artísticas populares e para isto recolheu e classificou, em pesquisas contínuas, as características de folguedos regionais, danças, cantos, contos e demais produções anônimas de artistas esquecidos.

Uma das principais obras de Mário de Andrade é *Macunaíma,* prosa de ficção baseada em elementos folclóricos. É uma espécie de alegoria do Brasil, realizada através das aventuras de um herói que sintetiza as características gerais do povo brasileiro. O livro se chama, realmente, *Macunaíma, o herói sem nenhum caráter,* nisto significando que o Brasil, país jovem e herdeiro de várias correntes culturais, estava ainda a caminho da sua própria identidade.

A partir da Revolução de 1930, quando se encerrou a chamada Primeira República, novos talentos vieram juntar-se aos promotores da primeira fase modernista. Desses artistas mais recentes, alguns dos quais ainda em atividade, podem ser lembrados Jorge de Lima, Cassiano Ricardo, Raul Bopp e Carlos Drummond de Andrade.

Além da inspiração subjetiva, que reflete a realidade sob um prisma inteiramente pessoal, vários outros poetas procuraram realizar uma obra de protesto, como Vinícius de Morais e principalmente João Cabral de Melo Neto. Sua peça *Vida e Morte Severina,* musicada por Chico Buarque de Holanda, conheceu merecido sucesso do público e da crítica.

A prosa de ficção, sob o impulso do Modernismo, revelou talentos regionais como o de José Américo de Almeida, político e escritor, cuja obra *A Bagaceira* enfoca os retirantes nordestinos que buscam melhores condições de vida, abandonando o sertão em demanda das regiões produtoras de açúcar na Paraíba. O tema dos efeitos da seca também reaparece em *O Quinze,* de Raquel de Queirós e em *Os Corumbas,* de Amando Fontes, ambientados respectivamente no Ceará e em Sergipe.

O Nordeste açucareiro inspirou a maior parte da obra de José Lins do Rego. Misturando as suas reminiscências pessoais e a inventiva literária, o autor pinta a decadência dos antigos engenhos e a da classe senhorial escravista que eles sustentavam. O choque entre a usina tecnicamente mais poderosa e os engenhos arruinados é o motivo principal dos romances *Banguê* e *Menino de Engenho.* Este último mereceu uma filmagem muito cuidadosa e sensível sob a direção de Walter Lima Jr.

Graciliano Ramos foi outro escritor nordestino que manejava um estilo inteiramente pessoal a serviço de uma sensibilidade voltada para os problemas sociais. Sua obra mais conhecida, *Vidas Secas* foi também transposta para o cinema por Nélson Pereira dos Santos. A opção política de Graciliano, que era um intelectual de esquerda, levou-o a conflitos com a estrutura repressiva do Estado Novo (1937/45). Disto deixou um depoimento precioso, tanto ao nível artístico como pelo conteúdo humano, que são as *Memórias do Cárcere.*

A Bahia contribuiu principalmente com os romances de Jorge Amado, alguns ambientados em Salvador, outros na área cacaueira de Ilhéus e, em menor número, na região do sertão.

Um talento realmente ímpar foi o de Guimarães Rosa, falecido em 1967. Sua maneira de manejar o idioma revigorou a produção literária. Embora a sua obra-prima *Grande Sertão: Veredas* se desenvolva em ambiente regional, nem por isso se prende aos limites estreitos de uma descrição meramente pitoresca.

Também a partir de 1922, as artes plásticas brasileiras se renovaram em busca de identidade própria. Di Cavalcanti trouxe para as suas telas figuras populares, especialmente as suas famosas mulatas. O mar e as praias brasileiras constituem elementos muito presentes nos quadros de Pancetti, enquanto Guignard revelou a beleza poética da paisagem mineira, em particular a de Ouro Preto, uma das cidades-monumentos nacionais.

Cândido Portinari estudou no Brasil e se aperfeiçoou na Europa, onde entrou em contacto com as correntes inovadoras da pintura, que incorporou à sua experiência, sem perder a sua personalidade própria. Reuniu, assim, uma sólida formação técnica, uma pesquisa enriquecedora, tudo isto a serviço de uma inquietação artística que não o abandonou nunca.

Como muralista, Portinari deixou contribuição monumental no antigo Ministério da Educação, no Rio de Janeiro, e na Igreja de São Francisco de Assis, em Belo Horizonte. O palácio das Nações Unidas em Nova York possui dois belos painéis deste artista: *A Guerra* e *A Paz.*

Com a pintura de Portinari surge, poderosamente, a inspiração baseada em uma temática social. Grande parte da produção do artista evoca a vida dos meninos pobres, os divertimentos populares infantis, a miséria dos retirantes.

O russo Lasar Segall integrou-se no Movimento Modernista fixando aspectos da vida brasileira, urbana e rural, em obras penetradas de sentimento poético, sem que lhes falte uma perspectiva crítica.

Onde a produção artística brasileira adquiriu um caráter inovador quase revolucionário e renome internacional, foi na área arquitetônica. Um dos maiores nomes neste campo da produção social é o de Oscar Niemeyer, cuja contribuição pessoal está presente no conjunto urbanístico e arquitetônico de Brasília.

Fator de grande repercussão cultural tem sido a fundação de museus e a realização da Bienal de São Paulo. Entre eles, ressalta o Museu de Arte de São Paulo, onde podem ser apreciados os grandes nomes da arte universal e do Brasil. As coleções deste centro de arte incluem exemplares da escultura greco-romana, telas de Rafael, Ticiano, El Greco, Velásquez, Goya, mestres do impressionismo e Picasso. No Rio de Janeiro, a arte de vanguarda está representada principalmente no Museu de Arte Moderna.

Heitor Villa-Lobos é um nome inseparável das mudanças verificadas na arte musical brasileira. Talento inquieto, pesquisador, original na sua pessoalidade, ele representou a convergência feliz das tradições populares e eruditas. Praticamente, nenhum gênero musical escapou ao seu interesse. Lembremos, apenas, por exemplificar, os seus numerosos *Choros,* a suíte coral *O Descobrimento do Brasil* e as *Bachianas Brasileiras.*

Ao lado da música erudita, a de origem popular tem sido também valorizada. Um dos primeiros nomes ligados a este gênero de produção foi o de Chiquinha Gonzaga. Já Noel Rosa é considerado um *clássico* da música popular. Sua produção é numerosa e variada, sobretudo levando-se em conta que este compositor teve vida bem curta. Através dos sambas de Noel Rosa, podemos evocar o Rio de Janeiro dos anos 30, em particular a vida suburbana e a boemia de bairros populares como a Lapa. Muito irônico, Noel ridicularizou os modismos da época, desde os hábitos políticos à imitação pouco imaginativa de padrões estrangeiros por alguns setores da alta sociedade.

Ari Barroso representa outra tendência da música de sabor popular, ao lançar mão de certo preciosismo erudito para organizar as suas composições. O período mais brilhante da sua atividade artística coincide com o do Estado Novo e, no campo internacional, com o desenvolvimento da *Política de Boa Vizinhança.* Desta época datam as suas composições de cunho nacionalista como *Aquarela do Brasil,* de forte inspiração romântica. Várias de suas músicas foram divulgadas principalmente nos Estados Unidos, inclusive através de filmes realizados em Hollywood. Dorival Caymmi popularizou a Bahia e teve, entre outros grandes intérpretes, a contribuição original de Carmen Miranda.

Dentre os compositores mais atuais, um dos maiores nomes é o de Chico Buarque de Holanda, que também realizou incursões pelo campo teatral. Suas obras, inicialmente muito românticas, como *A Banda,* evoluíram depois para uma temática social extremamente vigorosa no tocante ao conteúdo e à forma, como ocorre em *Construção.*

Nélson Rodrigues trouxe para o teatro brasileiro uma contribuição revolucionária, tanto na encenação como na temática e, principalmente, na linguagem. Ao contrário dos seus predecessores, Nélson Rodrigues não era um literato que escrevia peças como uma atividade artística suplementar. Sua linguagem viva, captando modismos cariocas a serviço de um estudo psicológico realizado em profundidade e que revelava familiaridade com as práticas analíticas, conferiram ao conjunto da sua obra teatral uma densidade nova que não encontrava nenhum paralelo no passado.

Suas peças despertaram entusiasmos e críticas. Acusaram-no de buscar o escandaloso, o mórbido e o excepcional. Uma de suas produções mais famosas, *Vestido de Noiva* escandalizou na época pela sua concepção dramática revolucionária. A ação se desenrola em três planos, o consciente, o da memória e o do inconsciente, através da mente de uma mulher atropelada.

Dias Gomes tornou-se famoso com a peça *O Pagador de Promessas.* Tendo como cenário Salvador, a história descreve o choque entre um homem simplório do campo com a realidade urbana que o destrói. A peça fixa bem o contraste entre o Brasil citadino e o rural, o seu desconhecimento mútuo e as suas dificuldades de integração. *O Pagador de Promessas,* depois de conhecer o êxito na sua versão teatral, foi transportado para o cinema sob a direção de Anselmo Duarte. O resultado foi muito feliz, disto resultando a sua premiação no festival internacional de Cannes em 1962.

Ariano Suassuna revalorizou com muita propriedade a literatura popular do Nordeste e a tradição de representações em estilo circense, no *Auto da Compadecida.* A decadência da aristocracia cafeeira depois de 1930 encontrou um dos seus melhores intérpretes em Jorge de Andrade, enquanto os temas sociais vistos sob uma perspectiva mais radical mereceram as preferências de Augusto Boal, Gianfrancesco Guarnieri e de Oduvaldo Viana Filho. Neste ângulo se incluem também as peças de Plínio Marcos.

O cinema brasileiro[16] só em época mais recente é que alcançou certa continuidade industrial. No entanto, não faltam em sua história algumas produções realizadas com extremo valor artístico.

Já em 1929, Mário Peixoto lançou o *Limite,* que mereceu elogios de vários diretores de vanguarda, entre eles Eisenstein e Orson Welles. Antes dele, Humberto Mauro já produzira filmes de grande apuro artístico, passando a se dedicar posteriormente à realização de documentários.

A partir de 1950, a produção cinematográfica tomou impulso passando inclusive a comparecer com certa regularidade às mostras internacionais. Um ponto de partida muito promissor foi *O Cangaceiro*, de Lima Barreto, que possuía qualidades artísticas, embora prejudicadas pela excessiva concessão ao exotismo. Anselmo Duarte alcançou merecida consagração em

Cannes com o seu *Pagador de Promessas,* o mesmo ocorrendo com Nélson Pereira dos Santos, com a versão de *Vidas Secas.* Gláuber Rocha voltou-se para os problemas rurais que ele trouxe para as telas sob a forma de alegorias muito elaboradas, como em *Deus e o Diabo na Terra do Sol.*

O rádio difundiu-se no Brasil a partir de 1930, transformando-se em um veículo de comunicação extremamente poderoso. Um pioneiro, o etnólogo Roquette Pinto, esforçou-se por transformá-lo em um instrumento de difusão cultural ao alcance das massas. O projeto inicial de Roquette Pinto teve uma realização extremamente limitada, exceção feita da rádio que tem seu nome e da que pertence ao Ministério da Educação e Cultura. Mais recentemente, a televisão passou a concorrer com o cinema e o rádio na disputa das preferências do público. A expansão dos canais televisores iniciou-se no Governo Kubitschek (1956/1961) e hoje alcança grande parte do território nacional, através de emissoras concentradas principalmente no Rio de Janeiro e em São Paulo.

A Esfera Técnica

É talvez neste campo cultural onde se ressente a pobreza da contribuição brasileira. A prolongada utilização de trabalhadores escravos, a excessiva dependência de uma produção agrária destinada dominantemente à exportação e a industrialização recente contribuíram bastante para não estimular a produção de uma tecnologia original. Esta dependência ainda se manifesta em nossos dias de maneira muito acentuada. Para preencher esta lacuna, o Conselho Nacional de Pesquisas, a Coordenação do Aperfeiçoamento do Pessoal de Nível Superior e o Banco Nacional de Desenvolvimento Econômico têm engajado os estudos e a produção cultural, principalmente nas áreas biomédicas e tecnológicas. Outras instituições também se especializam nesses mesmos objetivos, entre elas o Fundo de Desenvolvimento Técnico Científico, os Centros Regionais de Pós-Graduação e o Inventário de Cientistas e Instituições de Pesquisa. A Reforma do Ensino Superior de 1969 procurou fornecer melhores condições de trabalho para os pesquisadores e cientistas brasileiros.

Formação Cultural Brasileira

A entrada da Formação Social Brasileira na História Mundial resultou da expansão mercantil européia que se desenvolveu a partir do século XV. Até

1822 permaneceu a dominação colonial portuguesa e, nestas condições, a cultura européia era favorecida pela posse de instrumentos para se impor e conservar das contribuições indígenas e africanas os elementos selecionados pelo critério dos seus interesses.

As formações sociais indígenas representavam os diversos estágios da comunidade *primitiva* que entrou em rápida desagregação como organização autônoma a partir dos contactos com os representantes do expansionismo europeu. O avanço das frentes pioneiras promoveu, sucessivamente, a diminuição das áreas de mobilidade espacial e de obtenção de recursos de sobrevivência determinando o decréscimo quantitativo dessas populações, cuja importância numérica é atualmente bastante reduzida.

Deste relacionamento, pacífico ou conflitante, resultaram a mestiçagem e a incorporação de várias experiências daquelas comunidades à Formação Social Brasileira. Estes elementos foram transformados, na medida em que se articulavam em outra estrutura social, diferente daquela que organizava as populações indígenas.

É neste novo contexto que deve ser analisado o aproveitamento econômico da mandioca, do milho, do algodão, da batata e de numerosas outras espécies vegetais, além do emprego de procedimentos agrícolas, de técnicas de caça e pesca e das práticas de trabalho coletivo ainda comuns no meio rural. A mesma reflexão deve ser feita no estudo das transformações dos processos alimentares ou das contribuições indígenas ao universo do folclore brasileiro. Pioneiros dos estudos antropológicos, como o General Couto de Magalhães e Barbosa Rodrigues, iniciaram o levantamento de dados sobre o lendário indígena para confrontá-los na sua versão original com a reinterpretação que os ajustou aos valores europeus, notadamente os da ideologia religiosa católica.

Outros interessados em uma problemática mais ampla, como o Marechal Rondon, dedicaram os seus esforços à preservação física e cultural dos remanescentes tribais, colaborando para a fundação do Serviço de Proteção ao Índio.

A contribuição africana também sofreu o mesmo processo seletivo, na medida em que os seus representantes ingressavam na Formação Social Brasileira como trabalhadores escravos. No entanto, esta mesma condição extremamente repressiva favoreceu a preservação de valores culturais, porque havia todo o interesse que a população escrava conservasse os seus elementos diferenciadores de origem e as respectivas rivalidades étnicas. Isto era uma condição de segurança para impedir que as revoltas de escravos atingissem proporções demasiado amplas. Além disso, as populações africanas já se organizavam em estágios diversos de estrutura social: comunidades *primitivas*, em nível semelhante ao das populações indígenas brasileiras, e sociedades divididas em classes, de tipo escravista, feudal e "asiático". Nestas condições, vários elementos originais africanos puderam ser incorporados quase integralmente no Brasil, como os procedimentos mineradores, largamente utilizados em Minas Gerais no século XVIII.

Na segunda metade do século XIX, os estudiosos brasileiros como Nina Rodrigues e Manuel Querino começaram a estudar a presença cultural africana no Brasil, buscando analisá-la sem os pressupostos racistas. Nina Rodrigues foi mais longe, desmascarando as afirmações colonialistas européias que apresentavam o africano e seus descendentes mestiços como marginalizados sociais natos.

O campo de estudos aberto por aqueles desbravadores somente tendeu a se expandir e hoje constitui mesmo um campo de especialização na área de estudos antropológicos brasileiros. Para esses pesquisadores, o Rio de Janeiro, Minas Gerais, a Bahia e o Nordeste oferecem condições de trabalho excepcionais. Os estudos afro-brasileiros também têm sido beneficiados pelo intercâmbio cultural com as novas nações africanas, principalmente com o Senegal, a Costa do Marfim, Gana, Nigéria, Angola e Moçambique. Angola, em particular, exerceu uma influência muito grande na cultura popular brasileira que incorporou, entre muitas contribuições angolanas, o samba e a capoeira. Outro setor cultural que desperta interesse sempre renovado é o da luta pela preservação de uma identidade religiosa pelos africanos e seus descendentes pelo recurso ao sincretismo afro-católico.

A partir do século XIX, quando o Estado Português aboliu os impedimentos à entrada de estrangeiros no Brasil, começou a se processar maior diversificação cultural na Formação Social Brasileira que, até então, se estruturava em valores dominantemente portugueses.

Embora a imigração portuguesa continuasse a ser a mais constante depois da Independência, outros contingentes étnicos começaram a se fazer representar. Para isto, muito contribuiu a reação contra o trabalho escravo que se fazia internacionalmente e que também encontrava aliados nos setores burgueses emergentes no Brasil. Depois de 1850, quando foi proibido o tráfico negreiro, colonos estrangeiros, principalmente alemães, italianos e eslavos, foram localizados em terras da Região Sul. Mais variada era a composição dos imigrantes que se estabeleciam nas cidades, em particular, no Rio de Janeiro e em São Paulo, e que tiveram participação muito importante no desenvolvimento do proletariado urbano. Foram eles os introdutores das primeiras entidades de congregação operária, organizadas sob a forma de associações mutualistas.

A presença de traços culturais legados por esses colonos foi extremamente importante na Região Sul, onde os traços germânicos e italianos ainda se fazem sentir em diversas cidades.

Já no fim do Período Imperial (1822-1889) começaram a chegar os imigrantes sírio-libaneses que passaram a se dedicar ao pequeno comércio urbano, popularizando-se na figura do *mascate.* O mesmo se pode dizer dos grupos judaicos, oriundos da Europa Central e Oriental, em particular das áreas pertencentes ao antigo Império Russo.

A partir de 1930, intensificou-se a vinda de imigrantes japoneses, cuja colônia brasileira somente é superada em número pela que se fixou nos Estados Unidos. A presença japonesa é muito importante em São Paulo, no Paraná e na Amazônia, tanto localizada em atividades urbanas, como nas de base agrária.

Somente em conjunturas específicas é que estes grupamentos estrangeiros puderam causar problemas. Isto ocorreu, limitadamente, com alemães e japoneses durante a Segunda Guerra Mundial.

Todas as relações sociais são produto da atividade humana. A especialização desta atividade constitui a divisão social do trabalho, que é a repartição dos agentes sociais por tarefas econômicas, jurídico-políticas, ideológicas e outras.

O nível econômico compreende as formas de produção, distribuição e trocas de bens materiais. O nível jurídico-político diz respeito aos princípios e às práticas de exercício da autoridade e do poder e de sua respectiva legitimação, enquanto o nível ideológico fornece a representação do mundo que confere uma unidade profunda às estruturas sociais.

O conceito de processo de trabalho é fundamental para que possamos entender as relações sociais diversas que constituem o produto da atividade humana. Ele pode ser esquematizado da seguinte maneira:

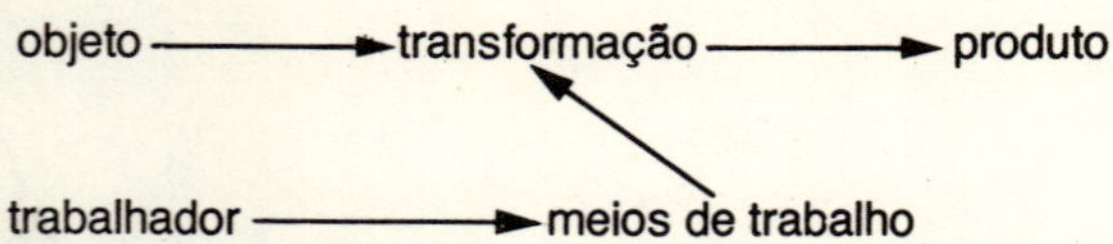

Um exemplo para tornar mais clara a explicação: ao passar um fim de semana num sítio, uma pessoa improvisa uma rede qualquer a fim de caçar borboletas, o que consegue depois de algum esforço. Evidentemente essa borboleta não veio para a rede espontaneamente. Essa mesma pessoa também poderia ter improvisado um anzol, tê-lo jogado no rio e ficar aguardando que qualquer peixe mordesse a isca. Esse peixe não iria sair da água por gosto. Podemos dizer, portanto, que ao caçar uma borboleta, ou ao pescar, essa pessoa realizou um processo de trabalho. Isto porque ela transformou a borboleta voando numa borboleta presa, com o auxílio de uma rede – instrumento de trabalho – usando para isso a atividade mecânica de ficar atrás da borboleta. Se tivesse desempenhado a atividade de pescar, o peixe dentro d'água seria o objeto; o peixe fora d'água, o produto. Portanto, um objeto transformado em produto pela intervenção de um trabalhador, que usa para isso um instrumento de trabalho adequado.

Acontece que essa pessoa volta para o Rio de Janeiro, não se preocupando em criar condições para reproduzir aquele processo de trabalho quantas vezes necessário. Se, ao contrário, tivesse se fixado neste sítio, para viver da pesca, teria que produzir condições através de uma série de informações empíricas para pescar quantas vezes necessário e, sobretudo, pescar o peixe que desejasse. Isto implicaria em verificar qual a época apropriada para a pesca, que tipo de anzol utilizar, etc.; o que significa que ela estaria reproduzindo o processo de trabalho, ou seja, estaria realizando um processo de produção.

No processo de trabalho, que é abstração, tem-se objeto, trabalhador e meios de trabalho. Sendo que não se pode produzir sem que haja um objeto a ser transformado, e meios de trabalho com os quais transformá-lo. Chama-se então o objeto mais os meios de trabalho de meios de produção. Este conceito enquadra exatamente tudo que é produzido.

Em linguagem histórica não se pode usar o verbo criar, porque criar e/ou produzir do nada é um atributo de Deus. Portanto, o verbo criar fica melhor em um discurso religioso. Em ciência da História usa-se transformar, produzir, realizar, ou qualquer verbo que denote sempre a ação de um trabalhador.

Tudo resulta, portanto, de um processo de produção. E são exatamente as diferenciações das diversas relações resultantes de processos produtivos, que constituem o que se chama divisão social do trabalho, que aliás caracteriza qualquer formação social. A divisão social do trabalho é a divisão dos agentes sociais, ou seja, dos elementos que compõem uma formação social determinada, em tarefas econômicas, jurídico-políticas, ideológicas, estéticas, científicas, técnicas e outras. Quanto mais complexa a formação social, maior a divisão social do trabalho. Porém, os três primeiros elementos – econômico, jurídico-político e ideológico – são muito bem diferenciados. Isto não quer dizer que uma função eminentemente econômica não possua aspectos repressivos e que, portanto, seja também jurídico-política de alguma forma. E pode ocorrer, como por exemplo em uma comunidade primitiva, que o nível estético ou a especialização estética não sejam diferenciados dos demais.

Para esclarecer sobre duas expressões que causam confusão, é necessário explicar o que é instância e o que é nível ou estrutura. A instância é o modelo teórico, conceitual, isto é, um procedimento de estudo, que nos permite reinterpretar os dados empíricos, transformando-os de elementos brutos, ainda não trabalhados, em elementos científicos sob a forma de uma estrutura real, concreta, ou nível. Por exemplo: quando um médico recebe um doente, este fornece-lhe dados empíricos escolhidos a partir de sua sensibilidade (vertigens, dores, etc.). Esses dados empíricos vão ser organizados pelo médico dentro de uma outra hierarquia, que é exatamente a sua instância, ou seja, o seu modelo teórico que lhe permite inclusive organizar esses dados sem contrair a doença. Dessa forma, ele devolve as informações sob a forma de uma estrutura real, concreta, que é o seu diagnóstico.

Em toda formação social existe uma divisão social do trabalho e estruturas reais, concretas, que são organizadas por instâncias que valorizam adequadamente os dados empíricos. Assim, tem-se a estrutura econômica que diz respeito às formas de produção e de troca de bens materiais; a estrutura jurídico-política que diz respeito às formas e práticas que se exercem em termos de poder e autoridade; e a estrutura ideológica que dá uma unidade, que confere aos agentes sociais uma visão do mundo, que tem como objetivo final manter essa própria unidade.

A estrutura econômica é organizada pelas relações de produção, que são as relações técnicas de produção e as relações sociais de produção. Relações técnicas de produção são as relações de controle técnico ou não controle que o trabalhador exerce sobre os meios de trabalho. Por exemplo: se uma pessoa que está escrevendo possui muito conhecimento da atividade transformadora de escrever, executará o trabalho produtivo de escrever rápida e eficientemente. Neste caso, ela controla muito bem o lápis (meio de trabalho). Em caso contrário, se está apenas aprendendo a escrever, o controle que vai exercer sobre o meio de trabalho (lápis) será pouco suficiente e ela vai escrever mal.

Controle técnico não quer dizer propriedade. Nas relações técnicas o que existe é posse, uso útil de um bem, ou apropriação real. Não se deve confundir apropriação com propriedade. Um trabalhador se apropria de um bem, trabalha sobre ele realizando um produto, e não é seu dono. Nas primeiras formas sociais a apropriação era exercida sobre o que a natureza oferecia.

A análise de um processo de produção, isto é, um processo de trabalho que se repete, ao nível técnico, se realiza a partir desse processo no qual atuam não um trabalhador isolado, mas sim trabalhadores. Pois para a ciência da História não existem indivíduos em termos econômicos, existem trabalhadores no plural. A título de ilustração, pode ser citado o caso de Robinson Crusoe, criação literária do século XVIII, que embora baseada em um episódio real, não possui nenhuma veracidade científica em termos de História.

Os trabalhadores, ao nível técnico, estabelecem entre si relações de cooperação, que podem ser simples ou complexas. Nas relações simples os trabalhadores, embora trabalhem coletivamente, executam individualmente todas as etapas do processo produtivo. Por exemplo: na agricultura de uma comunidade primitiva, como a Tupi, as mulheres, embora em conjunto, executavam todas as etapas do processo de produção; uma mesma trabalhadora cavava a terra com auxílio de um pedaço de pau pontiagudo, ela própria colocava no sulco o milho ou a mandioca e, por fim, afofava a terra. Um outro exemplo típico de cooperação simples é o artesanato. Num recinto onde acham-se reunidos vários artesãos, cada um deles desempenha todas as etapas que levam à transformação de uma dada matéria-prima num produto acabado. Nos exemplos citados os trabalhadores controlam inteiramente o processo de produção.

A cooperação complexa surge na medida em que se complexifica o processo produtivo, ou seja, quando aí se introduz uma especialização, aparecendo então a divisão técnica do trabalho. Nesse caso, vários trabalhadores executam não mais todas as etapas, mas apenas uma especializada.

Quando se introduz uma especialização no processo de produção, o produto final não resulta mais do esforço de trabalho, isto é, da força de trabalho em atividade despendida por um só trabalhador, mas sim de vários grupos de trabalhadores. Isso é o que se chama divisão técnica do trabalho.

E com esta divisão, aparece uma outra inovação: surge a necessidade de que exista um trabalhador não direto, que exercerá as funções de controle, planejamento e vigilância. Na manufatura, por exemplo, apesar de haver trabalhadores divididos em grupos, realizando tarefas específicas de um processo produtivo, já se tem também trabalhadores não diretos. Numa aula, por exemplo, o professor é o trabalhador não direto; ele controla o processo de produção na medida em que dá o ritmo e a produtividade da aula, mas não controla os meios de trabalho. Por outro lado, o estudante, que é o trabalhador direto, controla os meios de trabalho mas não o processo de produção. Isto porque cada estudante numa sala de aula não vai se preocupar com que os outros estejam fazendo, sendo isto tarefa do professor.

E na indústria, onde a divisão técnica do trabalho se torna altamente complexa, o trabalhador direto perde totalmente o controle dos meios de trabalho e do processo de produção. Ele passa a ser uma exigência técnica da máquina, devendo adaptar-se a seu ritmo. Nesse caso, sua experiência e sua inventiva perdem o valor, e todo o peso de importância técnica vai ser do trabalhador não direto. Este, um planejador que às vezes não está na fábrica ou nem no país, pode controlar a distância o processo de produção.

A divisão da produção social refere-se à estrutura essencialmente econômica. Ela se dá quando, ao se realizar uma etapa da produção, o produto desta etapa é a mercadoria. Numa divisão técnica não há produção de mercadoria. Num engenho, por exemplo, o possuidor de um canavial que plantava cana – etapa agrícola – e fabricava o açúcar, realizava um processo articulado que ia da cana ao açúcar, ou seja, divisão técnica do processo. Mas admitindo-se que ao invés de engenho possuísse terras e escravos e produzisse para comercializar, então o produto final – cana cortada – se constituiria em mercadoria. Portanto, neste caso tem-se divisão da produção social. No início da indústria têxtil no século XVIII, uma fábrica inglesa possuía uma seção cuja finalidade era produzir corantes – divisão técnica. Porém, com o desenvolvimento da química, implantaram-se fábricas para produzir corantes que eram vendidos às fábricas de tecidos. A fabricação de corantes passou a ser um processo produtivo em que a matéria-prima era transformada para posterior comercialização – divisão da produção social.

Quando, no declínio do feudalismo, a burguesia comercial agrupa os artesãos para depois subdividi-los em tarefas específicas, esboça-se a transição do artesanato para a manufatura. Se o produto conseguido com a execução da tarefa específica pudesse ser vendido, ou seja, fosse mercadoria, ter-se-ia uma divisão da produção social. Mas, em geral, não era o que acontecia, preferindo o comerciante que apenas um trabalhador executasse todas as etapas do processo de produção. Além disso, é importante ressaltar que dependia também do desenvolvimento das forças produtivas, isto é, do controle que o trabalhador exerce sobre o meio de trabalho, com o seu aperfeiçoamento. Quanto mais complexo, sofisticado e aperfeiçoado o meio de trabalho, mais é exigida uma especialização.

Tudo isso se refere a relações técnicas, não se coloca aqui a questão da propriedade. Essa é uma questão importante porque pode levar a equívocos de análise. Gandhi, por exemplo, elaborou toda uma diatribe contra a introdução da máquina na industrialização da Índia, afirmando, empiricamente certo, que a máquina levaria à miséria o artesão indiano, como já havia feito com operários ingleses. Nesse caso Gandhi confundiu lamentavelmente duas coisas: uma era a relação técnica, outra a relação social. Em verdade não é a máquina a responsável pela miséria do trabalhador indiano, e sim o sistema social no qual, socialmente, em termos de relações sociais, estava incluída a máquina. Além de um erro de análise, isso se constituía numa visão reacionária na medida em que idealizava o passado, pois postulava sub-repticiamente que fosse mantido o sistema de produção na Índia. O problema era o sistema capitalista, que foi implantado na Índia a ferro e fogo, e que através da intervenção jurídico-política, da utilização da força, desmantelou o sistema de produção vigente (sistema de produção asiático).

Com a introdução da máquina, na verdade a mão-de-obra é liberada, expulsa, para se constituir num exército industrial de reserva e, portanto, manter um mercado do trabalho com a reserva suficiente para que os salários não sejam exigidos à altura. Vargas usou este artifício durante o Estado Novo. E antes, por que razão houve proibição da entrada de imigrantes, sobretudo operários, a pretexto de nacionalismo? Simplesmente porque o trabalhador egresso do campo, expulso pela capitalização do campo, chegava à cidade com uma postura inconscientemente reacionária. Quem saía do campo e conseguia um emprego na cidade considerava-se afortunado. E mais, o proletariado urbano egresso do campo tornava-se manobrável na medida em que encontrava leis trabalhistas sem perceber o seu paternalismo, seu equívoco e sua ideologia burguesa.

As relações sociais de produção dizem respeito à propriedade ou não propriedade que o trabalhador direto tem sobre os meios de produção. Que podem ir desde a propriedade direta, como ocorre na comunidade primitiva, até a intervenção do Estado ou da sociedade civil, isto é, do jurídico-político sobre o econômico, para constranger socialmente o trabalhador, sobretudo o que possui muita autonomia técnica, a entregar o produto.

Por exemplo, na etapa escravista moderna, o trabalhador direto (escravo) controlava muito bem os meios de trabalho na etapa agrícola e seria, portanto, autônomo em termos técnicos.

Um servo medieval, um camponês que trabalhava numa terra de sua posse, mas não de sua propriedade, controlava praticamente tudo do ponto de vista técnico. Ele sabia onde plantar e em que época, quando colher, etc. Da mesma forma, um vaqueiro em uma fazenda de gado, até o advento do capitalismo, sabia controlar tudo. E nesse caso, o produto seria tecnicamente dele. Daí a necessidade de uma intervenção jurídico-política constrangendo sob a forma de escravidão, sob a forma de servidão, estes trabalhadores a entregarem o produto, retirando-lhes socialmente a propriedade.

Um detalhe importante, que não deve ser esquecido, é que o trabalhador não se constitui num meio de trabalho, como afirmava Proudhon para caracterizar, de uma forma idealista, o profundo grau de automatização e exploração que se impunha a um operário. Mesmo um trabalhador desvalido tecnicamente e muito espoliado tem consciência de como usar um meio de trabalho. Uma enxada, por exemplo, nunca trabalharia sozinha.

Quando o trabalhador perde o controle técnico dos meios de trabalho, não há mais razão para constrangê-lo. O Estado liberal surge com o advento da indústria, porque nesse momento o trabalhador não controla mais nada, podendo perfeitamente ser livre em termos individuais. Esse Estado liberal só vai mostrar suas garras quando houver uma manifestação coletiva. Daí decorre o bombardeio ideológico sobre o trabalhador, com a intenção de que ele se sinta individualmente diferente dos outros (operário-padrão, etc.).

A estrutura jurídico-política diz respeito às noções que organizam as práticas de autoridade e poder, tendo como principais elementos o Estado e a sociedade civil.

O Estado, desde que ele surge, tem como função fundamental reproduzir a estrutura econômica, ou seja, as relações econômicas que correspondem aos grupos sociais que estão no poder. Devemos, portanto, classificar o Estado a partir das relações de produção dominantes. Nesse sentido, vamos encontrar Estados capitalistas, Estados em transição socialista, Estados feudais, Estados de tipo asiático, Estados escravistas. Por exemplo, na etapa anterior à Abolição, o Estado brasileiro era um Estado escravista, de governo monárquico. Na formação social americana, o Estado é capitalista, de governo republicano e regime presidencial. Assim como a formação social inglesa, do ponto de vista jurídico-político, é um Estado capitalista, de governo monárquico e regime parlamentar. Logo, o Estado é uma coisa, e outra é o exercício do poder, a organização do poder, que é exatamente o governo.

Quando da referência ao Estado feita anteriormente, foi utilizada uma oração intercalada: "O Estado, desde que ele surge, ..."; donde se conclui que existiram sociedades que não conheceram o Estado, apenas a sociedade civil. Na comunidade primitiva não há Estado, porque não há necessidade de constranger a divisão social do produto através de uma estrutura de classes. Só é preciso empregar a força quando essa divisão é desigual.

O Estado organiza as suas práticas pelo exercício de organismos específicos, que tem um dominante, quer dizer, uma função principal, que nem sempre é a única. Existem organismos financeiros (bancos estatais); organismos econômicos (empresas); organismos ideológicos, que são as Igrejas, quando unidas ao Estado, a rede de ensino oficial, os meios de comunicação, a televisão oficial, os jornais oficiais; organismos ou aparelhos judiciários. E é através desses elementos que o Estado exerce suas funções repressivas, tendo inclusive para isso organismos especiais, como o Exército e a Polícia. Contudo, o aspecto característico do Estado é que todos os seus organismos, até mesmo os ostensivamente técnicos que não sejam especificamente repressivos, têm sempre uma função repressiva. Quando alguém, por exemplo, sonega o imposto de renda, não será o Ministério da Fazenda que julgará, mas é ele que denunciará, para que posteriormente o caso seja resolvido pelos organismos judiciários.

Mas nem toda autoridade e poder são privilégio único do Estado. Existem formas de autoridade e poder que pertencem à sociedade civil, não sendo por isso menos importantes. Esta possui também os seus próprios mecanismos, que podem ser dominantemente econômicos (empresas particulares); dominantemente financeiros (bancos particulares); dominantemente ideológicos, que são as Igrejas, quando não unidas ao Estado, as redes de ensino particular, as formas de organização do lazer, da comunicação, os organismos assistenciais, e até mesmo seus organismos judiciários.

A sociedade civil articula os agentes sociais através de um conjunto de organismos, portadores de funções específicas de autoridade e poder, que não se confundem com o Estado e que muitas vezes se opõem a ele. O Estado, por exemplo, pode ter os seus organismos políticos, os partidos; e haver partidos que pertençam à sociedade civil e que o Estado nem reconheça. Também um sindicato que não seja estatal pertence à sociedade civil. Tanto a família, quanto uma fábrica particular, que tem sua estrutura econômica, seus próprios códigos, formas repressivas e ideologia são organismos da sociedade civil. E a Igreja, quando unida ao Estado, faz parte do aparelho ideológico do Estado. Mas se está separada deste, pelo menos oficialmente como no caso brasileiro, ela se constitui num organismo ideológico da sociedade civil.

As funções dos organismos da sociedade civil são exercidas efetivamente e, às vezes, até com mais força que as do próprio Estado. Uma pessoa que esteja sujeita a um organismo específico da sociedade civil que é a família, sente que as sanções impostas por sua disciplina são muito mais presentes que todos os tribunais. Pois o direito costumeiro da sociedade civil é muitas vezes mais atuante que o direito oficial. Um exemplo típico, que ilustra bastante bem isso, é que, há bem pouco tempo, uma mulher desquitada que tinha sua situação regularizada e legitimada pelo Estado, sendo, portanto, uma cidadã com pleno uso de suas funções, era repudiada pela família e pelos amigos e também recusada para empregos sem que se dissesse que era por sua condição de desquitada. Legalmente, não se poderia invocar nada, pois o Estado reconhecia sua condição. Para um escravo num engenho, o regulamento do feitor era muito mais presente e atuante que todas as Ordenações Filipinas juntas. Também numa favela, o código de honra é muito mais presente que todos os tribunais. Tanto que quando alguém fere outra pessoa, daqui que a máquina judiciária do Estado tome conhecimento do fato, essa pessoa provavelmente já estará morta.

Em épocas de crise ocorre algo interessante: os organismos portadores de poder e autoridade da sociedade civil entram em conflito com o Estado e muitas vezes o dominam. Geralmente a tendência do Estado é absorver, dominar e controlar esses organismos em época de crise. E a da sociedade civil é organizar sua própria legalidade. Por exemplo: na transição do escravismo para o capitalismo no Brasil, a classe reinante, ou seja, aquela que ainda detinha o poder do Estado, não era mais a dominante porque já não tinha o controle da estrutura econômica. Dito em outras palavras, a classe escravista detinha ainda nas mãos o controle do sistema político monárquico instituído em 1822, quando era classe dominante, ou seja, dominante ao nível econômico; mas com o desenvolvimento das forças sociais capitalistas e o declínio conseqüente do escravismo, cada vez mais essa classe reinante deixava de ser a dominante. Por outro lado, a burguesia capitalista organizava seus próprios quadros de legalidade fora do sistema político, instituindo um partido republicano, clubes republicanos, etc. E ela só teve condições de fazer isso porque, neste momento, a sociedade civil estava em dissonância com o Estado, cuja cúpula já não correspondia às novas forças produtivas.

E em outras ocasiões, quando a classe dominante é ameaçada por uma crise, ela fortalece o Estado, isto é, a classe reinante, que executa um serviço de repressão financiado e sustentado economicamente pela classe dominante. Depois a classe reinante se torna incômoda, a sociedade civil passa a se dirigir diretamente àqueles que a ameaçavam, dispensando os antigos defensores.

A tendência, ao nível ideológico, é que os organismos da sociedade civil correspondam à ideologia dominante, que nem sempre é idêntica à do Estado.

A estrutura ideológica possui um sistema de idéias-representações sociais, que correspondem à idealização dos valores nos quais determinada formação social se auto-reconhece. E exatamente neste ponto começa o conflito entre o Estado e a sociedade civil, pois muitas vezes suas ideologias não correspondem. Essas idéias-representações sociais têm uma prática, que são as atitudes-comportamento, que podem ser reconhecidas e legitimadas pelo Estado, ou serem reconhecidas apenas pela sociedade civil. Por exemplo: o casamento monogâmico pode ser reconhecido pelo Estado e também ser uma idéia-representação social, um valor. Mas uma pessoa que tem um casamento monogâmico, isto é, ter apenas um companheiro, não terá a legitimidade do Estado, por não ser casada oficialmente. Quem reconhece isso é a sociedade civil.

Então, existem as idéias-representações sociais que correspondem aos valores ideais, e práticas que pretendem colocar em acionamento estes valores. Sendo que estas práticas vão ser reconhecidas pelo Estado ou pela sociedade civil, nem sempre pelos dois.

A estrutura ideológica cumpre a função de dar unidade e de dar uma visão do mundo aos agentes sociais de dada formação social. E não há uma ideologia só; há várias ideologias. Existem ideologias jurídicas, ideologias econômicas, ideologias políticas, idelogias estéticas etc.

Mas o que é importante é que a ideologia cumpre uma função de unificar e de igualizar o desigual. Por exemplo: propriedade, pleno uso de um bem, é uma categoria econômica. O direito de propriedade é este uso pleno de um bem reconhecido pelo Estado ou pela sociedade civil. Se uma pessoa faz um barraco na favela, e os outros moradores reconhecem-na como proprietária do barraco, quem estará reconhecendo o direito de propriedade é a sociedade civil e não o Estado. E o poder de propriedade, que é jurídico-político, é exatamente o poder que se tem, enquanto proprietário, de constranger os não proprietários a servir o proprietário. E finalmente a ideologia de propriedade, é quando dentro de um modelo ideal de uma idéia-representação social, aparece como uma exigência que se impõe aos agentes sociais para que eles se sintam completados dentro do modelo social dessa sociedade. Ela unifica proprietários e não proprietários. Quando alguém diz que conseguiu comprar a sua casa própria, e que por isto se realizou, isto quer dizer que a ideologia de propriedade sempre esteve nessa pessoa. Tanto que ela se complementou só por ser proprietária de uma casa. Isso porque a idéia-representação social dessa formação social coloca que sendo proprietário o agente estará dentro de um modelo ideal. Neste caso, aquele que ainda não é proprietário deseja sê-lo para se auto-reconhecer no modelo ideal. E este indivíduo nunca poderá ser contra a propriedade já que ele é a véspera do proprietário.

NOTAS*

Nota 1, pág. 38

QUESTÃO RELIGIOSA. A Constituição de 1824 mantinha a união entre a Igreja e o Estado considerando a religião católica como oficial, embora houvesse tolerância para outros cultos. Apesar disso as relações entre os dois poderes não chegaram a ser definidas juridicamente por uma concordata entre o Brasil e a Santa Sé. Além disso, o Império não abria mão da tradição regalista herdada do absolutismo português. Assim é que o clero era equiparado ao funcionalismo público e continuavam em vigor o padroado e placitação. Pelo primeiro, o soberano indicava os candidatos aos bispados, cabendo aos papas dar-lhes apenas a investidura religiosa. Pela placitação o poder imperial autorizava ou não o livre curso das bulas pontificiais no Brasil. Os limites impostos pelo Império à expansão das ordens religiosas e das dioceses, além dos incidentes ocorridos durante a regência de Diogo Antônio Feijó, revelam o conflito latente que existia entre os poderes civil e religioso. O liberalismo que dominava o grupo dirigente brasileiro via na Igreja Católica, ora um elemento de apoio, ora uma força obscurantista que era necessário combater e controlar. O atraso cultural das populações do Brasil, sua dispersão geográfica tornavam o clero uma força ponderável graças à tradição de liderança de seus membros originada do longo processo histórico em que a Igreja e o Estado estiveram unidos. Em compensação, era inegável o desgaste da Igreja diante de certa camada da população devido à decadência religiosa que se verificara a partir do século XVIII no Brasil e no mundo. Por isso, os conflitos ultrapassavam os limites do Brasil. Assim é que o choque existente na Itália entre a Santa Sé e a Maçonaria repercutiu entre nós. Aquela sociedade secreta apoiara os movimentos liberais e a unificação italiana merecendo por isto a condenação do Papa Pio IX.

No Brasil muitos políticos e sacerdotes eram maçons, fato perfeitamente compreensível devido à situação do catolicismo brasileiro no século passado. Entretanto, parte da alta hierarquia católica aceitara a orientação condenatória do Syllabus de 1864. Por isso, o bispo do Rio de Janeiro, D. Pedro Maria Lacerda, depois Conde de Santa Fé, condenou a Maçonaria ao censurar a presença do Padre Almeida Martins em uma festa maçônica. Nesta solenidade homenageava-se o Visconde do Rio Branco, autor da lei que libertava os

---

* Estas notas foram extraídas do "Pequeno Dicionário de História do Brasil", de Manoel Maurício de Albuquerque e Lauryston G. Pereira Guerra, publicado na Enciclopédia Bloch, revista mensal de cultura, de outubro de 1968 a setembro de 1969.

filhos dos escravos (1872). A crise foi contornada graças à intervenção do Internúncio Dom Domenico Sanguigni.

O problema foi reaberto quando os bispos de Olinda e de Belém do Pará, Dom Vital Maria de Oliveira e Dom Antônio Macedo Costa, respectivamente, renovaram a condenação à maçonaria. Exigiram a expulsão dos maçons das irmandades religiosas que acabaram por serem interditadas.

Apelando para o Governo Imperial aquelas sociedades provocaram o processo e a condenação dos bispos que somente foram anistiados pelo Gabinete Caxias em 1875. Além de provocar problemas diplomáticos com a Santa Sé, a condenação daquelas autoridades religiosas concorreu para debilitar o apoio ao Império. Serviu de propaganda oposicionista, inclusive republicana, embora nestes grupos houvesse certa atitude anticlerical, particularmente entre os positivistas.

Nota 2, pág. 48

BANDEIRAS. Termo derivado da expressão militar bando. Designa o movimento expansionista iniciado no século XVI e que chegou ao apogeu no século XVIII. (...) O bandeirantismo não foi um fenômeno isolado. Há que integrá-lo na evolução do Mercantilismo, especialmente na que se processou numa área de capitalismo periférico como o Brasil colonial. Outro problema é o das implicações internacionais, do Brasil com a América Espanhola e a África e os reflexos da política luso-espanhola ou européia nos séculos XVII e XVIII. É preciso também associar as bandeiras à evolução do Estado do Brasil para que se possa entender a pequena influência daquelas expedições na área amazônica. Outra distinção é caracterizar os interesses de classe no bandeirantismo e os níveis de participação dos que o integraram ou favoreceram. Só assim se pode explicar o nomadismo expansionista dos vincentinos em contraste com sociedades sedentárias como a do açúcar ou posteriormente a da mineração no século XVIII.

Nota 3, pág. 60

ESTADO DO MARANHÃO. Unidade administrativa criada em 1621 para melhor atender aos problemas do povoamento da costa leste-oeste. Seus limites nunca foram delimitados com precisão, mas incluíram o território que se prolonga do Ceará à Amazônia. As dificuldades de comunicações marítimas e terrestres entre São Luís e Salvador, o perigo de invasões estrangeiras, a defesa da foz do Amazonas e, conseqüentemente, do acesso ao Peru, além da necessidade de desenvolver a economia regional, levaram à separação do Estado do Maranhão do Estado do Brasil. Tratando-se de uma região carente de qualquer sistema organizado de produção, para criá-lo se uniram a iniciativa particular e a estatal. Assim é que foram doadas seis capitanias hereditárias e três reais. As primeiras compreendiam as de Cumá, Cumã ou Tapuitapera, Caeté ou Gurupi, Cametá, Ilha Grande de Joanes ou Marajó, Cabo do Norte e Xingu. A administração real se representava pelas capitanias do Grão-Pará, Maranhão e Ceará. Até 1737, a capital do Estado do Maranhão localizou-se em São Luís.

Somente em 1626 tomou posse o primeiro Governador, Francisco Coelho de Carvalho que fortificou São Luís e doou as capitanias hereditárias de Cumá, Caeté e Cametá.

Nelas se ergueram as vilas de Alcântara, Caeté, atualmente Bragança, e Cametá, respectivamente. Dos sucessores de Coelho de Carvalho merecem referência Jacomé Raimundo de Noronha, Bento Maciel Parente, André Vidal de Negreiros e, no último decênio do século XVII, Antônio de Albuquerque Coelho de Carvalho. Este último não deve ser confundido com outro igual nome que governou, anteriormente, o Estado do Maranhão.

Embora não tivesse a mesma prosperidade do Estado do Brasil, o Estado do Maranhão se desenvolveu graças à agroindústria do açúcar, à produção de algodão, tabaco e ao extrativismo das drogas do sertão. A estas, que eram principalmente o cravo, a canela, castanha e cacau, juntou-se o cultivo de espécies orientais. O povoamento foi favorecido pela instalação de imigrantes açorianos. Em 1677 criou-se o Bispado do Maranhão dependente diretamente de Lisboa. À catequese, a cargo de jesuítas, franciscanos, carmelitas e mercedários, coube importante papel na integração do índio ao sistema colonial. Com este objetivo aquelas ordens religiosas fundaram numerosas missões, especialmente no vale amazônico.

O choque de interesses catequistas e dos colonos agravou o difícil problema da mão-de-obra escrava. Já que não havia uma exportação capaz de financiar a compra de africanos, a escravidão indígena foi constante. Tal prática, ditada pela realidade econômica regional, provocou conflitos com os missionários. A legislação metropolitana permitia, ambiguamente, a atividade escravizadora das tropas de resgate. A criação da Companhia Geral do Comércio do Estado do Marahão em 1682 não resolveu o problema, mas antes o agravou. A insatisfação, por ela causada, constituiu o motivo principal do levante dirigido por Manuel Beckman.

A criação do Estado do Maranhão impulsionou a ocupação do litoral compreendido entre o Ceará e o Amapá atuais. Graças a isto, diminuiu a possibilidade de invasões estrangeiras. Estas se reduziram a tentativas de ocupação realizadas pelos holandeses em São Luís e pelos franceses no Amapá, ambas sem êxito duradouro.

No século XVIII, o eixo econômico passou a gravitar em torno da região amazônica. Isto explica a transferência da capital de São Luís para Belém, passando o estado a se intitular do Grão-Pará e Maranhão. Um dos últimos governadores anteriores à mudança foi Bernardo Pereira de Berredo, autor dos preciosos *Anais Históricos do Estado do Maranhão.*

Nota 4, pág. 62

QUESTÃO DO AMAPÁ. As pretensões francesas no Amapá remontam ao século XVII através de diversas incursões estimuladas pelas autoridades de Caiena. Em 1688, o Senhor de Ferroiles, enviado pelo governador de La Sarre, intimou os luso-brasileiros a abandonarem a margem esquerda do rio Amazonas. Em 1697, De Ferroiles, então Marquês e governador de Caiena, apoderou-se dos Fortes de Macapá e do Paru. A investida francesa foi repelida pouco depois graças à resistência organizada pelo governador do Estado do Maranhão Antônio de Albuquerque Coelho de Carvalho. Falhando a tentativa militar, Luís XIV negociou o Tratado de Lisboa, em 1700, neutralizando provisoriamente a região contestada. Em 1701, a França procurou tornar definitiva a neutralização assinando um novo acordo com Portugal. Ocorrendo a Guerra da Sucessão da Espanha, dela se aproveitou Portugal para anular estes ajustes. Em 1713, pelo primeiro Tratado de Utrecht, D. João V e Luís XIV definiam o rio Oiapoque como limite entre o Brasil e a Guiana Francesa. Pelo mesmo tratado, a França reconhecia como portuguesas as duas margens do Amazonas. Apesar disso, devido ao interesse econômico da Amazônia em fins do século XVIII os franceses voltaram a contestar a fronteira do Oiapoque. Aproveitando as dificuldades criadas pela Primeira Coligação, a França impôs a Portugal o Tratado de Paris de 1797. Por ele, a fronteira passava a ser determinada pelo rio Calçoene. Este tratado não foi ratificado por Portugal, porém, em 1801 a França conseguiu avançar até a margem esquerda do Amazonas. Inicialmente, pelo Tratado de Badajoz, levou a fronteira ao rio Araguari e, não contente com isso, exigiu como nova fronteira o rio Carapanatuba, obtida pelo Tratado de Madri.

As vantagens francesas foram anuladas pela ocupação da Guiana Francesa, pelos portugueses, em 1809. Ao ser devolvida à França, em 1817, esta se comprometeu a respeitar o limite do Oiapoque. No entanto, em 1835, aproveitando a ocorrência da Cabanagem, os franceses ocuparam novamente o Amapá ali permanecendo até 1840. As negociações entaboladas pelo Brasil com os governos de Luís Filipe e de Napoleão III não chegaram a resultados definitivos. A questão foi reaberta no fim do século XIX. Em 1886, criou-se no Amapá uma caricata República do Cunani de duração efêmera. Este incidente cômico foi seguido por outros de maior gravidade provocando choques brasileiros e franceses. É que haviam sido descobertas jazidas de ouro no rio Calçoene. Diante disto, o Brasil e a França entraram em entendimentos para solucionar o problema do Amapá. Recorreu-se ao arbitramento do Presidente do Conselho Federal Suíço. Foi nosso advogado o Barão do Rio Branco que provou os incontestáveis direitos do Brasil à região. Em 1900, o Presidente Walter Hauser deu causa ao Brasil, encerrando definitivamente as disputas franco-brasileiras.

Nota 5, pág. 80

QUESTÃO CHRISTIE. Conflito entre o Brasil e a Grã-Bretanha que se prolongou de 1862 a 1865. (...) A Questão Christie tem sido explicada preferentemente como provocada pelo abuso de um diplomata inábil. Fazê-lo é desconhecer outros episódios ocorridos na América e em outras áreas ligadas financeira e economicamente à Inglaterra e as arbitrariedades que isto permitia. Christie seguia instruções do Primeiro-Ministro Palmerston e do encarregado do Foreign Office, Lord Russel. Não agia, portanto, por simples capricho pessoal. Os interesses do comércio britânico no Brasil explicam também o recuo de 1865, em que pesem a firmeza de D. Pedro II, Abrantes, Caxias e Carvalho Moreira, este justamente agraciado, em 1864, com o título de Barão de Penedo. Quanto à atitude de Mauá, fica bem nítida se a inserimos no campo dos interesses capitalistas que o ligavam às finanças inglesas.

Nota 6, pág. 156

ANTROPOLOGIA. No Brasil a evolução da Antropologia distingue duas fases históricas demarcadas pelo século XIX. Uma Pré-Científica, extremamente rica em dados que, no entanto, fora coligados assistematicamente. Além de as Ciências Sociais ainda não terem elaborado seus métodos próprios, os informes eram adulterados pelo etnocentrismo da ideologia colonizadora. Esta, naturalmente seletiva, não podia compreender o sistema religioso, a relação de parentesco ou a divisão de trabalho das culturas não-européias. Por isso, os relatos de cronistas, viajantes, missionários e congêneres recebem a inevitável ação modificadora de acordo com os interesses do sistema colonizador. Destas incompreensões das diferenças de estágios culturais surgíram os mais diversos estereótipos, especialmente em relação ao indígena. Tal é a origem de falsas generalizações tendentes a atribuir uma unidade ao selvagem brasileiro ou a divulgação não científica de traços culturais mutilados na sua essência mais profunda. Disto são bons exemplos o que ainda se escreve em obras não especializadas sobre a antropofagia ritual, o endocanibalismo, a cerimônia da couvade, os ritos de passagem ou as atividades agrícolas como uma atribuição feminina. O caráter repressivo da sociedade luso-brasileira ainda continua a considerar o índio como sexualmente promíscuo, indolente, portador de reações ilógicas e com vários traços selváticos ou animalizados. Há grande diferença quantitativa entre o que se escreveu sobre o elemento aborígene e os dados relativos ao negro. Sobre este as informações surgem mais esparsas já que os africanos eram vistos essencialmente como mão-de-obra. Nem por isto estavam isentos de mal-entendidos como os que deformavam as contribuições culturais do índio. Somente em nosso século, depois dos trabalhos pioneiros de Raimundo de Nina Rodrigues, é que a contribuição africana passou a ser encarada com maior rigor e respeito científicos.

Nota 7, pág. 157

BARROCO. Conceito estético produzido por Wofflin para caracterizar o movimento artístico que sucede à Renascença e antecede o neoclassicismo. O movimento expandiu-se por todo o Ocidente europeu, atingindo também o Novo Mundo, a partir da dominação espanhola na Itália.

A arte barroca caracteriza-se pela negação do estático, do definido,do inequívoco, que caracterizavam a forma clássica renascentista. Esta, com seus eixos centrais, limitada por linhas simétricas e ângulos fechados sugeria o equilíbrio e a eternidade das essências mais do que a tensão e o movimento do estilo que a sucede. A estrutura do barroco é dinâmica e aberta: tende para a indeterminação dos efeitos – pelo jogo dos plenos e dos vazios, da luz e da sombra, das curvas das linhas quebradas e dos ângulos com inclinações diversas. Sugere uma nova dimensão de espaço, que tende para o infinito. A busca do movimento e do *trompe-oeil* exclui a visão privilegiada frontal. Incita o expectador a mudar de lugar continuamente para ver a obra sob aspectos sempre novos como um objeto em perene transformação. A sensibilidade barroca aparece neste sentido, como a primeira manifestação da cultura moderna. Nela, com efeito, o homem escapa às normas rígidas e fechadas, garantidas pela ordem cósmica e pela estabilidade das essências da concepção aristotélico-tomista. Encontra-se agora, o homem, tanto no domínio artístico como no científico, em face a um mundo em movimento, que exige a sua atividade criadora. A poética barroca desenvolve-se a partir de uma visão do cosmo introduzida pela revolução copernicana na estética barroca, a diversidade de perspectivas se ressente não mais da concepção geocêntrica ou antropocêntrica mas de um universo alargado com dimensões infinitas. Existe mesmo uma disposição epistemológica única que comanda a ordem do novo espaço da astronomia de Copérnico, da física galileana, da metafísica dos mundos infinitos de Bruno e a nova ordem da arquitetura,da escultura, da pintura e da literatura barrocas. Elas se definem no campo de uma mesma configuração do saber e da arte – de uma mesma *episteme* – cuja base social no barroco católico é a Contra-Reforma.

As poéticas barrocas da *Maraviglia* (Itália), do *sprit* (França), do *Wit* (Inglaterra), do *Ingenium,* da metáfora, para além de suas aparências estranhas, tendem a valorizar a nova função criadora do homem.

A obra de arte não é mais em Miguel Ângelo, Caravaggio, Poussin, Bach, Marvell, Gôngora ou mesmo no brasileiro Antônio Francisco Lisboa, objeto de que se contempla estaticamente a beleza, mas um mistério a decifrar, um estímulo à imaginação. É precisamente com o barroco que se assiste à dissolução da Escolástica, que se fixa a noção da multidirecionalidade do real, a infinidade das perspectivas possíveis, de uma forma artística que pode ser vista, ouvida ou compreendida segundo inúmeros aspectos complementares. No barroco católico visível é a oposição às tendências pagãs ou humanistas do Renascimento e à Reforma protestante. Por isso, à abertura de perspectivas no plano cosmológico e humano se combina uma religiosidade atormentada e contraditória. Nela se mesclam o humanismo e as concepções da Companhia de Jesus, refletindo um conflito permanente entre o temporal e o eternó, o prazer e o ascetismo, a fé e a razão. Mesmo esta religiosidade está plena de um sentido de autonomia da subjetividade, cuja presença é perceptível em obras tão diversas como as fugas de Bach, as telas de Rembrandt ou Miguel Ângelo, no Barroco protestante e católico.

O barroco compreende em Portugal o período de 1580 a 1680 e está fortemente vinculado à influência da Companhia de Jesus. Além de produzir alguns belos edifícios, o barroco português teve figuras de talento como a poetisa Violante do Céu e o escultor Manuel Pereira. A pintura de cavalete perde a importância em benefício da decoração em talha ou em azulejo. Limita-se a alguns retratos de visível influência *velasqueña* ou de Zurbarán.

O barroco transmitiu-se ao Brasil e a outras áreas coloniais portuguesas. Na literatura é visível a influência de Gôngora e Quevedo em Gregório de Matos Guerra. Sua obra poética é de limitada estatura assim como a de Botelho de Oliveira. A oratória de Vieira se inscreva dentro dos cânones do estilo. A presença da realidade brasileira se limita ao documental ou ao paisagístico. Entre os historiadores, Frei Vicente do Salvador e Sebastião da Rocha Pita refletem a realidade colonial dentro do espírito da *maraviglia* acrítica. É entretanto na arquitetura, na escultura e na pintura que o barroco alcança seu apogeu entre nós com as obras de Francisco Antônio Lisboa ou nos inúmeros templos na região das Minas, no Rio de Janeiro, na Bahia, no Nordeste e no Norte do Brasil. Objeto de estudos recentes é a produção musical barroca de Minas Gerais onde se destacam as composições de José Joaquim Emérico Lobo de Mesquita, Inácio Parreira das Neves e outros. A influência musical barroca se prolonga na primeira parte da obra artística do carioca Padre José Maurício Nunes Garcia. A importância da Igreja aliada à urbanização explica bastante o apreço e a difusão em que se teve o barroco em nosso país. O barroco no Brasil prolongou-se mais do que na Europa, alcançando a segunda metade do século XVIII.

Nota 8, pág. 158

ARCADISMO. Movimento de tendência neoclássica. Iniciado na Itália com o fim de combater a obscuridade, as demasias e ambigüidades do barroco. A *Arcádia Romana* foi fundada em 1690, mas só atingiu Portugal por volta de 1756, quando surgiu a *Arcádia Lusitana.* Entre nós o arcadismo se manifesta, pela primeira vez, na obra de Cláudio Manuel da Costa, publicada em 1768. Com o nome de "pastores", seguindo o modelo romano, os poetas brasileiros assinavam as suas éclogas *Glauceste Satúrnio, Termindo Sipílio* e *Dirceu* correspondendo a Cláudio Manuel da Costa, Basílio da Gama e Tomás Antônio Gonzaga, respectivamente.

O arcadismo tinha como projeto estético a substituição do cosmo dinâmico e contraditório do barroco por uma volta ao equilíbrio e à simplicidade da natureza. Medida e racionalismo se casam no Movimento com o culto dos artistas clássicos antigos e modernos que haviam "imitado" na natureza; Teócrito, Virgílio, Ovídio. Camões e Metastásio. Na obra dos árcades, a mitologia se presentifica especialmente através do recurso à obra destes autores.

Do ponto de vista social o arcadismo se ligava à perspectiva da nobreza cortesã do período *iluminista.* A natureza que seus poetas figuravam era envolvida por uma atmosfera de calma, beleza e equilíbrio sem contradições nem ameaças. Em verdade este mundo imaginário refletia o horizonte frívolo de uma aristocracia sensual, epicurista e refinada. Não é difícil reconhecer nas ninfas que povoam o universo artístico dos árcades a estilização das damas que passeiam graciosamente nas *fêtes galantes* de Watteau, de Boucher, de Fragonard. Ou mesmo nas modestas pinturas de inspiração pastoril de alguns velhos solares de Minas Gerais.

Esta arte revelava também a crescente distância que separava a aristocracia do mundo urbano e industrial que a ameaçava com a ascensão da burguesia.

Na *Arcádia Brasileira* todos estes aspectos tomam uma direção singular que se reflete na *Escola Mineira* na confluência de várias orientações contraditórias. Por um lado age a ideologia absolutista advinda do *Despotismo Esclarecido* de Pombal, que alguns árcades brasileiros exaltavam. Esta perspectiva ideológica integrava parte do arcadismo na estrutura do sistema colonial. Por outro lado o liberalismo e o nacionalismo se fazem presentes nos poetas da *Escola da Minas* no uso da sátira contra as autoridades coloniais e no indianismo. Desta forma compreende-se a ligação de alguns poetas desta escola com a Conjuração Mineira. Ao arcadismo brasileiro pertencem Tomás Antônio Gonzaga, Basílio da Gama, Frei José de Santa Rita Durão, Cláudio Manuel da Costa, Manuel Inácio da Silva Alvarenga e Inácio José de Alvarenga Peixoto.

Nota 9, pág. 158

José Martiniano de Alencar (1829-1877). (...) O programa estético de Alencar possuía uma estreita relação com a estrutura da sociedade brasileira. O indianismo, especialmente, correspondia aos interesses da classe dominante rural. Os heróis indígenas, plenos de idealização, representavam uma busca de raízes da sociedade imperial. Com efeito, a rejeição das origens portuguesas, fruto de uma independência recente, que não modificara fundamente as estruturas brasileiras, levava esta sociedade a se identificar imaginariamente com o indígena. Tal recurso era a única via possível, no plano da arte através da qual as contradições da nossa sociedade escravista se resolveriam. Isto implicava numa perspectiva limitadora: o negro, cujo trabalho sustentava esta sociedade, não aparece na obra alencariana, a não ser incidentalmente. Quando isto ocorre, se efetua dentro da visão deformadora do escravismo vigente, à qual o romancista não fugiu.

A fixação romântica de Alencar na paisagem brasileira, revelava também contradições da mesma índole. O artista enfeitiçado pela natureza do Brasil, que ele tanto amou, não expressa em sua obra a repulsa ao sistema espoliativo que destruía irremediavelmente esta mesma natureza. Coerente com a sua posição de classe, ele viu na máquina um elemento perturbador do equilíbrio e da paz de uma paisagem que desejava, absurdamente, intocada. Assim, Alencar construiu o seu universo artístico, integrado no espaço cultural da aristocracia agrária do Império. O sucesso de suas obras e a presença do indianismo na poesia e na música demonstram que não se tratava de uma criação isolada, mas era uma resposta objetiva às exigências de sua época.

Nota 10, pág. 159

ANTÔNIO DE CASTRO ALVES (1847-1871). (...) A obra poética de Castro Alves situa-se nos cânones do Romantismo liberal à Vitor Hugo, que sucede no Brasil ao Romantismo estático, mítico e indianista de Gonçalves Dias, alheio aos problemas sociais. Capistrano de Abreu classificou a poesia de Castro Alves de Condoreira, expressão endossada por Machado de Assis, devido à audácia de certas imagens do artista. Na poesia de Castro Alves torna-se presente a dinâmica do Romantismo social no protesto contra a escravidão, no cântico republicano aos conspiradores de Minas em *Gonzaga* ou *A Revolução em Minas* e na ode a *Pedro Ivo.* Na oratória incitadora do poeta são pouco expressivos o rigor crítico e a análise da realidade. Sobressaem a revolta e o chamado à ação. Por isso, povoam seus poemas mais veementes – *Navio Negreiro, Vozes d'África, Pesadelo de Humaitá* – o hiperbólico e o patético das metáforas e das antíteses, o superficialismo e a facilidade das referências históricas. Não se combinam nesta poesia o elemento intelectual reflexivo com a expressão das emoções, justapondo-se sem perfeita articulação. Explica-se isto pelas condições sociais da época que impunham o declamatório e certo verbalismo de efeito. Assim, a reflexão de Castro Alves não atinge o núcleo da problemática do escravo situando-se dentro do humanismo burguês. Na sua obra possuem inegável vigor os elementos plásticos, cinéticos e cromáticos que, especialmente na lira erótica, têm caráter único no Romantismo brasileiro. Castro Alves buscou muitas de suas formas na linguagem popular, segundo a tradição romântica.

Nota 11, pág. 159

ALUÍSIO TANCREDO BELO GONÇALVES DE AZEVEDO (1857-1913). Embora houvesse sido também teatrólogo, poeta e jornalista, é na ficção que se destaca Aluísio de Azevedo. Suas concepções estéticas o situam no campo do romance científico proposto por Zola. Transpunha na reprodução artística da realidade brasileira os conceitos de Darwin e de Claude Bernard sobre a influência determinante do meio e da hereditariedade. Como escritor naturalista, no que tange à estrutura do romance, sua atitude era de observador imparcial, descrevendo fatos, colhendo informações e documentos. Esta atitude passiva diante dos fenômenos sociais leva-o a obscurecer as contradições entre as classes sociais e a situação dos personagens é dominada por determinações exteriores: fatalismo biológico e ambiental. Embora presentes em toda a obra de Aluísio de Azevedo, é em *O Homem* que estes elementos mais se evidenciam. Em outras obras este método de composição tem seus efeitos negativos minimizados pela recriação da vida coletiva do Rio ou do Maranhão. Em *O Mulato, O Cortiço* e *Casa de Pensão* há perspectiva crítica da sociedade da província e da Corte. Em *O Mulato,* como centro da problemática, se situam o racismo, a reação anticlerical e o escravismo rural. Diferente é a perspectiva de *O Cortiço,* romance localizado no

Rio de Janeiro em fase de transformação, onde as indústrias incipientes e o comércio contrastam com o arcaísmo da escravidão. O desejo de observar e descrever clinicamente a vida urbana, leva Aluísio de Azevedo a situar na oposição sobrado-cortiço os problemas do Rio de Janeiro Imperial. Há ironia quase feroz no contraponto entre o suicídio desesperado da escrava Bertoleza e o pretenso abolicionismo de João Romão, o novo-rico que aspira ao baronato. Seu caráter de vigorosa denúncia ainda mais se acentua sabendo-se que o autor publicou *O Cortiço* em plena campanha abolicionista. Os equívocos de que ela estava eivada não escaparam assim a Aluísio de Azevedo.

Nota 12, pág. 162

JOSÉ OSWALD DE SOUZA ANDRADE (1890-1953). (...) Sua obra poética revela uma posição extremamente original. A crítica e o humor são o seu tônus. Em poemas curtos, de extrema concentração e profundidade, ele decompõe com materiais os mais díspares um quadro móvel e fragmentário da nossa experiência cultural: crônicas coloniais, paródias de poesia romântica e parnasiana, flagrantes da vida urbana, crenças populares e memórias de suas experiências em Minas e das viagens à Europa. Em resumo, uma verdadeira colagem cubista, intencionalmente contraditória e ambígua, que recorria à linguagem do cinema, do cartaz, do anúncio e do jornal. Em suma, todos os signos da vida urbana contemporânea.

As experiências de Oswald, no campo da prosa, são também renovadoras: *Memórias Sentimentais de João Miramar* e *Serafim Ponte Grande.* Neles há também quebra da continuidade da narrativa clássica e a destruição do herói problemático. Estes elementos compõem um quadro em que a mudança no plano da forma implica numa mudança estrutural: os romances destroem a ordem burguesa de dentro, pela sátira. Entre suas obras de ficção contam-se, ainda, *Escada Vermelha* e *Marco Zero.* Este último reflete a vida de São Paulo após a crise de 1929. Publicou também um livro de memórias: *Um Homem sem Profissão.*

Foi no *Movimento Antropofágico* de 1928 que Oswald melhor condensou a sua cosmovisão. O *Antropofagismo* seria o oposto do *Indianismo.* O canibal moderno, o artista, exerceria uma crítica destruidora a todas as normas, imposições e regras sociais que arrancassem ao homem o pleno domínio de suas faculdades. O *Antropofagismo* corresponderia a um momento crítico da cultura moderna, em que o Estado, a propriedade e a autoridade do pai se dissolveriam numa sociedade sem classes. A democratização da cultura que a civilização industrial trouxe, com suas contradições, seria o veículo destas transformações. O universo que este movimento anuncia é o paraíso recriado, um mundo, enfim, sem alienações.

A obra de Oswald de Andrade teve fecundo papel na articulação de movimentos da Arte Contemporânea Brasileira. Isto se reflete na obra poética de Carlos Drummond de Andrade, na poesia concreta, e no tropicalismo manifesto na música popular, no teatro e mesmo no cinema. A atualidade de Oswald de Andrade se revelou no êxito da montagem de *O Rei da Vela,* em 1967. Esta e outras peças, que escreveu, são desde já um marco de renovação no Teatro Brasileiro.

Nota 13, pág. 162

MANUEL CARNEIRO DE SOUSA BANDEIRA FILHO (1886-1968). (...) A obra poética de Bandeira, como observou Mário de Andrade, é de "um São João Batista da nova poesia modernista". Com efeito, o abandono do universo lingüístico, estático e místico do Parnasianismo leva-o a uma aproximação com o quotidiano prosaico da vida contemporânea. O *humour*, a ironia, a sintaxe simples, o quase realismo, a crítica da vacuidade da poesia anterior (como em *Os Sapos*) indicam mudança na estrutura do seu sistema poético, que se cristaliza progressivamente. A lírica de Bandeira reflete seu destino pessoal, a presença e a ameaça da morte, evocações do passado no Recife, desejos de evasão, enfim, seu *estar-no-mundo*. Estes elementos se tornam sensíveis especialmente a partir de *Carnaval* (1919), em que o verso livre e o ritmo são indícios das mudanças em processo. É,entretanto, com *Ritmo Dissoluto*, que o poeta realiza sua efetiva transformação: *Meninos Carvoeiros, Gesso, Na Rua do Sabão* já são plenamente modernistas. Nos elementos populares que concentram, no tratamento realista de sua própria situação há fusão lírica do objetivo, social e urbano, com o subjetivo do poeta. O efeito estético específico destas obras é uma atmosfera recriada emocionalmente, transfigurada mesmo. Com *Libertinagem*, Bandeira já participa ativamente do *front* Modernista: são poemas publicados nas revistas de vanguarda do Rio, Belo Horizonte e São Paulo. A renovação estética se revela clara e inequívoca nas suas críticas quando diz: "Não quero mais saber do lirismo que não é libertação". Suas tendências românticas são agora balanceadas pelo *humour*, pelo despojamento da linguagem, por uma integração progressiva do cotidiano prosáico. *Poema Tirado de uma Notícia de Jornal, Irene no Céu, Cunhatã* e *Vou-me embora para Pasárgada*. Em *Pasárgada*, uma das mais bem acabadas realizações da lírica modernista, o evasionismo se mescla à vida comum, a experiência atual se faz outra tomando tom de realidade palpável no seu paraíso imaginário. Nela se revela entre a evasão e a ironia o limite mesmo de sua poética que só se tornará objetiva crítica do social na obra dos seus continuadores: Carlos Drummond e, posteriormente, João Cabral. Com *Estrela da Manhã, Lira dos Cinqüent' Anos, Belo-Belo e Estrela da Tarde*, o poeta continua o seu trajeto, enriquecendo-o sempre na direção já apontada. Com efeito, o sentido trágico da existência, a miséria e a solidão no poeta jamais atingiram configuração social objetiva. O lírico, subjetivo, não desvela uma realidade contraditória, possível de solução humana. Apenas *No Vosso e no Meu Coração*, apontam para este caminho.

Bandeira não se manteve alheio à renovação formal e aos experimentos da poesia contemporânea brasileira: alguns de seus poemas concretistas são mostra disto. Vista no seu conjunto, a obra poética de Bandeira é uma das maiores da lírica brasileira de todos os tempos.

Nota 14, pág. 162

JOSÉ PEREIRA DA GRAÇA ARANHA (1868-1931). Romancista e diplomata nascido em São Luís do Maranhão. Formou-se em Direito pela Faculdade do Recife onde se ligou ao Monismo Evolucionista de Tobias Barreto e à postura filosófica do vitalismo alemão. Exerceu a magistratura em Campos, Cachoeiro de Santa Leopoldina, no Espírito Santo, onde recolheu os materiais para a construção do seu romance *Canaã*. Membro da Academia Brasileira de Letras em 1897, graças ao apoio de Joaquim Nabuco. Ingressou na carreira diplomática servindo em várias missões no estrangeiro. Ao voltar ao Brasil em 1920 procurou ligar-se aos movimentos da renovação da cultura brasileira participando ativamente da Semana de Arte Moderna. Rompe quatro anos depois com a Academia num protesto contra o imobilismo acadêmico e seu culto estéril de padrões estéticos já ultrapassados. Em 1930 aderiu à Revolução a cujo espírito se ligara pelas suas preocupações sociais e políticas. Faleceu no Rio de Janeiro.

A atitude intelectual de Graça Aranha está sistematizada em dois livros: *A Estética da Vida* e *O Espírito Moderno*. Neles se encontram formalizados os temas de sua obra de ficção. O primeiro se fundamenta em três princípios de natureza ética: resignação à fatalidade cósmica, incorporação à terra e ligação com os outros homens. Esta visão do mundo informa os seus romances *Canaã* e *Viagem Maravilhosa* assim como a sua peça de teatro *Malasarte*. Neles tenta integrar a estrutura narrativa com digressões filosofantes.

Canaã, a mais importante de suas obras, tem como centro problemático as relações da sociedade brasileira com as perspectivas ideológicas e culturais da colonização alemã. Os princípios desenvolvidos em *A Estética da Vida* norteiam a leitura crítica da realidade, isto é, a concepção do autor. Entretanto, a problemática de Graça Aranha nascia já velha: a dominação da Natureza era um fato realizado e o amor universal era incompatível com a estrutura de classes na nossa sociedade. No que tange à composição, à estrutura de *Canaã* falta homogeneidade temática e estilística: o arcabouço conceitual da obra se articula mal com a estrutura da narração. O universo imaginário é continuamente interrompido pela teorização filosófica ou por análises sociológicas da situação do Brasil. Os personagens Milkau e Lentz são abstratos e sua experiência vivida não tem uma existência estética autônoma sendo meros porta-vozes de posições ideológicas opostas de Nietzsche e Schopenhauer. Mais ainda, as teorizações do autor não se integram nas experiências dos personagens. Em que pesem as restrições estéticas de que *Canaã* é objeto, a obra permanece válida na análise das relações do Brasil com as colônias alemãs. É o primeiro romance ideológico brasileiro onde os personagens centrais refletem as relações do autor com a filosofia e ideologias alemãs e a realidade brasileira.

Nota 15, pág. 163

MÁRIO RAUL DE MORAIS ANDRADE (1893-1945). (...) A atitude de Mário de Andrade chega mesmo a se confundir com o Movimento Modernista de que foi o grande batalhador. Extremamente inteligente e lúcido, dotado de grande capacidade para a ação, exerceu notável influência sobre artistas e escritores do seu tempo. Esta atividade se realizou não apenas na fase demolidora do movimento, mas também no seu período de elaboração madura. Soube detectar os novos valores e, pela crítica, orientou-lhes a prática poética. Assim, na sua obra *Aspectos da Literatura Brasileira*, Mário de Andrade analisa os estreantes de 1930. Drummond de Andrade e Murilo Mendes, além de Bandeira e de Schmidt. Situa o campo da problemática humana destes poetas e capta plenamente as possibilidades expressivas destas três maiores figuras do Modernismo. Sem dúvida, embora dentro dos limites do psicologismo, de uma visão da lírica, subjetiva e irracional, sua crítica foi a melhor do movimento. A poesia para Mário de Andrade revela os estados do inconsciente. Nada concede à expressão racional e à objetivação da linguagem. Seu discurso poético jamais desejou ser crítica do objetivo, da experiência urbana, do cotidiano. Na fase final de sua obra a concepção do artesanato poético anuncia a superação desta problemática da lírica como grafia do inconsciente.

Sua primeira obra poética, *Há uma Gota de Sangue em Cada Poema* guarda reminiscências parnasianas e simbolistas. É, entretanto, com *Paulicéia Desvairada* que a sua poesia concentra os elementos rebeldes de 1922. No plano da forma, verso e rima livres, fragmentação da linguagem, armação de flagrantes do cotidiano paulista num caleidoscópio em que a subjetividade do poeta tem um papel dominante. Seus melhores poemas, entretanto, conseguem escapar ao subjetivismo, mais romântico do que surrealista. Conseguem refletir o turbilhão da vida urbana e industrial. Jamais, entretanto, alcançam aquela zona da subjetividade lírica em que o *eu* recupera o mundo objetivo. Este processo de composição é ainda utilizado em *Losango Cáqui* e *Clã do Jabuti*. Uma atitude nacionalista perpassa essas obras: abrasileiramento da linguagem, modismos e folclore.

Em *Remate de Males* continua o seu mergulho no nacional, visto agora de um prisma mítico de unificação da terra virgem e inexplorada. Falta-lhe, no entanto, a visão crítica desse mundo brasileiro que ele poetisa. Na *Lira Paulistana* retorna à poesia trovadoresca, ao cancioneiro.

Como ficcionista, produziu *Amar, Verbo Intransitivo, Macunaíma, Contos do Primeiro, Andar* e *Contos Novos*. *Macunaíma*, rapsódia ao mesmo tempo de caráter literário e folclórico, quebra as barreiras de todos os gêneros, fundindo lirismo e epopéia, romance e narração mítica. Nos contos, as notas dominantes são o lirismo e a fragmentação da narrativa que paticamente desaparece.

Importante foi também a contribuição de Mário de Andrade no campo da doutrina crítica. Um bom exemplo disto é a exposição teórica contida em *A Escrava que Não Era Isaura;* no mesmo gênero cabe ainda lembrar *O Baile das Quatro Artes* e *O Empalhador de Passarinho*. O mesmo interesse crítico levou Mário de Andrade à pesquisa do nosso passado artístico. Disto resultou o estudo e levantamento da obra do Padre Jesuíno do Monte Carmelo, pintor colonial cujos trabalhos principais se encontram em Itu e em São Paulo.

O universo de atividades, que se diversificaram em tantos gêneros, situa Mário de Andrade como um dos instauradores da revolução estética que reclamava a atualização da inteligência brasileira. Em particular, lutava pelo direito à pesquisa artística abrindo à cultura nacional o sólio da modernidade.

Nota 16, pág. 167

CINEMA BRASILEIRO. Três anos após o invento de Lumière, já no Brasil Afonso Segretto documentava cinematograficamente o Presidente Prudente de Morais, no Palácio do Catete. Em 1908, com o nome de *Paris no Rio* instalava-se o estabelecimento pioneiro deste tipo de espetáculo. No ano seguinte exibiu-se o primeiro filme de ficção, *O Estrangulador*. Era dirigido pelo português Antônio Leal, antes especializado em documentar as transformações da fase "o Rio Civiliza-se". Até a Primeira Guerra Mundial dominam as comédias a que se sucedem filmes cuja temática se apóia na literatura romântica do século XIX. Macedo e Alencar fornecem os subsídios para enredos pseudonacionalistas e de insignificante valor artístico. Com o início da atividade criativa de Humberto Mauro – *Na Primavera da Vida, Tesouro Perdido, Sangue Mineiro* (1928) e *Brasa Dormida* (1930) – o cinema brasileiro inicia uma nova fase. Transferindo-se de Cataguases para o Rio, o cineasta realiza *Ganga Bruta* (1933) para os Estúdios Cinédia, de Ademar Gonzaga. Neste mesmo ano, a *Voz do Carnaval* inaugura o musical carnavalesco, gênero digestivo, sem compromissos artísticos e cujo êxito se baseava na exploração de nomes, como Carmem Miranda ou de canções em voga. No mesmo caso estão *Alô, Alô, Brasil* e *Alô, Alô, Carnaval*. Contrastando com esta produção esteticamente secundária, notabiliza-se a realização de Mário Peixoto, o famoso *Limite*. Influenciado pela vanguarda francesa e russa, a obra critica os horizontes estreitos da vida burguesa moderna... Data de 1930, mereceu elogios de Eisenstein e é peça obrigatória de cinemateca. Com o advento do cinema sonoro e a crescente complexidade da produção cinematográfica, a indústria cultural americana passa a dominar o mercado brasileiro. As realizações nacionais não podiam opor resistência séria, carecendo de embasamento econômico, regularidade produtiva, falta de proteção oficial e de organismos distribuidores, além de se confinar no amadorismo e no autodidatismo. Um esboço de reação foi tentado em nível comercial, pela Companhia Atlântica (1941). Seus filmes de gosto popularesco alcançaram certo êxito de bilheteria. Exploravam sem talento a comicidade de artistas conhecidos, exceção feita a algumas incursões pretensiosas como *A Sombra da Outra*, baseada em romance de Gastão Cruls. A fundação da Companhia Cinematográfica Vera Cruz, em São Paulo, pareceu inaugurar uma era de renovação artística e de ritmo de produção regular (1949). O retorno do cineasta Alberto Cavalcanti, famoso na "avant-garde" européia, e a importação de técnicos estrangeiros, aliada ao equipamento e estúdios modernos, conferiam seriedade ao empreendimento. No entanto faltava maior conhecimento da realidade do mercado brasileiro e o nível artístico era insuficiente, embora com certa correção formal. O mesmo se pode dizer da Companhia Maristela, cujo malogro antecedeu ao desastre da Vera Cruz (1954). Do que nesta se fez, obteve notoriedade internacional *O Cangaceiro*, de Lima Barreto, que apelava preferentemente para o exótico, o anedótico, transpondo na sua estrutura para o Nordeste o *western* norte-americano. Serviu de ponto de partida para uma série de imitações medíocres, todas carentes de qualquer importância.

Ao lado dos dramas da Vera Cruz e da Maristela, dominam as comédias irresponsáveis dirigidas à classe média, cuja ideologia refletem geralmente de forma grotesca ou sentimentalóide. Jamais, entretanto, ultrapassaram a condição de *kitch* artístico. Cavalcanti, incompatibilizado com o ambiente artístico nacional, voltou à Europa depois de haver realizado, como diretor e produtor independente, o poético *O Canto do Mar*. Lima Barreto tentou, sem êxito, reeditar o sucesso de *O Cangaceiro*, com *A Primeira Missa*.

Realização extremamente válida é a do *Cinema Novo*, que se opõe às pretensões industrializantes em nome de uma atitude crítica da realidade brasileira. Condena, como comprometido com o subdesenvolvimento, tudo que antes aqui se produziu, atacando o cinema divertimento e propondo uma perspectiva problematizadora do nosso mundo rural e urbano. O Cinema Novo se anunciou com *Rio, Quarenta Graus* e *Rio, Zona Norte*, dirigidos por Nélson Pereira dos Santos. Denunciavam certa influência do neo-realismo italiano e continham uma mensagem crítica, ainda que esquemática. A estes dois filmes seguiram-se os lançamentos de novos diretores como Roberto Santos, Walter Hugo Khouri e Rubem Biafora. Os trabalhos de Khouri, especialmente *Noite Vazia*, integram-no na temática existencialista e revelam apuro formal. *Vidas Secas*, de Nélson Pereira dos Santos, *Os Fuzis*, de Rui Guerra, *Deus e o Diabo na Terra do Sol*, de Gláuber Rocha, recriam a problemática nordestina sem concessões folclorizantes e com trágica violência. Obras de grande inventiva estética, honestidade intelectual e definição crítica, alcançaram repercussão internacional. Qualidades próximas encontram-se nas realizações de Carlos Diegues, Joaquim Pedro de Andrade, Walter Lima Júnior, Paulo César Saraceni e Luís Sérgio Person.

A produção cinematográfica brasileira tem recebido premiações em diversos festivais internacionais. Recorde-se a propósito a Palma de Ouro obtida por Anselmo Duarte, em Cannes, em 1962 com *O Pagador de Promessas*. Também receberam justa consagração Nélson Pereira dos Santos e Gláuber Rocha, aplaudidos pela crítica mundial.

COM MANOEL MAURÍCIO O TEATRO GANHOU CONSCIÊNCIA CRÍTICA

Yan Michalski

Em 1978, algo de novo acontecia no teatro brasileiro. Um núcleo de artistas – o diretor Luís Antônio Martinez Corrêa, o diretor musical John Neshling, o cenógrafo Maurício Sette, a figurinista Rita Murtinho, os atores Marieta Severo, Carlos Gregório e Otávio Augusto –, reunido em torno da tarefa de montar a *Ópera do Malandro,* de Chico Buarque, sentiu necessidade de realizar uma séria pesquisa histórica. Tratava-se de investigar 250 anos de História, em busca de um denominador comum entre as estruturas sócio-políticas das três versões da mesma fábula: a *Ópera dos Mendigos,* de John Gay (1728), a *Ópera dos Três Vinténs,* de Bertold Brecht e Kurt Weill (1928) e finalmente a *Ópera do Malandro,* de Chico Buarque. Para orientar o estudo foi chamado – ao que eu saiba, pela primeira vez na trajetória do nosso teatro – um renomado especialista, Manoel Maurício de Albuquerque, de quem Marieta Severo e Rita Murtinho já eram alunas, nas famosas aulas particulares que ele dava a pequenos grupos em seu apartamento. As sessões de trabalho caracterizaram-se logo por um clima de entusiasmo tão contagiante que os outros 14 atores do elenco não tardaram a aderir à proposta, participando das animadíssimas aulas ministradas por Manoel Maurício.

É difícil avaliar a medida em que a contribuição do historiador apareceu concretamente no resultado final da montagem; mas não há dúvida de que ela fez a cabeça da equipe, permitiu que os artistas enfrentassem as suas tarefas criativas e interpretativas com uma lucidez maior a respeito da matéria-prima temática que tinham nas mãos. Por outro lado, a conscientização beneficiou não somente a equipe do espetáculo, mas também os seus espectadores: no excepcionalmente esclarecedor programa produzido pelo Teatro dos Quatro destacavam-se três pequenos ensaios assinados por Manoel Maurício: no primeiro, intitulado *Grã-Bretanha – Ópera do Mendigo,* ele colocava a obra precursora de John Gay contra o pano de fundo do panorama londrino da primeira metade do século XVIII; no segundo, *Alemanha – Ópera dos Três Vinténs,* repetia o mesmo processo em relação ao musical de Brecht/Weill e à chamada República de Weimar; no terceiro, *Brasil –*

Ópera do Malandro, ele definia as características fundamentais do Estado Novo, regime dentro do qual Chico Buarque colocou, com todas as licenças poéticas a que tinha direito, a ação da sua peça. Num quarto ensaio, *Brasil – As Máscaras,* publicado por ocasião da montagem da peça em São Paulo, analisou esta ação à luz do contexto histórico anteriormente definido.

O eco do interesse da assessoria histórica de Manoel Maurício circulou rápido na classe teatral e ele começou a ser sucessivamente chamado para repetir a experiência junto a outras produções. O carisma, os conhecimentos, o calor humano e o senso de humor de Maneco, como era familiarmente chamado, explicam suficientemente a atração em que ele se transformou nos bastidores de vários teatros. Mas uma avaliação dessa sua inesperada invasão de um campo pelo qual nenhum dos seus colegas de profissão tinha, ao que se saiba, até então transitado, impõe algumas reflexões sobre as características do momento histórico que o teatro estava então atravessando.

Um ano e alguns meses antes da extinção do AI-5 e da oficialização da *abertura,* a *distensão* estava dando, numa velocidade até certo ponto surpreendente, seus primeiros passos no campo da liberdade de expressão no teatro. À luz da mesma legislação que durante vários anos virtualmente sufocou a dramaturgia nacional e impôs ao setor a mais escura noite de trevas da sua História, mas interpretando essa caduca mas maleável legislação sob um ângulo subitamente diferente, as autoridades escolheram visivelmente a área teatral – provavelmente por considerá-la relativamente inócua, dada a reduzida parcela da população brasileira que freqüenta os teatros para demonstrar à elite intelectual a veracidade das suas intenções de redemocratização, àquela altura já proclamadas mas na prática ainda pouco tangíveis em outros campos de atuação. Depois de várias temporadas em que qualquer tentativa de análise cênica da realidade nacional era considerada como autêntica heresia e expunha seus responsáveis a graves riscos, algo começou a mudar com as autorizações de montagem concedidas a textos como *Um Grito Parado no Ar,* de Guarnieri (1974), *Gota D'Água,* de Chico Buarque e Paulo Pontes (1975), *O Último Carro,* de João das Neves (1976), *Tempo de Espera,* de Aldo Leite (1976), *Ponto de Partida,* de Guarnieri (1977). Isto não impediu que no mesmo período dezenas de obras continuassem sendo proibidas e sofrendo cortes: a própria *Ópera do Malandro* teve sérios problemas com a Censura e Chico Buarque teve de reescrever trechos do texto para que o espetáculo pudesse estrear. De um modo geral, porém, estava no ar a sensação de que as principais obras proibidas nos anos anteriores, ou as que ainda vinham sendo proibidas, não tardariam a chegar aos palcos, como de fato aconteceu.

Ora, essas obras proibidas tratavam, com raras exceções, da realidade brasileira e tentavam analisar essa realidade contra o pano de fundo da traumática trajetória da nação nas décadas de 60/70, recuando, em alguns casos, até a década de 40. Para que tais obras pudessem ser encenadas de modo consciente, o conhecimento das linhas mestras dos mecanismos políticos e sociais que haviam regido os destinos do país durante essa época tornava-se imperioso. Acontece que esse conhecimento não estava em geral ao alcance das equipes que se dispunham a montar as peças em questão. Estávamos saindo de uma década e meia de arbítrio, que fizera questão de combater sistematicamente qualquer discussão pública sobre os grandes problemas nacionais, controlar com mão de ferro o ensino e o debate de assuntos *delicados* nas universidades, e tentar impor à opinião pública uma versão unilateral e tendenciosa dos acontecimentos. Os artistas, na sua maioria jovens, e portanto já formados num contexto em que o acesso à informação e à interpretação crítica da realidade se havia tornado difícil, eram na sua quase totalidade movidos por um impulso emocional de inconformismo em relação ao esquema que os oprimia. Material insuficiente para capacitá-los a elaborar, com adequado conhecimento de causa, o eixo interpretativo das peças cuja montagem iriam abordar. Era normal, portanto, que a assessoria especializada de Manoel Maurício – um historiador de gabarito indiscutível, ideologicamente afinado com as propostas da dramaturgia de resistência que aos poucos estava chegando aos palcos e ao mesmo tempo por gesto pessoal sensível ao fato artístico – lhes aparecesse como uma espécie de tábua de salvação, cuja presença lhes dava um sentimento de segurança num terreno para eles em princípio escorregadio.

Um outro aspecto a ser considerado é uma deficiência estrutural do teatro brasileiro, em matéria de composição das suas equipes de criação. Nas últimas décadas uma nova figura, oriunda da Alemanha, começou a ocupar um espaço até então vazio ou ignorado, tornando-se presença quase obrigatória nas companhias subvencionadas e estáveis da Europa e chegando a firmar pé também nos Estados Unidos, junto àquelas produções que, pela sua natureza, reclamavam a sua presença: o chamado *dramaturg,* palavra alemã que nada tem ver com o nosso dramaturgo, no sentido de autor teatral, mas designa uma espécie de assessor cultural encarregado de fornecer ao encenador e ao resto da equipe materiais de pesquisa, bibliografia e reflexão teórica necessários para a definição das opções estéticas da montagem e de redigir os ensaios através dos quais as propostas teóricas das encenações são levadas ao conhecimento do público. O teatro brasileiro, um pouco por falta de tradição, mas sobretudo por falta de recursos humanos e financeiros, não chegou até hoje a adotar essa inovação. No caso de peças de fundo histórico-político-social cuja montagem Manoel Maurício enriqueceu com a sua assessoria especializada, ele acabou preenchendo – provavelmente sem que nem ele próprio, nem os produtores que o convidavam o soubessem – essa lacuna: a sua contribuição acabou sendo claramente a que corresponderia às funções do *dramaturg,* se tal figura já tivesse sido institucionalizada no nosso teatro.

Finalmente, um fator que não pode ser esquecido é o elemento exuberantemente teatral inerente ao próprio temperamento de Manoel Maurício. Nunca tive oportunidade de assistir pessoalmente às sessões de trabalho que o historiador realizava com os elencos que recorriam aos seus serviços; mas pude ouvir a gravação em fita de algumas dessas sessões e, por outro lado, assisti a alguns debates públicos de que ele participou. Foi o suficiente para sentir a generosa dose de teatralidade espontânea presente no seu comportamento, e que saltava aos olhos até mesmo em qualquer contato pessoal com ele, quer se tratasse de um bate-papo no seu apartamento ou de uma conversa numa mesa de bar. Ele era um *showman* por natureza, dotado de um fabuloso instinto de domínio da platéia, de uma admirável intuição de tempo dramático, de uma rara capacidade de canalizar o seu excepcional senso de humor para formas de expressão eminentemente teatrais, de um dom de empatia notavelmente generoso. Este lado do seu temperamento deve ter contribuído para aproximá-lo da gente de teatro e para fazer com que ele se sentisse em casa nesse meio.

É assim que em 1979 Manoel Maurício – junto com Eulalia Maria Lahmeyer Lobo, que seria sua fiel parceira em quase todas as suas experiências teatrais – trabalhou junto à equipe do Teatro dos Quatro, nos preparativos de *Papa Highirte,* de Oduvaldo Vianna Filho, em cujo programa encontramos um esclarecedor artigo, assinado pelos dois historiadores, intitulado *Alhambra, Terra Ubíqua,* no qual os conflitos e os personagens da peça são analisados pelo prisma da história política de Alhambra, nome de fantasia que Vianinha criou para designar a sua abstrata, mas quanto conhecida nossa, republiqueta (mas por que não republicona) latino-americana.

No mesmo ano de 1979, Manoel Maurício, sempre com a colaboração de Eulalia Maria Lahmeyer Lobo, assessorou quase simultaneamente duas outras montagens, que estrearam com poucos dias de intervalo entre uma e outra: *Sinal de Vida,* de Lauro Cesar Muniz, e o antológico *Rasga-Coração,* de Oduvaldo Vianna Filho, uma espécie de símbolo da dramaturgia de resistência que dignificou o teatro brasileiro do período e lhe deu consistência. O programa de cada uma destas duas produções traz um ensaio que, curiosamente, não é mais exclusivamente uma obra de especialistas em História, mas invade o terreno da crítica dramática, pois joga uma luz esclarecedora sobre os respectivos textos não apenas a partir de considerações históricas, mas também a partir de elementos psicológicos dos personagens e a partir das situações dramáticas em que esses personagens se vêem envolvidos. É assim que *O Labirinto dos Espelhos,* publicado no programa de *Sinal de Vida,* analisa com um comovente calor humano a trajetória do protagonista Marcelo e de sua convivência com a solidão, que é "a penalidade extra conferida aos que o Estado identificou como inimigos políticos": uma situação que Manoel Maurício viveu na própria carne e com a qual parece ter-se identificado emocionalmente ao entrar em contato com o texto de Lauro Cesar Muniz. Em *Um Coração Perplexo,* no programa de *Rasga-Coração,* os dois historiadores não se limitam a analisar o comportamento dos principais grupos de personagens representados na peça, mas refletem também sobre o próprio papel do teatro, sobretudo do teatro socialmente conscientizador do qual o texto de Vianinha é um brilhante exemplo. E concluem:

> A redenção final não se consuma na peça e a receita salvadora não é transmitida para cumprir um objetivo apaziguador de consciências. As máscaras se calam para que os espectadores repensem o que ouviram, dando-lhes oportunidade para soterrarem o texto em suas memórias ou para verem nele o estímulo à construção da sua própria identidade social.

Em 1980, Manoel Maurício atende ao chamado de sua amiga e ex-aluna Vilma Dulcetti, e colabora com ela na pesquisa histórica realizada para a sua montagem de *Os Sobreviventes,* de Ricardo Meirelles. No programa da peça, um curto mas deliciosamente irônico artigo intitulado *Os Sobreviventes de/da Espera,* elocubrando sobre as características surrealistas de Espera, "um país, uma família ou a conjuntura da perspectiva social da burguesia?", mas seguramente uma versão diferente do mesmo fenômeno ao qual Oduvaldo Vianna Filho dera, em *Papa Highirte,* o nome de Alhambra...

Finalmente, também em 1980, Manoel Maurício e Eulalia Lobo são convidados, entre outros intelectuais, para a primeira leitura da peça *Campeões do Mundo,* de Dias Gomes, que recebe também outros subsídios históricos através da Professora Emília Viotti da Costa, da Universidade de Yale.

Não poderia haver um melhor fecho para estas considerações sobre a passagem de Manoel Maurício pelo teatro do que o depoimento que Vilma Dulcetti, diretora de *Os Sobreviventes,* escreveu sobre os seus últimos contatos com seu ex-professor, amigo e, na expressão de Vilma, *co-diretor* na montagem da peça de Ricardo Meirelles:

> Naquela tarde de quarta-feira eu estava justamente esperando por ele. Tínhamos marcado um encontro em minha casa, para discutirmos o texto da peça *Vejo um Vulto na Janela,* de Leilah Assunção, que eu me preparava para dirigir. Eu lhe ha-

via entregue o original algumas semanas antes e, quando lhe perguntei, por telefone, o que tinha achado, ele me respondeu com aquele jeito irônico: 'Ora, claro que não achei nada, eu não gosto nada desse tipo de assunto ...' A peça se passava em 1964, num pensionato de onde um grupo de moças assistia ao desenrolar do golpe militar. Eu estava ansiosa para encontrá-lo, ouvir tudo o que tinha a acrescentar ao meu conhecimento dos fatos daquela época. Embora eu mesma a tivesse vivido intensamente, tinha certeza de que meia hora de conversa com ele enriqueceria o texto e a minha experiência centenas de vezes.

As horas passavam e Manoel Maurício não chegava. Em seu lugar, recebo, enfim, um telefonema vindo da própria livraria onde ele teria que ir antes de vir à minha casa. Meu amigo, meu mestre, meu valiosíssimo colaborador estava morto. Sua vida rica e preciosa para tanta gente havia terminado, numa pequena livraria no centro da cidade. Um cenário mais do que constante em sua vida, mas, certamente, um lugar esquisito para alguém morrer. Era como se a morte precisasse surpreendê-lo assim, de repente, sem aviso, num rápido intervalo entre dois compromissos. Como se de outra forma ela jamais pudesse alcançá-lo, a esse homem ágil, vivo, esperto, que dominava com maestria os mecanismos da História e jamais se deixava surpreender pelos acontecimentos.

Conheci Manoel Maurício na faculdade, onde fui sua aluna no curso de História do Brasil. De imediato me aproximei dele, pois as suas eram, de longe, as aulas mais atraentes em toda a escola. Formada, fiquei algum tempo sem saber dele e só tornei a reencontrá-lo mais tarde, em fins de 60, quando eu já fazia teatro e ele já havia passado por episódios graves em sua vida: a prisão e a cassação do seu cargo de professor da Universidade.

Em 1980, quando me preparava para montar a peça *Os Sobreviventes,* texto até então inédito de Ricardo Meirelles (embora premiado pelo SNT), cuja ação se passava durante três décadas da História do Brasil – 54, 64 e 74 – eu procurei imediatamente me reencontrar com Manoel Maurício. Era ainda o mesmo – brilhante, arguto, sagaz, os acontecimentos que vivera não tinham feito mais do que afiar-lhe a inteligência, a percepção e a extraordinária capacidade de identificar a ironia e o ridículo por trás de acontecimentos aparentemente sérios.

A peça de Ricardo (também professor de História, como nós dois) não era realista. Tinha uma infinidade de símbolos e nós começamos então um trabalho de análise, com o elenco, dos períodos da História brasileira que a ação abrangia e a relação entre essa História e a do país a que a peça se referia. Depois disso, ele foi me fornecendo uma série de informações a respeito de figuras chave desses períodos, que eu poderia ir usando de forma humorística na montagem. Eram detalhes, nuances, segredos, que pontuavam a ação e 'vestiam' os personagens e que só Manoel Maurício, com seu conhecimento profundo desse lado anedótico da História, poderia ter me fornecido.

A experiência foi imensamente enriquecedora para todos nós. Até o próprio Ricardo descobriu fatos a respeito do texto que havia criado dos quais não havia, até então, se apercebido. Por isso, eu pensei imediatamente em Manoel Maurício quando surgiu a oportunidade de montar o *Vulto na Janela.* Embora ambientado em passado recente, eu tinha certeza de que ele nos daria do texto uma nova compreensão. Mas dessa vez não foi possível.

Eu não fui a única diretora de teatro que contou com a colaboração de Manoel Maurício no desenvolvimento de uma peça. Dos outros, porém, eu não sei; mas para mim, a sua contribuição é praticamente insubstituível. Talvez porque sua linguagem como professor já fosse tão carregada de elementos dramáticos – nas aulas dele a gente ria sem parar, se assustava, se emocionava várias vezes; talvez porque sua maneira de observar e entender o mundo era extremamente criativa. Só sei que dificilmente haverá alguém que, como ele, saiba extrair de uma realidade, exatamente, os elementos de que eu preciso para produzir a ação dramática. Dirigir uma peça com Manoel Maurício era um trabalho de co-direção. E eu sei que sentirei para sempre a falta desse grande parceiro.

Quando Vargas, em 1937, anunciou à Nação Brasileira que ele e os demais promotores do Estado Novo assumiam a responsabilidade de assegurar a ordem, para promover o progresso, Duran e Max desligaram os seus novos aparelhos de rádio e respiraram tranqüilos. Não havia porque se preocupar: os negócios continuariam normalmente e com possibilidades crescentes de lucro assegurado por respaldos legais que a mudança política não alterava. Era isto, em suma, o que interessava aos dois, a tradução resumida da mensagem presidencial trazida aos seus ouvidos, com o máximo de perfeição técnica, pelas últimas cargas de contrabando desembarcado no Rio de Janeiro.

E, realmente, não havia porque se preocupar. O campo tinha gente suficiente para continuar a fornecer força de trabalho não incluída nos benefícios do assistencialismo oficial. Afinal, a Fichinha não era um caso raro, não era um produto exportado pela miséria do Nordeste que estivesse em fase de extinção e, portanto, valor de troca suscetível de aumento de preço que levasse à cogitação incômoda de uma eventual mudança de mercadoria. Novas Fichinhas seriam arregimentadas porque, afinal, a pobreza e o analfabetismo não eram patrimônio exclusivo do Nordeste. Neste ponto, mais uma vez, Deus se revelara brasileiro distribuindo e socializando a carência para que os Durans da vida não precisassem perder horas de sono, inquietos pelo futuro dos seus estabelecimentos comerciais... Não, felizmente ele era bom católico, temente a Deus, venerador dos seus santos, com proteções suplementares fornecidas pelos terreiros de macumba e pelos centros espíritas. Está claro que Duran não sabia o que era socialização, mas tinha a certeza, depois de ouvir a fala presidencial, que os comunistas assaltantes da propriedade alheia continuariam seguramente em cana.

Portanto, o mulherio que satisfazia frustrações de vôo curto a preço inferior ao de qualquer analista da moda continuaria a custear a educação primorosa de Teresinha e a financiar os sonhos de futura patronesse da eficiente Vitória Régia.

Max retornou à contagem das caixas de bebidas e de perfumes caros, de eletrodomésticos e de tecidos finos. O Chefe da Nação, transmitido por ondas longas, viera à sua casa para lhe dizer que poderia prosseguir com a divisão desigual do botim, enganando mais uma vez os seus leais companheiros de faina e aqueles que lhe asseguravam a legalidade escusa. Valera a pena interromper, por momentos, o trabalho, findo o qual não seria nada mau um relax pelos prostíbulos do Duran. Afinal, o trabalho dignifica, mas dignidade em excesso acaba com qualquer bacana. Ele não tinha contas a pagar com a Dona Justa, o Delegado era do peito e as suas necessidades de solteiro podiam ser perfeitamente satisfeitas na Lapa, onde mulher era mato.

A Guerra de 39 desfiou os seus horrores que Duran, Max, Teresinha, Vitória Régia e seus sócios viam entre bocejos no cinema, em imagens contraditórias transmitidas pela Fox ou pela Ufa, depois de passar desinteressadamente pelas visões otimistas da Agência Nacional. Toda a reserva de atenção se mobilizava para os coloridos musicais da Metro, para os terrores da Universal e para os melodramas de final feliz ou para os *westerns* da Fox nos quais não havia inquietações quanto à cena que precedia o *The End:* a beijoca final e a vitória do mocinho sobre os índios. Depois de 39, a Política de Boa Vizinhança trouxe a inovação que encheu de orgulho os brios nacionalisteiros: Carmen Miranda, a *Brazilian Bombshell,* retornava pela mágica de Hollywood junto com as criações amáveis de Walt Disney. Paris era ocupada, Varsóvia reduzida a cinzas, Londres perdia quarenta e cinco mil casas e Leningrado sofria fome, mas o Estado Novo ali estava para garantir o sossego dos Durans e Maxs, com o Chefe da Nação e seus acólitos saudando a queda da Capital Francesa como uma vitória asseguradora do regime.

Max esfregava as mãos, podia exigir mais por seus contrabandos; Duran ampliava os negócios depois de se assegurar que as levas de judias, fugidas aos campos de concentração nazis não representavam um perigo concorrencial nos seus estabelecimentos da Lapa e do Mangue.

Tampouco, a entrada do Brasil na guerra veio assoprar temores. Ao contrário, forças americanas e pracinhas recrutados pelo Estado Fascista para combater os fascistas asseguraram novos dividendos. As servidoras de Duran não tinham pernas a medir e, como permaneciam analfabetas, também não vislumbravam a distância entre o seu esforço e os ganhos do patrão. Também os seus fregueses, estudantes pobres, funcionários subalternos, soldados e fuzileiros, sombras apressadas que retornavam aos seus quartos de solteiros e à rotina do lar cristão, não tinham muito tempo para ir além de tomar conhecimento do nome de guerra daquele sábado e da curta história fantasiosa que começava na família tradicional, deslizava pelo mau passo com o namorado, o noivo ou o patrão e desembocava inevitavelmente no prostíbulo.

O casamento de Teresinha e de Max reconciliou os Montecchios e os Capulettos da Lapa e da Praça Mauá. Da mesma forma que a vaga definição de democracia recuperou as ditaduras de direita ao fim da Segunda Guerra Mundial, assegurando alianças seguras para a Guerra fria que então se iniciava.

Os fautores do Estado Novo puderam decretar a anistia, o fim da censura, a reconstituição dos partidos políticos, o reatamento das relações com a União Soviética (ainda chamada anacronicamente de Rússia) e o perdão para os torturadores e seus mandantes. Hitler sucumbira entre as chamas de Berlim, os corpos de Mussolini e da sua companheira pendiam das traves de um posto de gasolina, os habitantes de Hiroxima e de Nagasáqui conheciam um novo Apocalipse.

Os nossos heróis tranqüilos, agora unidos pelo amor e pelos interesses financeiros comuns da empresa unificada, podiam comentar à saída da reprise de ... *e o Vento levou* que, felizmente, a Abolição da Escravatura no Brasil não levara àqueles horrores da Guerra da Secessão. Vitória concordou, mas lastimou que, no fim, Vivian Leigh não houvesse ficado com Clark Gable. Afinal, haviam sofrido tanto no decorrer da superprodução ...! Duran fez a apologia do seu não-racismo, afirmando que não estabelecia diferenças entre as suas prostitutas no tocante à cor e aos pagamentos. Bem ao contrário! As mulatas eram melhor remuneradas.

Teresinha forneceu o final feliz que a produção hollywoodiana frustrara. Pudicamente, baixou a voz e sussurrou algo ao ouvido de Max e diante dos avós. Max, como bom herói de filme tecnicolorido, quebrou o silêncio com um grito: *"No! It is wonderfull, my darling!"* Duran e Vitória não entendiam inglês, mas advinharam a mensagem: o Estado Novo podia cair, a guerra acabar, mas os negócios prosseguiriam. Estava assegurada a sucessão reprodutora.

*ALHAMBRA, TERRA UBÍQUA**

Não é fácil definir Alhambra e este obstáculo se colocou, desde que às suas praias chegaram os invasores europeus em busca de produtos comerciáveis. Aos seus habitantes, Colombo chamou de *índios* e ao rosário de ilhas que descobriu, apelidou de *Antília*, identificando em um mesmo equívoco as informações de Marco Polo e as do lendário europeu.

O encontro destas populações, que se diriam testemunhos do Oitavo Dia da Criação ou da Idade de Ouro dos pagãos, abalou as certezas que a sua existência parecia inicialmente confirmar. Mas a Europa não podia dispensar os mitos e produziu o do *bom selvagem* que sensibilizou as inteligências de More, Montaigne e sustentou depois as teses revolucionárias de Rousseau.

Outros grupos sociais de Alhambra foram tidos por egípcios, gregos, romanos e fenícios. No amplo quebra-cabeça montado pelo desconhecimento misturavam-se as sólidas pirâmides do Planalto Mexicano, as simétricas cidades maias do Iucatã e as estradas incaicas que conduziam a Cuzco, o umbigo do Mundo, e passavam pelo Lago Titicaca, a poça de água gigantesca legada pelo Dilúvio.

No entanto, os *bons selvagens* e os construtores de palácios e de templos conheceram o mesmo destino às mãos dos que chegavam em naus abençoadas por nomes de santos e de mártires cristãos. O trovão e o raio que os estrangeiros utilizavam, levaram tudo de vencida, inclusive os deuses, antes tão poderosos e temidos. Com os invasores vieram também a escravidão, a fome e a repressão. E, quando a gente de Alhambra sucumbiu ou se tornou diminuta para produzir o que não mais lhe pertenceria, vieram escravos da África para a substituir. Muito mais tarde, seriam importados operários e camponeses atraídos por novos mitos que avizinhavam Alhambra com a Utopia, o El Dorado e Xangrilá.

---

* Em colaboração com Eulalia Maria Lahmeyer Lobo.

Hoje, passados quase quatro séculos, ainda subsistem alguns dos primitivos donos da terra resistindo, com fortuna vária, a uma espoliação que ainda não se ultimou. Em outras partes de Alhambra, os descendentes dos escravos africanos lutam por realizar concretamente a sua emancipação. E, os donos jurídicos de tantos destinos alimentam e reprimem as esperaças de proletários e de camponeses, enquanto barganham diante de novos conquistadores a independência de Alhambra que os seus antepassados proclamaram há mais de século.

Juan María Guzamón Highirte é um destes mercadejadores. Camacho faz jogo semelhante, mudando apenas o tom da transação. Os Generais Pérez y Mejía e Menandro vendem a todos, recebendo em moeda infensa à inflação: o Poder. Quem freqüenta este permanente leilão político? O Estrangeiro.

Papa Highirte sonha em voltar ao mundo do qual o apearam os antigos cúmplices. No entanto, para que tal ocorra, há que abandonar escrúpulos incômodos, entrar em acordo com os que o traíram, vender-se claramente ao capital estrangeiro e calar oposições importunas.

Camacho fabrica uma base de apoio político tentando conciliar no regaço populista o proletariado urbano e a burguesia nacional, para enfrentar com autonomia mínima, mesmo que formal, os empréstimos externos de que necessita. Porque Alhambra é um país *independente!*

Entre Pérez y Mejía e Menandro, o exercício do poder tem gradações, mas ambos se irmanam na disputa comum do acionamento decisório. O primeiro, mais imediatista, quer a ordem, o desenvolvimento técnico, garantidos ambos pela repressão aberta e generosamente financiada por multinacionais. Menandro teoriza sobre a segurança nacional e olha com desdém a ignorância limitadora dos seus colegas militares.

Do lado oposto, Manito entende a mudança social de forma quase espontaneísta, apoiando o seu praticismo na conjuntura dominada pelo desemprego e pela inflação. Sua perspectiva o torna um tático voluntarista, que entende a estratégia política como uma delonga, senão uma manobra acomodatícia. Alhambra já conheceu antes outros Manitos e os terá depois, esquecidos ou abrigados pelas páginas fantasiosas de algum livro escolar: portadores da impaciência dos justos e da afoiteza suicida, também. Mariz vê mais longe. Entende que a opressão e a revolução integram, mas não constituem a totalidade do lento construir revolucionário. É o ideológico que luta em outra trincheira...

Entre tantos personagens masculinos, duas discretas figuras de mulher. Grissa é o ódio submisso, contido pelas esperanças paternalistas. O assassínio de Manito lhe ensinou que o viver junto aos poderosos não é o mesmo que dispor do poder. E nisto se esgota o seu vôo de revolta.

Graziela, formalmente mais jovem, é quase tão limitada quanto Grissa. Para ela a segurança é fundamental e isto a ligação com Papa Highirte parece garantir. Não se arrisca além dos limites configurados no jogo de alcova. A infidelidade de Graziela é ainda e apenas uma desobediência aos Mandamentos da Lei de Deus.

Para o Estrangeiro, Alhambra é somente a parte de um esquema na dominação mundial. Os seus problemas só o interessam nesta medida.

Nos mapas antigos, Alhambra era chamada de *Terra Ignota*. Devemos chamá-la agora diferentemente?

*O LABIRINTO DOS ESPELHOS**

Marcelo aprendeu que a solidão é a penalidade extra conferida aos que o Estado identificou como inimigos políticos. Ela os marginaliza facilitando a sua identificação sempre que forem necessárias novas inconfidências ou os testemunhos publicitários de um arrependimento redentor...

O nosso jornalista não deve ter lido o jurista que definia o delito político como o único incapaz de ser apreciado com isenção, porque nele o réu teria como juízes legais os seus próprios inimigos. Se ele disto não tomou conhecimento intelectual, alcançou a mesma conclusão à custa do seu próprio sofrimento, da autonegação assumida por sobreviver, destruindo-se a si próprio a prazo certo marcado por interrogatórios. E, na medida em que estes alternavam violência e sedução, esvaziavam-se os valores que singularizavam a individualidade do antigo herói de *Sinal de Vida*.

O espaço aberto era preenchido rapidamente pelos filhos do Medo, completando internamente a obra desfibradora quando Marcelo se abriu à aceitação da Culpa e liberou as incoerências do seu viver pessoal. Ao obter essa primeira concessão, os algozes estavam com a partida ganha: o resto era uma questão de eficiência técnica e, isto, o Estado lhes assegurava à perfeição. O fundamental já fora alcançado no momento preciso em que o reprimido passara a colaborar, assumindo as práticas ditadas pela repressão. O processo castrador fora concluído. Os esbirros noturnos que encapuçam por destruir as referenciais confortadoras de tempo e de espaço, podiam retornar aos seus lares. Deixavam de ser os filhos da Treva, que agoniza e protege, para assumir a identidade tranqüila de chefes de família, de vizinhos sorridentes, com a consciência do dever cumprido e aguardar a escalada promocional pisando com segurança novos degraus-marcelos.

O nosso personagem passava agora ao controle de outros agentes de segurança, portadores de eficiência nunca desmentida, na medida em que

* Em colaboração com Eulalia Maria Lahmeyer Lobo.

duplicada e reforçada por projeções de um Eu fragmentado: a insegurança das oportunidades reticentemente sonegadas, o vazio dos que se afastam negando o recurso à auto-identificação exterior que é o primeiro passo inseguro dos que retornam à normalidade do quotidiano. O medo à confidência que pode acarretar uma volta às violências e, em grau igualmente doloroso, o sentir que o relato daqueles momentos de pesadelo é acolhido medrosamente, com palavras evasivas, quando não os recebe a incredulidade omissa, cumpririam suas funções amansadoras.

Marcelo está entregue agora às sombras que disputam se realizar, apoderando-se deste conjunto destroçado que antes aparentava segurança. O retomar do anonimato pequeno-burguês protegido pela sombra poderosa de um sogro influente propiciado pela esposa pragmática e compreensiva, é apenas uma das opções produzidas pelo sentido de culpa-reparação. Outras se oferecem nas práticas de escapismo pseudo-oriental, no construir nova unificação com alguém que esquece a sua própria biografia. E, acima de tudo, a busca paralizante de um remorso transmudado em gente que, vítima da Ditadura, transformou-se em presença viva do próprio sistema, porque incorporada à luz dos seus próprios valores. Verônica é a noite insone povoada de fantasmas, às vezes silenciosamente marcando a sua presença no chamado telefônico, onde o interlocutor permanece mudo porque já interrompeu a vigília do sono não conciliado. São as mãos apreensivas que abrem os bilhetes anônimos, insinuados por debaixo da porta, já lhes advinhando o conteúdo.

A antiga militante de esquerda, companheira e esperança, transformou-se agora no enfrentamento com as difíceis recordações dos afetos familiares e com o futuro representado na opção do filho que se destina a ignorar as angústias dos novos Marcelos que virão.

*UM CORAÇÃO PERPLEXO**

Um universo de expectativas e de frustrações se organiza neste painel da Formação Social Brasileira, na conjuntura que medeia entre os anos 30 e 70.

À primeira vista mais um discurso sobre as suas perplexidades e incoerências formais no qual as mudanças que se verificaram naquela etapa são intencionalmente vivenciadas em um contexto de releitura pequeno-burguesa. O conflito de gerações que a dinamiza, estética e criticamente, seria limitado se esta reinterpretação não fosse produzida e assumida por um coração corretamente localizado à esquerda...

Para a socialização desta inquietude atenta, ela é representada por personagens aturdidos e impiedosos, porque não retiram à platéia a responsabilidade do seu compromisso social. A redenção não se consuma na peça e a receita salvadora não é transmitida para cumprir um objetivo apaziguador de consciências. As máscaras se calam para que os espectadores repensem o que ouviram, dando-lhes oportunidade para soterrarem o texto em suas memórias ou para verem nele o estímulo à construção da sua própria identidade social.

Estes personagens a meio produzir, são, portanto, fecundos e incômodos. A exibição dos seus equívocos não conduz ao pessimismo, e sim à reflexão produtiva. Camargo Velho, Lord Bundinha, Castro Cott, Manguari Pistolão, Nena, Milena e Camargo Moço têm uma trajetória de constante identificação-infidelidade de propósitos que a sua insatisfação nem sempre clarifica. Uma certa coerência interna que os aproxima da nossa própria experiência na luta por algo melhor.

Os mais velhos se engajaram ou se omitiram diante das esperanças renovadoras das diversas fisionomias do trabalhismo. Tampouco os satisfez a formulação disciplinadora dos camisas verdes ou os princípios rígidos das propostas stalinistas. Porque avançaram ou foram conduzidos, também não

* Em colaboração com Eulalia Maria Lahmeyer Lobo.

os satisfaz o retorno ostensivo ao universo do tradicionalismo burguês liberal que reponta vez por outra perturbando as novas posturas mais assumidas intelectualmente do que reinterpretadas produtivamente.

Se Nena e o 666 voltam as costas a um presente com o qual não se identificam e que aceitam por negação, os demais agentes sociais escondem melhor a sua decepção, como Camargo Velho, militante de esquerda, ou Castro Cott, ex-integralista. Neste último, o oportunismo recalcou as inquietações incômodas conferindo-lhe a premiação de um certo êxito social.

Os personagens jovens, como Camargo Moço, Luca e Milena, têm escasso respeito pelos que os precederam e que lhes legaram dúvidas e decepções. No entanto, a rejeição de incertezas pretéritas não lhes alicerçou as seguranças próprias. Numa opção neo-romântica que mal disfarça o medo ao futuro, eles buscam saídas escapistas para enfrentar a repressão desfiguradora dos anos 70. Se não os norteiam os princípios assumidos por aqueles a quem cabia guiá-los, não tiveram de assegurar a sua própria identidade e de ocupar o seu espaço social. No entanto, eles possuem a oportunidade de uma vida que apenas se inicia e é de crer que ela possa ser conduzida mais satisfatoriamente. Isto não consta do texto da peça, mas é uma esperança que ela permite acalentar.

OS SOBREVIVENTES DE / DA ESPERA

Espera é um país, uma família ou a conjuntura da perspectiva social da pequena burguesia? *Os Sobreviventes,* de Ricardo Meirelles, nos deixa à vontade para escolher. Senão vejamos:

Existe um país chamado Espera, que alguns idealistas teimam em confundir com esperança, engano que é, no mínimo, índice de pouca familiaridade com a utilidade de um dicionário.

Mais de quatro séculos e cento e cinqüenta anos de maioridade não demoveram ainda Espera de conjugar o verbo que lhe dá o nome. Aguarda (recorramos à sinonímia inesgotável do idioma pátrio, que é ainda uma das poucas riquezas que escaparam às sucessivas rapinagens) teimosamente um salvador que a redima e fecunde em núpcias auspiciosas. Nesta expectativa, conheceu momentos de euforia e de amargo pessimismo, mas se manteve fiel à miragem sedutora, qual a de permanecer ignorando a si própria para tentar descobrir-se fragmentariamente no caminho difícil da intermediação alheia.

Indiferente a tanto amor e ansiedade, o salvador não se digna corporificar-se, mantendo Espera em angústia perene que é própria aos apaixonados que colocam a solução de seus problemas em elementos externos a si próprios.

Por este motivo, Espera caminhou do machado de pedra à pretensão de utilizar e dominar a energia liberada pelo átomo desintegrado, sem que isto a satisfizesse. Abandonou a aldeia modesta, que reuniu abrigos cobertos de palha, pela capital do século XXI e não está alegre. Renunciou à inocência idílica do oitavo dia da criação pela perversidade sofisticada das novas babilônias, mas se manteve ainda insegura. Não se encontrou ainda no Outro e desdenha o encontrar-se consigo mesma.

Depoimentos variados já disseram à exaustão que Espera é lenda, potencialmente rica e que já atingiu personalidade singular, mais do que suficiente para se dirigir. Pode se associar com autonomia, sem necessitar se fundir, se anular em qualquer Messias. Mas ela não acredita e curte a frus-

tração, nela se realizando. Retorna à ilusão salvacionista com redobrado entusiasmo.

A INDECISÃO COMEÇOU CEDO. ESPERA TEVE TRÊS NOMES, ATÉ QUE DECIDISSEM POR ELA QUAL SERIA O DEFINITIVO. TAMBÉM A CHAMAM DE DALILA, DE SOBRENOME ABODEON...

UM HISTORIADOR NO CINEMA E NA TV

Eulalia Maria Lahmeyer Lobo

Manoel Maurício sempre se interessou pelo cinema como arte, como documento e como meio de comunicação. Dizia, a propósito da preservação do acervo de filmes sobre o Brasil, que *todo filme fixa a ideologia de uma época, portanto deve-se guardar tudo.* Julgava que *80% do aprendizado se faz visualmente*[1] e ilustrava suas aulas citando filmes, como por exemplo, ao tratar do tema da Boa Vizinhança, lembrava as produções de Hollywood com Carmem Miranda e com o Zé Carioca. Atribuía grande significação às interpretações das fotografias, do teatro, do cinema e da TV.

No final da década de 70, o movimento da "abertura" criou um clima mais favorável às manifestações artísticas e científicas em *Joana Angélica,* que deveria ser o primeiro de uma série de vinte e cinco filmes-piloto intitulada *O Gesto Histórico,* cujo objetivo era o de integrar o cinema brasileiro na televisão. O filme foi realizado em 1978, em 16mm, com apenas 58 minutos de projeção, fotografia de Edson Santos e direção de Walter Lima Júnior.

No entanto as emissoras de televisão não se interessaram pelo projeto, preferiram produzir as suas próprias séries.

Joana Angélica foi exibido no Centro Cultural Cândido Mendes a 10 de março de 1981. Na semana seguinte seria apresentado em circuito fechado na UERJ. Mais recentemente, em abril de 1982, esteve em cartaz na Cinemateca do Museu de Arte Moderna do Rio de Janeiro.

O diretor Walter Lima Jr. considera que seu filme "é radicalmente um produto para a televisão, obstinadamente produzido para este veículo e não se justificaria sua exploração comercial em salas de cinema". Ainda segundo ele, a idéia da série planejada, *O Gesto Histórico,* representava "uma forma de ver a História, decompondo os elementos que a formaram num momento significativo ('o gesto'). As razões pelas quais o gesto se deu. As forças inconscientes que explicam o gesto à sua própria maneira." E acrescenta:

---

1 Depoimento a revista *Isto é,* nº 141, 05 set. 1979.

"No caso de *Joana Angélica*, a cena fundamental é o momento em que Madre Joana resiste, à porta do Convento da Lapa, aos invasores portugueses e cai abatida pela baioneta do inimigo. O que produz essa resiscia?..."[2]

Manoel Maurício recebeu do cineasta três propostas de roteiro para o filme. É interessante compará-las com a dele. Esta analisava a vida de Joana Angélica (1762-1822) da perspectiva da crise do sistema colonial português, sugerindo dois ritmos contraditórios nas seqüências do filme, o da vida política de Salvador, cada vez mais agitada na fase que precedeu a independência, e o da rotina da vida monástica. Analisa a sociedade escravista de Salvador na época da infância de Joana Angélica, dominada por uma elite excludente que se tornara mais fechada com a expulsão dos jesuítas e o encerramento de seus estabelecimentos de ensino. Assinala as frustrações do porto de Salvador, de intenso movimento comercial, face à transferência da sede do governo colonial para o Rio de Janeiro que não era apenas um golpe da antiga capital, mas também representava a vitória dos interesses mineradores sobre as atividades agro-manufatureiras.

Imaginava uma seqüência de diálogos que refletissem as reações à política pombalina, intercalados com as bisbilhotices e trivialidades locais, menções enfáticas dos personagens a serviços que prestaram a El Rei e a sua ascendência nobre.

Na infância e adolescência de Joana Angélica contrapõem-se os folguedos com as lições do padre mestre, os diálogos com o confessor, as leituras edificantes, o recolhimento, as visitas às igrejas e conventos, interrompidas, raras vezes, por festas familiares.

A opção da heroína pela vida religiosa é preparada pelo ambiente familiar, reforçado pelo governo de D. Maria I que repele os esforços laicizantes de Pombal. Manoel Maurício indicava: *"As imagens e os diálogos devem frisar a gradual configuração da auto-imagem da futura religiosa..."*

A carreira religiosa de Joana Angélica é sugerida através da rotina claustral interrompida pelos ecos da revolução francesa, das inconfidências Mineira e Baiana e da sedição do Rio de Janeiro. A Baiana é vista com particular apreensão pela sua proposta de uma Igreja nacional. O mundo de Joana Angélica estava se esfacelando com as revoltas em que participavam membros do clero, a permissão de cultos julgados heréticos, a expansão da maçonaria. Em 1801, ano quando foi escolhida *discreta*, isto é, Conselheira do Convento, explodiu o levante dos escravos hauças e nagôs nos enge-

---

[2] "O 'gesto histórico' em debate: Joana Angélica, filme para a televisão." *O Globo*, Rio de Janeiro, 11 mar. 1981, p. 28.

nhos do Recôncavo, seguida de rebeliões negras em 1807 e 1809, caracterizadas por violência, assassinatos de senhores de engenho, incêndio de fazendas e plantações, gerando um clima de pânico que penetra o Convento da Lapa, onde as serviçais eram escravas.

Em 1810 o governo português fez concessões de livre culto aos protestantes, escandalizando os meios clericais e religiosos. Em 1814 ocorreu outro levante de escravos maometanos e em 1817 eclode o movimento republicano de Pernambuco e em Salvador é preso e executado o padre Roma.

A contradição entre os objetivos da Revolução Constitucionalista Portuguesa e os interesses do reino do Brasl rompe os muros do claustro e divide as religiosas em dois campos antagônicos.

No Convento da Lapa Joana Angélica procura manter a normalidade das práticas religiosas com o objetivo de impedir que a agitação política atinja as freiras. As notícias de Lisboa, onde os deputados brasileiros são hostilizados e reduzidos à impotência na defesa dc Reino do Brasil, dividem e afastam ainda mais os partidos em Salvador. A nomeação de Madeira de Melo para Comandante-das-armas, medida claramente reacionária, provoca protestos.

Em Salvador dominam a delação e o terror. Tropas portuguesas invadem casas, prendem suspeitos. Murmura-se que o Convento da Lapa serve de abrigo aos conspiradores, liberais, antiportugueses, entre os quais se distinguia o irmão da Abadessa. Esta seqüência culmina com o assassinato da heroína.

O roteiro segue uma visão dinâmica que se estende da conjuntura internacional à da Bahia, da elite ao escravo, e que perpassa os níveis ideológico, político e econômico. Esta proposta contrasta com as três apresentadas pelo cineasta Walter Lima Júnior que procura confrontar o mundo moderno com o tradicional, em dois planos temporais, através da narração e das imagens. No primeiro roteiro enfatiza a protagonista como modelo de vocação religiosa e mártir numa seqüência inicial seguida de outra que procura retratar o ambiente familiar da heroína num sarau. A terceira seqüência retoma a técnica da narração, através da Superiora, para descrever o prestígio crescente de Joana Angélica. A quarta seqüência é uma volta ao passado; uma cena de uma missa do galo, durante a qual Joana Angélica recomenda a neutralidade e a isenção face à situação política. Só nas duas últimas seqüências o cineasta introduz a vida política irrompendo no convento.

Noutra proposta alternativa o cineasta sugere que um psicólogo trace as linhas mestras do roteiro que seria dominado pelas metáforas da agressividade contida, do medo, da violência e da repressão. Estes elementos vão se articular no gesto de defesa da clausura, conjugando a reação consciente da Abadessa e a emocional da mulher. Finalmente, o terceiro roteiro de Walter Lima estabelece um certo paralelismo entre as crises do sistema colonial e a vida de Joana Angélica que seria explorada por um historiador.

O filme conjugou elementos dos quatro roteiros. O aspecto psicológico foi introduzido tanto nas seqüências como por meio de entrevista filmada com o jornalista e psicanalista Hélio Pellegrino, o paralelismo histórico foi explorado através de entrevista do Professor Cid Teixeira. O sentido geral histórico da proposta de roteiro de Manoel Maurício permaneceu no filme evitando que este se reduzisse a uma interpretação excessivamente individualista e personalista dos acontecimentos.

Graham Greene comenta em seu último livro, *Pontos de Fuga,* que o autor de um roteiro se sente frustrado pelo corte entre a elaboração de um plano e a realização do filme, o que não ocorre com o teatro, em que há um intercâmbio permanente entre autores, assessores, atores. Manoel Maurício tinha o mesmo sentimento quanto ao trabalho nos filmes e no teatro.

No filme *Getúlio Vargas Imagens de um Mito,* documentário de longa-metragem de Ana Carolina Soares, o toque de Manoel Maurício é visível na abordagem do tema, que ao invés de ser uma biografia representa uma reconstituição dos anos 30 e 50, com filmes e músicas do período, baseada no amplo material do DIP e da Agência Nacional. A cineasta contou com a coordenação geral de Miguel Faria Jr., a montagem de Luiz Carlos Saldanha e as músicas de Jards Macalé especialmente compostas para o filme.

A participação da sociedade como um todo no texto elaborado por Ana Carolina Soares e Manoel Maurício de Albuquerque é visível nas cenas de um FLA x FLU, nas cenas de rua, de corridas do Jóquei, de mobilização de tropas, de manifestações políticas de massa, de operários trabalhando. O populismo é retratado em cenas de distribuição de brinquedos e alimentos ao povo, nos discursos, na propaganda da obra de Getúlio. A dimensão internacional é introduzida através da organização da FEB, da visita de Roosevelt, das empresas estrangeiras. No filme *Getúlio Vargas* há maior unidade do texto do que em *Joana Angélica.*

Colaborei com Manoel Maurício num debate sobre *Getúlio Vargas Imagens de um Mito,* no Cine Clube do Leme, onde o público era constituído sobretudo por alunos do curso médio ou dos primeiros anos da universidade. Foi impressionante ver como a ditadura influíra na mentalidade desses jovens. Aceitavam as idéias formais do DIP e entenderam que a utilização deste material de propaganda significava, mecanicamente, a aceitação pelos roteiristas do conteúdo das mensagens de exaltação a Getúlio Vargas.

Manoel Maurício também realizou pesquisa histórica, fez o roteiro e participou do filme *A Imprensa e a Independência* dirigido por Nelson Pereira dos Santos, exibido em setembro de 1972.

Participou a convite de Geraldo Cazé de uma produção para a TV da peça *Santa Marta Fabril,*[3] tendo me pedido para acompanhá-lo neste trabalho. Tivemos apenas uma reunião com a equipe que faria o roteiro e os artistas. Manoel Maurício morreu no dia em que estava marcada a segunda reunião.

A idéia de Cazé era a de construir a partir da peça um filme para TV. Os recursos do cinema seriam usados para retratar a ascenção do movimento operário, a crescente importância da indústria em São Paulo, a superação dos fazendeiros do café pelos burgueses industriais, a política paulista. O confronto de São Paulo com Getúlio, a revolução constitucionalista, a intervenção, os vários interesses em jogo seriam o fundo de cena para a história de *Santa Marta Fabril,* e de três gerações da família proprietária da firma. Nesse trabalho também se via a preocupação de Manoel Maurício de imprimir ao espetáculo a visão global histórica da sociedade brasileira na época getuliana. Lembro-me também de sua preocupação com o detalhe; sugeriu em conversa comigo, saindo do IFCS no dia de sua morte, que a roupa do personagem Neném Paraíso fosse esporte, em 1926; de tipo melindrosa, preta com *strass,* colante mas não demais e decote em V, em 1933-34; formal comprido de Dior ou Balenciaga, em 1948. Pensou que um quadro de Almeida Júnior deveria estar pendurado na parede da casa dos donos da fábrica e que a música de fundo fosse de Rodolfo Valentino e Baby Face. Preocupava-se com o jornal que deveria estar lendo, a marca do cigarro, o tipo de rádio.

Infelizmente o projeto não continuou devido à mudança de orientação de uma nova direção da emissora de televisão.

Manoel Maurício fazia o seu trabalho com paixão que abrangia do mais geral ao mínimo detalhe, transmitindo vida à produção científica e artística.

---

[3] Almeida, Abílio Pereira de. *Santa Marta Fabril Sociedade Anonima,* comédia em três atos, Rio, SNT, 1973, 63 p.

Evocando Manoel Maurício

"Somente os amigos mais íntimos conheceram suas dedicações afetivas particulares, aspecto de sua vida a que só se dedicou nos últimos anos, vencendo preconceitos e a repressão interiorizados por décadas..."

(Afonso Carlos Marques dos Santos,
em "Saudades de Manoel Maurício",
publicado em *Lampião da Esquina*,
Rio de Janeiro, nº 35, abril 1981.)

UM GEÓGRAFO-HISTORIADOR

Maurício Silva Santos

1. O Tempo Universitário

A minha memória mais antiga não é nem das provas escritas; nem do tempo em que assustado cursava o Pré-Vestibular com Yara e outros, já no prédio da Faculdade, onde cada aula dada pelos professores – alunos dos últimos anos do Curso de Geografia e História – fazia vislumbrar um outro horizonte, superior e complexo, para onde eu ousava ascender.

A memória mais antiga é a do exame oral com a banca de História, fevereiro de 1951. Passara o carnaval e não tivera dúvidas em brincar. Vestibular era (ou é?) uma incerteza. E não me parecia coerente um lamento do possível insucesso ao lado de uma orgia não aproveitada.

Diante daquela banca, na qual o Professor Hélio Vianna, austero, ao lado do Professor Manhães, perguntou-me de onde vinha o meu "Silva Santos", é que me fixei um pouco mais naquele concorrente que chamou a atenção, pois a tudo respondia – e com detalhes – fenômeno raro naquela geração de vestibulandos que liam, no máximo, aquilo que os livros didáticos eram capazes de informar... (e em português!)

Cedo, muito cedo, ficaria impressionado com aquele colega que, na primeira aula, não copiou a extensa bibliografia que já estava no quadro quando entramos. Lista tão longa que disse a minha mãe que um garoto pobre como eu não poderia fazer a Faculdade. Choque geral quando, após prolongado silêncio, irrompe Maurício (terno azul, camisa clara e gravata) e, ousadamente, pergunta, a propósito da última obra relacionada: Professora, quem é M. Vasconcellos?

Esta pergunta – e a resposta, marcou para todos nós, alunos da Faculdade, colegas de Manoel Maurício, uma sólida imagem de sua personalidade: culto e modesto; determinado; incapaz de adiar o esclarecimento de uma dúvida, caso ela existisse...

... E a professora respondeu: – "Sou eu: Marina Vasconcellos".

Umbelina, Mário, Yara, Antônio Winsz, Lidnéa, Julierne – todos nós, dia a dia, íamos aprendendo a estimar e respeitar Manoel Maurício: não apenas pela sua cultura e erudição; mas pelo seu valor que transparecia na sua quase displicência: "Afinal, se *Chapada* é sedimentar e *Serra* é cristalina, porque levar um semestre inteiro para nos dizer isto?" (Curso de Geografia do Brasil em 1953).

... E quando a professora de História da América nos disse, convicta e, ao mesmo tempo, oscilante, que "os Maias viviam na quase ilha de Yucatan" foi ele que nos esclareceu que a fonte que ela havia consultado era francesa e que "quase ilha" – *"presqu'île"* – significava *península!*

O curso da Faculdade Nacional de Filosofia, da Universidade do Brasil, denominava-se "Geografia e História"; não havia ainda ocorrido a separação entre as duas especialidades. Não obstante, no ano de 1954, quando se fazia a quarta série do curso de Licenciatura, as tendências já estavam definidas; as especializações dali por diante seguiriam o ritmo que já se prenunciava. Mário, homem de bastidores, iria para a seção de pesquisas da Biblioteca Nacional; Lidnéia, brilhante, seria assistente de Marina Vasconcellos e subiria, a partir daí, os degraus da escada universitária; Yara, Antônio e Sônia, cada um na sua opção, prosseguiriam pelo campo da pesquisa.

Eu seguiria Manoel Maurício.

Desde o estágio, no Colégio de Aplicação da Faculdade Nacional de Filosofia, Lidnéia, ele e eu fomos objeto de interesse da casa, tanto pelas aulas que demos, quanto pela necessidade de substituir alguns professores que aguardavam sua investidura no ensino oficial do Distrito Federal.

Ainda como aluno, em 1954, Manoel Maurício começou a lecionar História no CAp (Colégio de Aplicação); coube-me acompanhá-lo a partir de março do ano seguinte. Nas férias (1954-1955) – Faculdade concluída – tudo era emprego!

Na então Campanha Nacional de Educandários Gratuitos, militávamos, ele em Realengo, no Ginásio Machado de Assis, e eu no França Júnior, desde o quarto ano da Faculdade (1954), ganhando pouco e eventualmente.

Convidado que foi pelo Professor Manoel Diégues Júnior para atuar numa pesquisa para o recém-criado Instituto Nacional de Imigração e Colonização, teve contato com o professor japonês Hiroshi Saito, com quem visitou núcleos coloniais na Bahia (Una), Paraná (Açaí) e Mato Grosso (Dourados), com o fito de estudar os resultados do processo de assimilação de imigrantes japoneses no meio brasileiro. Foi nesta época que, por intermédio do professor Diégues, fui incumbido de fazer um levantamento e construir um cartograma que delimitasse as regiões culturais do Brasil para o Professor Arthur Hehl Neiva e, em conseqüência deste trabalho, fui convidado pelo

Professor Diégues para ingressar no INIC (Instituto Nacional de Imigração e Colonização), como Documentarista, como Manoel Maurício.

Foi nesta ocasião, 1955/1956, e nesta condição de Documentarista, que trabalhamos no então denominado Departamento de Estudos e Planejamentos – Seção de Assimilação de Imigrantes, quando, sob a direção do Estatístico Dr. João Jochmann, produzimos diversos trabalhos, dos quais o que nos pareceu mais importante foi a *Cartilha do Imigrante,* uma espécie de manual de iniciação, do qual nos coube escrever a História, a Geografia Geral e Regional do Brasil e dados gerais sobre a Cultura Brasileira (1955-1956). Infelizmente não pudemos recuperar o texto. Período "Heróico", ou "das Vacas Magras": do Colégio Aplicação para o INIC, duas opções: ir de táxi para chegar na hora e não almoçar, ou ir de ônibus ou bonde, chegar depois da hora e almoçar!

2. Ainda os Anos 50

Os primeiros anos de carreira de um recém-formado não deixam ainda espaço para grandes opções. Assim, desde os últimos anos universitários até os primeiros anos de Licenciado e Bacharel, Manoel Maurício lecionou Geografia e História em muitos cursos e colégios. Ganhava-se pouco, e por aula dada; remuneração pelas férias, somente com "carteira assinada", o que era não só raro mas também um bom motivo para que a empresa despedisse o professor e admitisse outro. Lecionar era motivo de esperança, mais do que um meio de subsistência; esperança de, ganhando confiança e fazendo sucesso, conseguir, no mesmo ano, ou no ano seguinte, acesso a outro curso ou colégio onde a gratificação fosse maior.

Alguns já não lecionam, ou saíram do Rio de Janeiro, ou já faleceram como Hugo Weiss. No entanto deve haver, por aí, professores que fizeram carreira ascendente, como que obrigatoriamente, como um ritual, passando, em épocas próximas ou concomitantes, pelo Curso Carioca, Curso IPE (Instituto Propagador de Ensino), Colégio Frederico Ribeiro, Instituto Central do Povo; cursos vestibulares como o AESSE, FN, Status; cursos preparatórios para a carreira diplomática, como o Alfa... Tais cursos e outros mais integram o currículo de Manoel Maurício, e constituíram os alicerces profissionais e suportes financeiros de quem chegara a estabelecimentos de maior fama e de maior vulto como o Colégio de Aplicação da então FNFi, o Colégio Andrews, o Instituto Rio Branco e o IFCS.

Sempre notável e brilhante, sabendo criar um estilo próprio de abordar a História, fazendo do pitoresco a motivação e da motivação o estímulo e o interesse pelo aprofundamento na busca da verdade histórica e no desvendar da omissão conveniente dos livros didáticos, Maurício tornou-se, simultaneamente, amado por uns, odiado por outros.

O magistério remunerava pouco e não oferecia segurança. Naqueles anos 50, segurança profissional era, por certo, possuir um cargo público; se possível dois.

E vieram. A condição de contratado do Colégio de Aplicação da FNFi, ao lado da condição de assistente de História do Brasil na própria Faculdade, era transitória mas função pública (transitória, porque o contrato era renovado anualmente – e os pagamentos começavam, cada ano, sempre depois de junho e depois de muita romaria ao Magnífico Reitor). O complemento salarial e funcional se fez, em 1955/56, como Documentarista do Instituto Nacional de Imigração e Colonização, e nos últimos anos da década de 50, como Geógrafo do Instituto Brasileiro de Geografia e Estatística, no seu Conselho Nacional de Geografia.

Nesta última instituição Manoel Maurício produziria sua obra geográfica e, de 1960 em diante, seu nome estaria mais vinculado à História, Artes Plásticas, Música e Cinema tornando-se respeitado no âmbito das Ciências Humanas e das Artes, sempre procurado e consultado por quem desejasse uma orientação correta e séria para a interpretação da Cultura Brasileira.

Enquanto Geógrafo do CNG, Maurício foi mais respeitado do que aceito.

Altivo e independente, não se deixou escolher: escolhia as pessoas com quem se comunicava, embora tratasse bem, indistintamente, a todos. E por isto, não era aceito. Lecionava depois do expediente, a serventes e contínuos (alguns, hoje, profissionais de nível superior): isto desagradava ao meio acadêmico; lia muito e de tudo: o que o tornava diferente dos "especialistas". Portanto, não era aceito; e até era alvo, muitas vezes, de hostilidade surda e mesmo de censura.

Mas, por outro lado, fazia-se respeitar, justamente porque era generalista; e onde se fizesse necessária a informação abrangente, a cultura geral, era ele a pessoa indicada como fonte de consulta. E não consigo me lembrar de alguma dúvida que, levada a ele, ficasse sem a resposta ou sem a fonte a ser consultada para a obtenção da mesma.

Isto explica, de um lado, porque participou tão pouco de trabalhos de campo, e de outro, porque foi autor obrigatório em todos os textos produzidos no CNG, quando houvesse necessidade de recorrer à dimensão-tempo das Ciências Sociais.

Muito desprendido das coisas formais, Maurício cita, de modo extremamente lacônico em seu "Curriculum", sua produção geográfica, abaixo enumerada:

"... Ex-Geógrafo do Conselho Nacional de Geografia. Enciclopédia dos Municípios Brasileiros, Grande Região Norte, Grande Região Nordeste, Grande Região Centro Oeste, Atlas do Brasil, todos publicados pela atual Fundação IBGE;"

... E nada mais menciona e nada mais discrimina em relação a estas contribuições que deixou à bibliografia geográfica de que ora dispomos.

O valor, a importância e a atualidade dessas obras, e, a partir daí, a significação e a contribuição de Manoel Maurício para a literatura geográfica – serão os objetivos da análise que se segue.

Uma preliminar, porém, será levantada: uma das atividades desenvolvidas pelo então Conselho Nacional de Geografia, e que muito iria contribuir para a compreensão da importância das edições do IBGE, de que Manoel Maurício participou, – era uma integração da pesquisa com o ensino. Havia, naqueles anos 50, uma Divisão de Geografia, da qual faziam parte cinco seções regionais; e uma seção de estudos sistemáticos. As seções regionais, como se imagina, partiam de uma programação relativamente intensa de pesquisas de campo, efetuavam trabalhos de reconhecimento, análise e acompanhamento do desenvolvimento das diferentes regiões do Brasil. A seção de estudos sistemáticos desenvolvia, particularmente, estudos temáticos de climatologia, população, estudos econômicos, biogeográficos, concentrando-se mais em pesquisas de gabinete.

A Divisão Cultural desempenhava o papel de "ponte" entre os conhecimentos revelados através das pesquisas do Conselho Nacional de Geografia, e seus consumidores diretos: professores do segundo e terceiro graus, e alunos desses níveis de ensino. Através da biblioteca e do setor de assistência ao ensino, aquela Divisão prestava este tipo de serviço às comunidades docentes e discentes. A culminância dessa assistência era representada pelos Cursos de Férias para Professores, e pelos Cursos de Atualização Geográfica, realizados anualmente, em geral, nos meses de Julho e Janeiro.

Até hoje, há quem lamente terem sido extintos estes trabalhos de assistência cultural; os professores de Geografia, em particular os que vinham do interior, onde a notícia mais atualizada custa a chegar, permanecem, há cerca de dez anos, sem acesso às novas conquistas no campo das Geociências, inclusive porque as revistas especializadas: o Boletim Geográfico e a Revista Brasileira de Geografia foram interrompidos.

Compondo as coleções de obras de divulgação das conquistas do conhecimento geográfico, o IBGE publicou, entre 1957 e 1960, logo após o XVIII Congresso Internacional de Geografia, de 1956, do qual o IBGE foi um dos grandes patrocinadores, três complexos editoriais, de uma atualização e vulto incomparáveis apesar da pressa com que eram lançados. Estas três séries de edições foram:

a) a *Enciclopédia dos Municípios Brasileiros;*
b) uma coleção de cinco livros, abrangendo as Grandes-Regiões brasileiras: *Grande-Região Norte, Grande-Região Nordeste* etc;
c) uma obra, com duas apresentações – uma "tamanho-bíblia", com mapas, fotos e textos, e outra, "tamanho-álbum", com mapas e textos no verso – *O Atlas do Brasil.*

Completas como não eram as publicações do CNG, estas obras funcionaram dentro e fora do país como as mais modernas referências sobre a situação geográfica e estatística nacional, regional e mesmo municipal.

A *Enciclopédia dos Municípios Brasileiros* compreendeu: – doze volumes, caracterizando as diferentes regiões brasileiras, naquela época, *Norte, Nordeste, Leste, Sul* e *Centro-Oeste;* – o volume XIII, elaborado, em painel, do qual participaram, através de artigos, geógrafos do CNG e especialistas outros, de domínios científicos conexos, analisou problemas brasileiros que requeriam a participação do Geógrafo, como cientista da natureza ou como cientista social; nos volumes seguintes, um por estado ou território figuravam dados específicos por municípios, tais como: base cartográfica, limites, origem, histórico, população, economia, vida cultural e demais aspectos julgados significativos, a juízo de cada autor: cada Agente Municipal de Estatística.

É de assinalar – porque nos parece oportuno – que, para alguns municípios do Brasil, nada mais além daquilo que está na *Enciclopédia dos Municípios* se produziu ou se escreveu, no intuito de melhorar ou de atualizar a informação nela contida. Esta constatação foi feita pelo autor em Setembro de 1982, quando, em visita ao Município de Rio Claro, RJ, recebeu, na Prefeitura, a informação de que o material mais atualizado sobre a vida do referido município, poderia ser coligido na Biblioteca Municipal; lá chegando, a obra geral apresentada foi a citada Enciclopédia, volume do Estado do Rio de Janeiro!

A coleção das *Grandes-Regiões* simbolizou, à época, a mais completa atualização sobre a Geografia Regional do Brasil. Os textos baseavam-se em trabalhos de campo; mapas inéditos e atuais; fotografias de diversas datas e excursões, retratando situações e aspectos ainda dominantes nos quadros geográficos regionais. Cada uma delas era sublinhada por uma legenda feita por geógrafo, inserindo, no texto, não apenas o visualizável através da imagem, mas o substrato histórico-geográfico ou o contexto cultural em que se inseria o aspecto retratado.

O *Atlas do Brasil*, mais "tipo exportação" e menos sofisticado, quando confrontado com as *Grandes-Regiões,* propunha-se a uma demonstração, ao mesmo tempo analítica e sintética, da Geografia Sistemática e da Geografia Regional do Brasil, para o grande consumidor.

3. A Obra

Manoel Maurício de Albuquerque tinha um manejo completo e seguro da bibliografia geral existente, na época, para o domínio da História e da Historiografia. Conhecedor e cultivador do bom hábito de freqüentar livrarias, para acompanhar as novidades, era também assíduo no Teatro Municipal e nas bancas de jornais mais sofisticados e de revistas mundanas.

Não tinha vitrola, mas comprava discos e os deixava com amigos e quando os visitava, os ouvia novamente: dos clássicos europeus aos regionalistas andinos. Admirador da Arte Sacra, não lhe passava um ícone pelos olhos que, pelo menos, não tocasse.

Arguto observador, conseguiu, cedo, desenvolver a capacidade, rara ainda hoje, de ver o fato e a imagem, e através deles, o que simbolizavam quando fossem materializados, e que mensagem propõe o autor através dela.

É evidente que isto, colocado no decênio 1950-1960, através dos olhos e da inteligência de um alagoano de trinta anos, constituía uma bagagem digna de todo o respeito; e, como se afirmou anteriormente, mesmo os que não o aceitavam, tinham que o respeitar.

É assim que está pautada a obra de Manoel Maurício, anos 50. Cada texto sobre povoamento, cada legenda de fotografia que escreveu, realça, sob um estilo claro, todo um acervo cultural que era incomum a um especialista-geógrafo, naquela década ainda muito influenciada pelos domínios das Geociências, físicas e naturais. As novas tendências da Geografia Humana e Econômica, profundamente marcadas pela corrente estruturalista, somente seriam difundidas e aprofundadas no Brasil através do CNG depois da volta de Pierre George ao nosso país, no fim dos anos 50. (O mestre francês estivera aqui entre nós no XVIII Congresso Internacional de Geografia, já mencionado).

Combinando, pois, clareza com observação, descrição e análise, é assim que ele legenda fotografias, como a que se tem na *Enciclopédia*, vol. VII, sobre uma fazenda em Rio Pomba, MG.

> Embora dedicadas à pecuária, várias fazendas do vale do Rio Pomba mantêm subsidiariamente algumas culturas. No caso observam-se as de cana-de-açúcar, milho e algum café, este já no alto dos morros. O prédio, visto na foto, é um belo exemplar da arquitetura rural brasileira, de forte tradição lusitana.

Capaz como poucos de ver os traços históricos na arquitetura e na paisagem, Manoel Maurício raramente deixava escapar a oportunidade de combinar a Geografia com a História e a Arte, mormente quando abordava o assunto em que mais se concentra sua obra. Eis, por exemplo, como descreve e analisa uma fotografia sobre Mar de Espanha, MG.

> A permanência de certos traços fisionômicos de uma cidade indica muitas vezes a estabilização do aglomerado, cujo crescimento estava ligado a uma fase econômica já superada. É o caso de Mar de Espanha, cidade mineira da zona da Mata, cuja expansão foi ocasionada pelo surto cafeeiro ainda no século XIX. Hoje, ao invés dos cafezais, cercam-na os morros pelados, recobertos de capim-gordura como o que é visto ao fundo. Mas a homogeneidade da arquitetura de tradição lusitana, apenas quebrada por um chalé, está presente para lembrar a origem da cidade e suas vinculações com a onda cafeeira na região.

Legendando uma fotografia, onde todo o espaço é tomado por uma jazida de cristal de rocha, não se limitava a comentar apenas o aspecto geológico ou econômico do fato ilustrado. Deixava a sua marca de cientista social no que escrevia:

> Um aspecto típico nas zonas de exploração de cristais é a presença de enormes crateras onde, por vezes, se acumulam os quartzitos fragmentados, água das chuvas e mesmo restos que indicam atividade humana mais ou menos recente.
>
> À volta da sede do Município de Cristalina as crateras (algumas enormes e bastante profundas) se sucedem dando à paisagem um tom desolado de abandono e ruína. Este aspecto está, aliás, de acordo com o tipo de aglomeração urbana dos arredores da cidade: lá, onde se aglomeram os que trabalham nas catas, as condições miseráveis das palhoças atestam a transitoriedade da ocupação humana. Isto como uma decorrência das oscilações que tem sofrido a procura comercial do cristal.
>
> Até a última guerra, a Alemanha comprava quantidades imensas de quartzo brasileiro. A continuidade da produção permitiu um grande afluxo de pessoas para a região e Cristalina progrediu rapidamente. Quando as relações comerciais germano-brasileiras cessaram, por efeito do conflito mundial, houve uma queda brusca da exploração de cristal. Os Estados Unidos que passaram a ser os compradores efetivos não exigiam uma produção tão abundante. Deste desinteresse originou-se um êxodo que terminou por afetar seriamente o desenvolvimento de Cristalina. Atualmente, a volta do cristal brasileiro aos mercados internacionais vem reanimando a cidade permitindo-nos supor que poderá ser retomado o progresso que a ocorrência da última guerra veio interromper.

Atento ao *princípio da localização* como um dos mais importantes da Geografia, Manoel Maurício mostra sua sensibilidade e a atualidade metodológica do que escreveu nos anos 50, quando se reporta à localização ("Sítio" e "Posição") de Goiânia, na página 382 do Vol. II da *Enciclopédia dos Municípios Brasileiros:*

> Goiânia está situada em uma lombada, entre os córregos Botafogo e Capim Puba, já tendo ultrapassado a outra margem do primeiro. O aspecto desta lombada é quase o de uma pequena chapada, com suave inclinação de sul para norte, ao passo que, na direção dos dois córregos, o declive já é bem maior.
>
> Goiânia está no contacto entre as chapadas do sul com as zonas de criação de gado e o planalto cristalino do "Mato Grosso de Goiás", mas não dispõe, como Anápolis, de estrada de ferro. No entanto, a sua posição em relação ao sul e sudoeste do Estado é melhor que a de Anápolis, daí as suas relações maiores com esta região do que com Anápolis, especialmente quanto ao movimento de caminhões; estes, quando vêm de Anápolis em direção ao sul são obrigados a passar por Goiânia.

AQUELES MEUS COMPANHEIROS...

José Luiz Foresti Werneck da Silva

Algo muito me tem impressionado nesta quadra cinqüentona da minha vida, quando a busca de uma sabedoria no mínimo acompanha, já que por vezes até ultrapassa, a socialização dos saberes que acumulei ao longo do meu trabalho social.

Trata-se da percepção da defasagem que julgo haver entre o potencial intelectual e humano de muitos companheiros de minha geração – que passaram pelo Departamento de História e Geografia, da Faculdade Nacional de Filosofia, da então Universidade do Brasil, nos anos cinqüenta – e aquilo que em sua curta trajetória social eles conseguiram dizer e escrever de forma latente.

Bem sei que todos nós já somos, desde o início de nossas vidas, como que programados biologicamente para morrer. Mas há certamente outras formas de perecimento: aquelas talvez socialmente programadas. Estas é que mataram prematuramente aqueles meus companheiros.

No afã de intervir no processo de transformação social, envolvidos, a princípio ideologicamente e depois conscientemente, no aguçamento da luta de classes que marcou a crise do Estado Populista e a implantação do Estado Autoritário, aqueles meus companheiros não hesitaram em enfrentar as suas contradições de intelectuais pequeno-burgueses.

E ao longo de um penoso mas assumido esforço de descoberta e de redescoberta de sua própria identidade, enquanto pessoa humana e enquanto cidadão, aqueles meus companheiros ou acabaram aceitando contingencialmente condições de trabalho altamente expropriadoras, ou foram alcançados, por intermédio dos mais variados mecanismos, pelos aparelhos ideológico e repressor do Estado Autoritário, exatamente no momento em que atingiam a sua maturidade como intelectuais.

Eu me refiro, penitenciando-me previamente por alguma omissão injusta, aos irmãos Weiss, Artur Bernardes e Hugo, e especialmente a Manoel Maurício de Albuquerque. Neste ponto, o meu depoimento sobre o Maneco é também, de uma certa forma, o meu depoimento sobre a sua geração. É uma das maneiras de nós não o transformarmos num mito, o que ele jamais nos perdoaria.

Todos eles foram meus professores, embora só o Maneco fosse um pouco mais velho do que eu. É que antes de me reformar em História eu me deformara em Direito... Todos eles morreram prematuramente até porque o ritmo de trabalho a que se propunham e a dedicação que nele imprimiam praticamente os havia transformado em suicidas a prazo incerto. Todos eles morreram subitamente: Artur Weiss, depois de ser acometido de um derrame cerebral, aos 32 anos, quando dava aula na PUC; Hugo Weiss, de enfarte, com 40 anos, já aposentado pelo AI-5 e então se dedicando com invulgar brilho à publicidade e à propaganda; Manoel Maurício de Albuquerque, de enfarte, com 52 anos, na Livraria Ivo Alonso, significativamente no momento em que estava ao lado de Eulalia Lobo, com quem tanto dividiu os últimos tempos de sua vida, marcados pela reintegração à universidade e pela integração consigo mesmo.

Todos aqueles meus companheiros tinham igualmente sobejas condições para exercer o "ofício de historiador" ou mesmo já começavam a exercê-lo quando tiveram suas vidas ou suas carreiras cortadas. Hugo Weiss, por exemplo, publicara no *Boletim de História,* editado pelo Centro de Estudos de História, da Faculdade Nacional de Filosofia, alguns pequenos mas preciosos trabalhos como *A Doutrina de Monroe e o Reconhecimento da Independência do Brasil,*[1] ou *Prefácio a um Livro de José Maciel.*[2] Nesta mesma publicação, hoje quase esquecida pela mesma academia, há igualmente muitos trabalhos de Artur Weiss. Este, por sinal, uma rara e feliz simbiose entre o historiador e o músico, pouco antes de morrer proferiria com notável êxito um curso em Gainsville, na Flórida, e coordenava a elaboração de uma *Introdução à História do Brasil,* da qual também participávamos o Maneco, o Hugo, o Aquino e eu. Manoel Maurício de Albuquerque, menos de um mês antes de morrer, lançara a sua *Pequena História da Formação Social Brasileira* que se constitui certamente na "única síntese contemporânea da História do Brasil feita por um historiador".[3]

Todavia, antes e acima do exercício do "ofício de historiador", aqueles meus companheiros caracterizaram-se, apesar das diferenças entre suas fortes personalidades e das diferenças entre a prática social que desenvol-

---

[1] Ano 1, números 2 e 3, janeiro a junho de 1959, p. 152-56.

[2] Ano 3, número 6, janeiro a junho de 1961, p. 143-46.

[3] Eulalia Maria Lahmeyr Lobo & José Luiz Werneck da Silva. In memoriam: Manoel Maurício de Albuquerque. *Tempo e Sociedade,* Niterói, UFF-CEG-ICHF – Departamento de História, *1*(1):123-28, jan./jun. 1982.

viam, por uma marcada vocação de servir à sociedade, transformando-a e por uma assumida missão de transmitir o conhecimento, recriando-o. Tal vocação e tal missão se lhes afiguravam certamente sempre muito difíceis: afinal, a universidade os preparara para lecionar numa sociedade que quase não existia mais e os seus alunos, mobilizados pela acelerada transformação social, lhes pediam certezas a respeito de uma sociedade que não existia ainda.

Convivi intimamente com o Artur Weiss na PUC, no Aplicação da Lagoa e em Londrina, com o Hugo Weiss no Andrews e com o Maneco na Nacional de Filosofia, no Rio Branco, no Miguel Couto-Bahiense e nos cursos que demos em Londrina e Campos. Pude então verificar que todos eles esperavam, de maneira mais ou menos incontida, que algum daqueles discípulos que os ouviam, um dia pudesse substituí-los ou até mesmo ultrapassá-los naquela vocação e naquela missão. Por tudo isto, eu os chamo de Mestres-Escola, espécie possivelmente em extinção, como o mico-leão e as ararinhas azuis das florestas brasileiras.

E entretanto, sobre Artur Weiss e sobre Hugo Weiss praticamente nada entre nós se preservou. Isto porque são muitas as formas dos vencedores, manipuladores da memória histórico-social, obterem o silêncio dos vencidos e sobre os vencidos, por vezes esgrimando até o discutível e já denunciado discurso da competência. Por sinal, impressiona-me hoje também, e muito, a eficácia com que o estado autoritário, no seio da própria sociedade civil, apagou os traços do trabalho da minha geração e mesmo dos meus professores, na universidade pública, nos idos de cinqüenta e sete. A tal ponto isto se deu que, quando a ela voltamos, por caminhos diversos, mais de dez anos depois, era freqüentemente como se ali não tivéssemos passado antes. A universidade imediatamente pós-anistia se me parecia, por vezes, uma absurda confluência de Kafka, Proust e Pirandello...

Mas algo será diferente com o Mestre-Escola Manoel Maurício de Albuquerque: sua memória não se perderá como se perdeu a daqueles outros dois companheiros.

Este meu depoimento contribui singelamente para isto. Ele está possivelmente autorizado pela gratidão do Maneco para comigo, expressa nas suas próprias palavras de agradecimento que abrem a *Pequena História da Formação Social Brasileira*. Esta gratidão mais parece se avivar na dedicatória que o Maneco escreveu no meu exemplar, no dia 24 de fevereiro de 1981, data do lançamento de seu livro: "Para o Zé, o resultado de alguns papos amigos." Surpreende-me e ao mesmo tempo me enternece que o Maneco tivesse neste dia algo a agradecer-me.

As pessoas que me conhecem mais intimamente sabem o quanto eu atribuo a Maria Yedda Linhares e a Manoel Maurício de Albuquerque as influências mais decisivas que tive na construção de minha visão inicial da história. Maria Yedda, com a qual Artur e Hugo Weiss trabalharam, desvendou-me na academia a história enquanto ciência, a história enquanto combate. A convivência com o Maneco desvendou-me a história enquanto vida, a história enquanto sensibilidade. "O Zé, portanto, também lhe agradece, Nego."

Mas, sem dúvida, o sentimento que agora mais nos aproxima intemporalmente é o de saudade. Saudade que, nas próprias palavras daquele meu companheiro mais querido, "é também uma forma de agradecimento". Saudade pelo muito que dividimos, através das mais diversificadas experiências, permeadas de tal emotividade que me são tão fáceis de lembrar quanto me são extremamente difíceis de literatizar. Ao acaso, neste caleidoscópio de impressões que este depoimento me suscita, fixo agora apenas duas: a erudita digressão telefônica que o Maneco fez a mim e a Erika, convencendo-nos a chamar nossa filhinha de Larissa e não de Ilara, e a inesquecível solidariedade com que ambos reagimos em Campos em face da pressão que elementos da TFP faziam contra o curso que então ali dávamos.

Mas saudade também pelo muito que gostaríamos de ter dividido, em particular a nossa volta ao Departamento de História da UFRJ, do qual fomos afastados ele pela aposentadoria e eu pela cassação branca. Na noite do dia em que ele, por ato oficial, foi reintegrado, telefonou-me e disse que só compreendia voltar se eu também, o mais cedo possível, voltasse a trabalhar com ele.

Não foi possível concretizar duradouramente este seu carinhoso desejo: o Mestre-Escola Manoel Maurício já estava socialmente programado para morrer prematuramente.

É por isto que tantas vezes eu sinto que uma parte de mim também morreu em 17 de março de 1981.

CARTA-DEPOIMENTO

Brasília, 28 de junho de 1983.

Querido amigo José Luiz Werneck da Silva,

A pungente saudade de Manoel Maurício – uma saudade que não faz senão aumentar à medida que o tempo passa – me faz hoje sentar à máquina, para memorar um episódio de que já lhe falei. Um episódio que desvenda como é grande o número de pessoas a compartilharem dos nossos sentimentos em relação ao querido morto.

Foi no XII Simpósio de História da ANPUH (Associação Nacional dos Professores Universitários de História), em João Pessoa, meados de 1981. A instalação dos trabalhos teve lugar à noite, no Teatro Santa Rosa, completamente lotado. Presidindo a cerimônia, nossa querida Alice Canabrava.

Vendo tantos historiadores e professores de História reunidos, fui levado a pensar em Manoel Maurício. Ocorreu-me, então, propor o nome dele para patrono do Simpósio. Depois de falarem o governador e o reitor da Universidade da Paraíba, pedi a palavra pela ordem. Disse que falecera, havia pouco, um grande historiador, um grande professor e um grande homem, merecedor, como ninguém, de ser adotado como patrono daquele conclave. Antes que eu prosseguisse para sequer pronunciar o nome de Manoel Maurício, o imenso público, como uma só pessoa, levantou-se e, em uníssono, exclamou: "Manoel Maurício! Manoel Maurício!" Isto foi prolongado, durou talvez um minuto. A emoção inundou o teatro. Alice, lá no alto do palco, chorava, soluçava, a cabeça entre as mãos. Vi que também outras pessoas choravam. Eu mal pude dizer mais alguma coisa: não havia lugar para palavras.

Depois, Alice declarou que, por aclamação, o XII Simpósio da ANPUH teria como patrono Manoel Maurício de Albuquerque. Isto ficou constando da Ata.

Havia, entre os participantes do Simpósio, professores de história de todo o país. Soube, depois, que muitos deles haviam sido alunos de Manoel Maurício.

O episódio dá testemunho, parece-me, de que o número de pessoas capazes de apreciar a decência, a coragem e a cultura é muito maior do que se imagina. Ainda depois de morto, o professor Manoel Maurício de Albuquerque nos ministra essa lição. Não apenas é necessário ser Homem: vale a pena ser Homem.

Um apertado abraço do

DÉCIO FREITAS

ADEUS, MANOEL MAURÍCIO

Sou poeta de cordel;
não sei escrever em prosa;
Vou falar do Manoel,
Um menino de Viçosa,
Que pro Rio viajou,
Em Alagoas deixou
a sua mata frondosa...

Esperança, alegria,
Com civismo de raiz;
Tinha na Filosofia
Sugestões pro seu País;
Mais cultura, liberdade
Amor e dignidade –
Mas o Sistema não quis...

O Manoel preparou
Setenta mil estudantes
Cada um assimilou
As lições preponderantes
Pra tirar esta Nação
Das garras desse dragão,
Das patas destes gigantes...

Honesto, valente, franco,
Foi demolind' o varal...
Na PUC, no Rio Branco,
C. Mendes, Nacional,
Úrsula, Aplicação,
Gama Filho... meu irmão
Desgostou o general...

Quarenta anos de idade,
Manoel aposentado;
Com tanta capacidade
Um professor foi cassado
Por uma "revolução"
Na qual até o feijão
É artigo importado...

"Foi um suicídio lento",
Disse Manoel um dia;
Mas o homem cem por cento
Não conhece covardia –
Deu aula nalguns cursinhos,
Escreveu os seus livrinhos...

Porém, numa livraria
O grande mestre tombou...
E a lembrança me dói!
Mas na morte se plantou
A semente do herói,
Porque nosso ideal
É fato transcendental:
Nem na cova se destrói...

Nós somos um formigueiro,
Cada qual tem seu ofício;
O poder é passageiro...
Ó mestre, seu sacrifício
No Brasil não foi em vão:
Cada pingo do povão
É um MANOEL MAURÍCIO...

RAIMUNDO SANTA HELENA
(poeta de cordel)

Impresso por Tavares & Tristão — Gráfica e Editora de Livros Ltda.
Rua Francisco Manuel, nº 55 — parte — Rio de Janeiro — RJ